国家文化产业资金支持媒体融合重大项目

21世纪高等职业教育精品教材 · 金融类

U0648315

金融学基础

（第二版）

李春 徐雨光 主编

JINRONGXUE

JICHU

东北财经大学出版社
Dongbei University of Finance & Economics Press

大连

图书在版编目（CIP）数据

金融学基础 / 李春，徐雨光主编. —2版. —大连：东北财经大学
出版社，2024.8
（21世纪高等职业教育精品教材·金融类）
ISBN 978-7-5654-5183-6

Ⅰ. 金… Ⅱ. ①李… ②徐… Ⅲ. 金融学–高等职业教育–教材
Ⅳ. F830

中国国家版本馆CIP数据核字（2024）第056155号

东北财经大学出版社出版
（大连市黑石礁尖山街217号 邮政编码 116025）
网 址：http://www.dufep.cn
读者信箱：dufep@dufe.edu.cn

大连图腾彩色印刷有限公司印刷 东北财经大学出版社发行
幅面尺寸：185mm×260mm 字数：371千字 印张：16.75
2024年8月第2版 2024年8月第1次印刷
责任编辑：李丽娟 吉 扬 责任校对：刘贤恩
封面设计：原 皓 版式设计：原 皓
定价：45.00元

教学支持 售后服务 联系电话：（0411）84710309
版权所有 侵权必究 举报电话：（0411）84710523
如有印装质量问题，请联系营销部：（0411）84710711

第二版前言

根据党的二十大报告对职业教育的指引，为落实国家《关于推动现代职业教育高质量发展的意见》，我们对《金融学基础》教材进行了修订。本着以教材作为重要载体推进职业教育的产教融合的原则，修订后的教材在体例和内容设计上仍针对高等职业教育人才培养需要，将高等职业院校学生的特点和需求相结合。本教材在修订中充分考虑高等职业教育和金融专业教学改革的需要，对初版教材相关栏目及内容进行了调整，经过编写团队成员反复讨论研究并达成共识，最终呈现的教材突出体现如下特点：

1.坚持高等职业教育理念，以高等职业教育层次定位调整教材中的理论部分内容，充分保证金融学知识体系的完整性与适用性的统一。从本教材应用实际及对课程多年的教学实践出发，对教材内容进行了适当调整，结合教学计划安排和授课对象的接受能力调整知识难易度，确保教材的内容更精练紧凑。

2.注重金融理论与金融改革发展实际的紧密结合。金融学中的许多理论、原理的形成不仅是对金融理论与实践的总结，而且是众多专家经济思想的升华。本教材吸取其中的精华，同时也充分关注近年来国际与我国经济改革出现的新内容、新思想、新科技，通过知识链接、新闻资讯等栏目体现出来，为学生提供丰富的金融实践案例和最新的改革内容。

3.提高教学者教授的方便性和学习者学习的针对性。教材中的案例、图表有助于教学者对金融理论的阐述和分析；教材每章后的自测题，可帮助学习者随着学习进度自测自检，随时掌握各章的要点内容；教材最后附有综合模拟试题，有助于学习者对全程学习效果的自我检测，满足了学习者不同阶段的需求。

本教材内容共分10章，分别是：货币与货币制度（第1章）、信用与利息（第2章）、金融体系（第3章）、商业银行（第4章）、非银行金融机构（第5章）、中央银行与货币政策（第6章）、货币供求均衡与通货问题（第7章）、金融市场（第8章）、国际金融（第9章）、金融监管（第10章）。第10章是为了保证教材体系的完整性设计的，授课计划中可以省略，引导学生自修即可。

本教材编写团队由高等职业院校一线教师和金融机构一线岗位工作人员组成。本教材由李春和徐雨光担任主编，谭朝日担任副主编。各章具体分工为：辽宁金融职业学院徐雨光编写第1、2章；辽宁金融职业学院戴晓冬编写第3章；宁波城市职业技术学院梁桂云编写第4章；兴业银行股份有限公司沈阳分行韩月婷编写第5章；辽宁金融职业学院李春编写第6、7、8章；辽宁金融职业学院谭朝日编写第9、10章；最后由李春负责统稿。编写团队成员具有丰富的金融专业教学经验和工作经验，在此对团队成员在修订中的辛勤付出和贡献深表感谢。

　　本教材体系设计在侧重于高等职业院校的金融类专业教师教学与学生学习使用的同时，也考虑到财经类本、专科其他专业学生以及金融机构从业人员了解金融学基本知识的需求，在一定程度上可作为银行从业职业资格考试的参考用书。

　　另外，本教材在编写过程中引用了一些专家学者的图书文献资料和相关网络资料，我们尽可能地在教材最后予以列出，但由于各种原因可能有遗漏，在此表示歉意。由于水平有限，教材中的内容难免有疏漏之处，恳请各位读者予以批评指正，我们将不胜感激。欢迎广大教材使用者对本教材提出宝贵的意见和建议，以便我们不断改进和完善。

编　者

2024 年 1 月

目录

第1章
货币与货币制度

学习目标

知识目标：深刻理解货币、货币制度的基本概念；掌握货币的本质、职能，货币形式的发展趋势及货币制度的构成要素。

技能目标：熟练分析货币、货币制度与经济的关系；能用货币基础理论和基础知识解释货币的相关现象。

素质目标：在阐述货币制度时，通过对人民币制度的阐述真实再现人民币的产生与发展过程，使学生通过人民币的主权象征和人民币加入SDR货币篮子增强对我国富起来、强起来的自豪感。

数字人民币场景面面观：关注我们的生意与生活

我国的数字人民币自试点以来，其应用场景不断被拓展，参与试点的机构数量和个人用户群体也在持续扩张。

作为一种新型的数字支付方式，数字人民币采取了双层运营体系，以广义账户体系为基础，具备支持银行账户松耦合、双离线支付、多终端选择、不同等级的钱包、高可追溯性、更高安全性等功能。而作为新型的国家法定货币，数字人民币的钱包形式丰富多样，具有无须开设银行账户、可在没有网络或弱网环境下完成支付、用户信息安全、成本低、交易清算更加快捷、实现智能支付等特点。这些功能和特点可以给人们的生意和生活带来诸多便利。数字人民币通过数字零售、话费充值、线下红包抢购、教育缴费、跨境支付等场景融通企业，连接用户，在大大小小的支付场景中构建起一座座新型的智慧支付城市，并不断地帮助城市生长。

数字人民币在移动支付领域的前期应用以零售业为主，而零售场景是其支撑智慧城市生态的重要基础。做好零售是数字人民币交易场景得以不断延展的重要条件。随着智能手机和扫码支付的普及，数字人民币在便捷性和安全性上具备明显优势。目前，数字人民币在线下商圈、餐饮娱乐、交通出行等领域得到了广泛应用，用户只需通过手机扫码即可完成支付，大大提高了支付效率。

除了零售，数字人民币在金融服务领域也有广泛应用。数字人民币可以提高金融服务的效率和透明度，降低交易成本，并且可以为金融机构提供更加丰富的产品服务。比如，建设银行在三方存管领域与证券公司进行数字人民币创新应用合作，中国银河上线数字人民币投资场外理财产品；再比如，天天基金官宣上线兴业银行数字人民币基金支付功能，该功能上线后，兴业数字人民币钱包用户可以用数字人民币在天天基金 App 上购买或赎回基金产品。

跨境贸易方面，数字人民币可以提高跨境贸易的便利性和效率，降低交易成本，并且可以为企业拓展国际市场提供便利。为此，国际各方机构也在积极磋商跨境贸易结算方面的新型支付交易协作方式。2024 年，国际清算银行、中国香港金融管理局、泰国中央银行、阿联酋中央银行和中国人民银行数字货币研究所等多边央行数字货币桥项目（Project mBridge）发起方在京召开系列会议，讨论最小化可行性产品（MVP）研发及阶段落地有关工作。

在智慧城市建设方面，数字人民币可以提高城市交通、医疗、教育等公共服务的效率和质量，降低社会成本。具体应用上，有试点城市通过数字人民币实现智能交通收费，可以减少拥堵和排放，提高交通效率；通过数字人民币实现智慧医疗付费，可以简化就医流程，提高医疗效率。相关案例有，中国农业银行联合北京"一卡通"推出数字人民币公交出行，上海银行助力数字人民币融入智慧医疗支付场景等。在成都大运会举办前夕，成都市首批出租车将开通数字人民币小微商户业务。自 2023 年 7 月 1 日起，乘客在成都搭乘出租车可轻松享受数字人民币支付带来的实惠与便利。

数字经济的发展让数字人民币具有广泛的应用场景和巨大的发展潜力。随着数字技术的不断进步和普及，数字人民币也必将在未来发挥更加重要的作用。

资料来源：王超.数字人民币场景面面观：关注我们的生意与生活［EB/OL］.［2024-04-10］.https://www.360kuai.com/pc/9a1fbd534f5dd3aae? cota=3&kuai_so=1&refer_scene=so_3&sign=360_da20e874.

这一案例表明：网络技术将继续改变着人们的生活。数字货币作为更具革命性的货币，既不同于 Q 币、比特币，也不同于电子货币。作为数字化主权货币，它不仅能节省发行、流通带来的成本，还能提高交易或投资的效率，提升经济交易活动的便利性和透明度。由央行发行数字货币还保证了金融政策的连贯性和货币政策的完整性，对货币交易安全也有保障。在互联网技术发展下，数字货币取代纸质货币已是必然趋势，将会对未来的各国及世界经济产生深远影响。

1.1　货币的起源与货币形态的演变

1.1.1　货币的起源

1) 货币是商品交换的产物

在现代商品经济社会中，世界各国，不论其政治、经济制度如何不同，社会上的每一个人、每一家企业、每一个机关、每一个团体与组织，几乎每天都要与货币打交道。货币在经济活动中发挥着不可替代的独特作用，不可想象，没有货币的经济生活会是什么样。那么，货币是怎样产生的呢？

马克思说，"货币的根源在于商品本身"。要想弄清货币的起源和本质，就必须首先弄清商品和货币的关系。

商品的内在矛盾使商品成为货币。人类要生存就要消费，要消费就要劳动。人类社会的劳动首先是一种生产劳动。人类社会的劳动，在不同时期具有不同的特点。在原始社会，人们的劳动具有共同生产、共同消费的特点，这时既不存在商品，也不存在货币。随着社会分工和私有制的出现，情况发生了明显的变化，逐渐出现了商品、价值、等价交换、货币等基本范畴。

在社会分工的条件下，每个人只生产整个社会分工体系中的一种或少数几种产品，而整个社会的需求却要靠所有生产者提供多种多样的产品来满足。因此，在社会分工条件下，生产者的劳动具有社会劳动的性质。但是，私有制的存在使得每个人生产什么、生产多少、怎样生产、何时生产，都由他自己来决定，生产出来的产品也归他自己支配，因此，劳动并不直接表现为对社会、对大家有意义，而是直接表现为对个人有意义，也就是说，劳动具有私人性质。这样就产生了社会劳动和私人劳动的矛盾。劳动的私人性质决定产品归私人所有。可是产品不只是供私人消费，更多地是供其他社会成员消费，于是私人劳动如何转化为社会劳动就成了关键问题，这就是商品的内在矛盾。要解决这样的矛盾，唯一的途径就是交换。这时的生产就是为交换而进行的生产，这种为交换而生产的劳动产品就构成了商品。为了解决商品的内在矛盾，商品的价值应以货币来表现。

根据史料记载，世界各地的交换都经历了两个发展阶段：物物直接交换和通过媒介的交换。例如，牲畜曾在很多国家和地区充当过这种媒介。在中国，最早的比较典型的媒介是贝。这种出现在交换中的媒介就是货币。

2）货币是价值形式长期演变的结果

历史上，商品价值的表现形式经历了由低级到高级的演变过程。这个过程大致包括以下四个阶段：简单价值形式、扩大价值形式、一般价值形式和货币形式。

（1）简单价值形式

在原始社会，由于生产力低下，人们往往结成共同体来一起生产和消费，共同体之间自给自足，相互隔绝，几乎没有经济交换活动发生。随着生产力的发展，产品逐渐有了剩余，羊换石斧、玉米换土豆、木材换皮货、刀枪换烟草等简单的物物交换出现了。

在这种简单的交换中，商品价值的表现也是简单的，即一种商品的价值由另外一种商品来表现。因此，一种商品的价值由另一种商品来表现的价值形式，就是简单的、偶然的价值形式。这种交换看似简单，但只要发生了，就有价值表现问题。例如：

1只羊=2把石斧

这个式子看似简单，它反映的内容却并不简单。这个式子至少反映两个方面的内容：

第一，羊和石斧这两种商品处于不同的地位，起着不同的作用。等式左边羊的所有者通过与石斧的所有者交换，把羊的价值表现出来，羊起着主动的作用，处于相对价值形式的地位；等式右边的石斧在交换中用其本身的使用价值充当羊的价值的表现材料，用来衡量、表现羊的价值，在价值表现中起着被动的作用，所以把等式右边的石斧叫作等价物。

第二，这一式子还反映了这两种商品的价值量的对比关系。这时，作为等价物的石斧具有与同处于相对价值形式的羊直接交换的能力。

简单价值形式反映的只是产品转化为商品的萌芽状态，商品价值的表现无论从质上还是量上都是不充分的，价值作为无差别的人类劳动的凝结物，其交换的比例以价值量为基础的本质，还没有充分地显示出来。

（2）扩大价值形式

随着农业和畜牧业的分离以及私有制的出现，共同生产逐渐变成个人生产，共同体之间的交换也被个人之间的交换所代替，偶然的交换变成了经常的交换。这时一种物品不只是偶然地才和另外一种物品发生交换，而是经常性地与另外多种物品交换，用公式表示为：

$$1只羊 = \begin{cases} 2把石斧 \\ 1袋小麦 \\ 1件衣服 \\ 3斤茶叶 \\ \vdots \end{cases}$$

这样，一种商品的价值由多种商品表现的价值形式就是扩大的价值形式。在这种价值表现形式中，等式右边处于等价物形式的商品不再是一种，而是许多种，但每次发挥等价物作用的，只是一种商品。

随着交换的发展，物物直接交换的局限性越来越明显。例如，石斧的所有者需要羊，羊的所有者也刚好需要石斧，交易能够成立，羊和石斧的价值都能得到社会承认。但经常出现的情况是：羊的所有者需要石斧时，石斧的所有者并不需要羊，而是需要粮食，粮食的所有者又需要棉花……于是，一个非常烦琐的简单实物交换链就形成了。为了克服交换的困难，往往需要进行若干次迂回曲折的交易，才能换到所需要的商品。因此，物物直接交换是一种成本高昂、效率低下的交换方式，而且随着交易规模的扩大，这种矛盾越来越突出。

（3）一般价值形式

在商品交换的发展过程中，人们为了克服物物直接交换的局限性，逐渐自发地出现了这样一种倾向：大家习惯性地把自己的商品先和某种人们普遍需要的商品相交换，然后再以这种商品去交换自己需要的商品。这时该种商品成为所有其他商品价值的表现形式，成为所有商品的等价物，马克思称之为一般等价物。这样，物物直接交换就让位于通过媒介的间接交换。于是，扩大的价值形式便过渡到一般的价值形式。一般的价值形式，就是指所有商品的价值同时表现在一种商品上的价值形式，用公式表示为：

$$\left.\begin{array}{l}2把石斧\\1袋小麦\\1件衣服\\3斤茶叶\\\vdots\end{array}\right\}=1只羊$$

一般价值形式的出现，是价值形式发展史上质的飞跃。在这种价值形式下，只有一种商品作为等价物去表现其他一切商品的价值。由于一切商品的价值都通过一种商品来表现，所以，价值作为无差别人类劳动凝结物的这种性质，便完全地、充分地表现出来了。既然一切商品在质上表现为共同的东西，那么在量上它们也是可以互相比较的。所以，只要交换成一般等价物，人们的生产劳动就已经得到社会承认。这时，作为一般等价物的商品，已经不是普通商品，而是起着货币作用的商品，是货币的原始形态。

一般价值形式虽然克服了扩大价值形式的缺点，大大促进了商品交换的发展，但是一般等价物还没有固定在某一种商品上，它在不同地区、不同时期是不一致的，还不能成为整个商品世界的一般等价物。因此，一般等价物的不固定限制和阻碍了商品交换的扩大和发展。

（4）货币形式

随着交换的商品增多，交换的范围也进一步扩大了，商品世界就要求一般等价物固定地由某一种商品来充当，从而克服一般等价物的不固定对交换造成的困难。当一般等价物最终固定在某种特殊商品上时，这种商品就成了货币，一般价值形式就转变为货币形式。货币形式，就是指一切商品的价值都只表现在货币上的价值形式，用公式表示为：

$$\left.\begin{array}{l}\text{2 把石斧}\\\text{1 袋小麦}\\\text{1 件衣服}\\\text{3 斤茶叶}\\\vdots\end{array}\right\} = \text{1 克黄金}$$

一般价值形式转变为货币形式，并没有发生本质的变化，所不同的只是在货币形式上，一般等价物被固定在一种商品上。当一般等价物被固定在某一种特殊商品上时，这种商品就成了货币商品，执行货币的职能。所以，货币是固定地充当一般等价物的特殊商品。其特征是：货币是衡量和表现一切商品价值的材料，可用来购买任何商品，具有与一切商品直接交换的能力。

历史上虽然有许多商品充当过货币材料，但在货币形式中，一般等价物同金银本身的自然形态固定地结合在一起。马克思说："金银天然不是货币，但货币天然是金银。"这是因为金银是自然界早已存在的，而货币是商品经济发展到一定阶段的产物。所以，金银不可能天然是货币。但由于金银具有质地均匀、体积小、价值大、便于分割、便于携带等自然特性，它们天然具有充当货币材料的优点，所以货币天然是金银。金和银本来是普通商品，最初充当特殊等价物，后来充当一般等价物，最后人们自然地将一般等价物固定在金银上面，金银便成为货币。

货币产生以后，以物物直接交换为特征的商品交换就转变为以货币为媒介的商品流通。货币的产生大大促进了商品经济的发展，并由此把整个经济中的所有商品与货币对应起来，两者相互依存、相互制约。当商品经济发展到一定程度时，人们还把货币的发展水平和流通状况作为衡量商品经济发展水平的重要标准。

1.1.2　货币的本质

1）货币是固定地充当一般等价物的特殊商品

货币首先是商品，它同其他商品一样，都具有使用价值和价值，否则，就不能同其他商品相交换，也不可能在交换的发展过程中分离出来成为货币。历史上各种材料的货币，如贝壳、铜、银、金等，都是花费人类劳动得来的，同时也都具有不同的使用价值。

但是，货币不是普通商品，而是固定地充当一般等价物的特殊商品。货币作为一般等价物，具有两个特征：一是货币成为其他一切商品价值的表现材料；二是货币具有与其他一切商品直接交换的能力。在商品世界中，普通商品都各有其特殊的使用价值，即商品的自然属性，如粮食可以充饥、衣服可以御寒等。而货币商品的使用价值则具有两重性，即自然属性和社会属性。比如金银这种货币商品的自然属性是可以作为工业原材料以及装饰品等，而社会属性则是金银作为其他商品价值的表现材料，是价值实体，是价值的象征，是等价物。在商品交换过程中，人们注重的是货币的社会属性，把它当作一般等价物。

2）货币是自发核算社会劳动的工具

由于货币是一般等价物，是价值的象征，其他商品都要通过与货币的交换来实现自身价值，所以货币就成为自发地核算商品生产者社会劳动的工具。

商品生产者的劳动要得到社会的承认，就要实现商品向货币的转化。如果实现了这种转化，就说明商品生产者的私人劳动是社会总劳动的有机构成部分，是社会所必需的，他就可以获得其他商品生产者的劳动产品；反之，就不能获得其他商品生产者的劳动产品。不仅如此，通过货币还可以证明某种商品生产者的私人劳动有多少为社会所需要。如果商品高价出售，转化为货币的数量多，就说明该项生产劳动不仅是整个社会劳动的有机构成部分，而且不能满足社会的需要，在市场上供不应求；反之，则说明该项生产劳动超过了自发的社会分工的必要，在市场上已供过于求。货币还能反映出商品生产者生产商品的个人劳动耗费是多于还是少于社会必要劳动耗费。如果个人劳动耗费少于社会必要劳动耗费，他的商品出售以后就能获得较多的货币；反之，则只能获得较少的货币。货币的这种作用，自发地调整了生产结构，调节着社会劳动分配比例，同时也促进了劳动生产力的提高。

按照类似的理解，西方经济学把货币称为"选票"，生产什么取决于人们愿意把货币选票投给哪种商品，生产多少取决于人们愿意向这种商品投多少票，怎样生产取决于获得货币选票的多少。消费者的投票行为是自发地在市场上分散进行的，生产者的反应也是各自分散决定的，虽然没有统一的领导和计划，却可以保证社会经济秩序的有效运转。这就是著名的"看不见的手"的理论，货币自发核算社会劳动的作用就像一只看不见的手，通过市场价格的波动来调节生产，满足消费。

3）货币体现着一定的社会生产关系

货币作为一般等价物反映了商品生产者之间的交换关系，即体现着产品为不同所有者生产、占有，并通过等价交换来实现人与人之间的社会联系的生产关系，因此货币反映着人与人之间的经济关系。

在商品经济社会里，人与人之间的关系是通过商品与货币交换体现出来的。而商品交换的一条根本原则是等价交换。如果取消了这条原则，商品就不成为商品，价值也就不成为价值。同样，货币也相应地具有一个特点，即无论在什么人的手里，也无论是由于出售了什么样的商品而取得的，它都作为价值的独立体现者，具备着转化为任何商品的能力，否则货币也就不成为货币了，因此货币反映了私人劳动与社会劳动的关系。

1.1.3 货币形态的演变

在货币产生的几千年中，随着商品交换和信用制度的发展，货币的形态也是一个不断演进的过程，历经了实物货币、金属货币、代用货币、信用货币、电子货币等不同形态。货币形态的变化既是适应交换不断发展的需要，也是逐步克服前一种货币缺陷的过程。

1）实物货币

实物货币又称商品货币，是指金属货币出现前，曾充当过交易媒介的那些特殊商品，如贝壳、牲畜、农具、布帛等，其特点是货币本身就是商品。实物货币是货币形态发展的最原始形式。

早期的实物货币是在商品交换过程中从普通商品中脱胎出来的，在充当货币时，基本上保持原来的自然形态，其典型特征是能代表财富，是普通的供求对象，并非理想的货币材料。实物货币的局限性是显而易见的：体积笨重、不能分割、质量不一、容易磨损，不适合充当理想的交易媒介和价值尺度。随着经济的发展，实物货币逐渐被金属货币所取代。

2）金属货币

凡是用金属做成的货币均称为金属货币。历史上曾经充当过货币的金属主要有金、银、铜等。金属作为货币材料，有实物货币无可比拟的优势：一是价值比较高，可用较少的货币完成较大量的交易；二是易于分割，即分割后不会降低它的单位价值；三是易于保存，在保存过程中价值不会受到损失，且不必为之付出成本；四是便于携带，有利于在更大范围内进行交易。因此金属货币是比实物货币更适合的货币。中国是世界上最早使用金属货币的国家，商代出现的铜贝是历史上最早的金属货币。

金属充当货币材料采用过两种形式：一是称量货币；二是铸币。称量货币是指货币直接表现为没有固定形状的金属块，每一块货币的价值取决于该金属块的重量。在金属称量货币时期，每次交换都必须经过称量重量、鉴定成色、进行分割等过程，这就非常麻烦，使商品交易的时间延长，成本增加，风险也增加，越来越难以适应商品交换的发展。在这种情况下，一些经常参加交易的商人开始在自己称量过重量、鉴定过成色的金属块上打上印记，以方便交换，从而出现了最初的铸币。

当商品交换的地域范围越来越大时，单凭商人的信用并不能让异地的交易者相信金属块上的标记，于是要求更具权威的标记，而最具权威的莫过于国家，于是国家开始充当货币的管理者，对金属货币的铸造进行管理。这种由国家印记证明其重量和成色的金属块就称为铸币。所谓国家印记包括形状、花纹、文字等。

金属货币虽有很多优点，但也有不少缺点，如金属数量有限，不能满足商品流通对币材的需要，流通费用较高等。于是，金属货币就逐渐被其他货币形态所取代。

3）代用货币

代用货币又称兑现纸币，代用货币本身所含价值低于它作为货币的价值，其特点是可与所代替的贵金属自由兑换。代用货币有许多形态，中国的"交子"实际上是一种代用货币，国家铸造的不足值的铸币也应属于代用货币，因为这种铸币本身的价值低于它所代表的货币价值。但是一般来说，代用货币指的是政府或银行发行的代替金属货币流通的纸币或银行券。这种纸质的代用货币所代表的价值是金属货币的价值。这种纸质的代用货币之所以能在市场上流通，被人们普遍接受，是因为它们有十足的金银贵金属作保证，可以自由地向发行机构兑换金银。

代用货币较之金属货币有明显的优点：①印刷纸质的代用货币的成本较铸造金属低；②节省了部分黄金作为币材的使用；③降低了运送成本与风险。

代用货币最早出现在英国的中世纪后期。英国的金匠为顾客保管金银货币所开出的本票形式的收据，即银行券的初始形式，可以在流通领域进行流通，这是原始的代用货币。在顾客需要时，这些收据可以随时兑现或作为支付凭证。美国在1873年实行金本位制以后，为减少公众持有大量黄金或金币带来的麻烦，发行了黄金凭单，凭单面值代表存于财政部金库中的足值铸币和等价黄金，并可在市场上流通。直到1933年美国放弃金本位制度，实施黄金国有化，黄金凭单由财政部收回，代用货币才消失。

这种货币形态之所以被历史淘汰，在于它是以黄金作为保证的。这种兑换上的硬联系，使得这种供应货币的方式缺乏适应经济不断发展后的商品生产和商品交换需要的弹性。因为商品交易数量和规模越来越大，而金银产出有限，不能与普通商品生产同步，满足不了商品生产和交换的需要，最后只得与黄金脱钩。

4）信用货币

信用货币就是以信用作为保证，通过信用程序发行和流通的货币。信用货币是代用货币进一步发展的产物，其形态同代用货币一样，大多为纸质形态。目前世界上几乎所有的国家都采用这种货币形态。美元、日元、人民币等都是信用货币。

信用货币有以下几个特征：

第一，信用货币完全割断了与贵金属的联系，其发行不是以黄金作为准备的，国家也不承诺兑现黄金。所以，信用货币也称作不兑现的信用货币。信用货币发行的依据是：以商品物资保证为基本依据，根据社会经济发展的内在要求，结合国家对特定的经济运行周期进行宏观调控的需要。

第二，信用货币的另一信用保证是国家的信誉和银行的信誉。信用货币本质上是一种国家债务货币，其原始货币形态纸币（现钞）为国家货币当局发行的法偿货币，理当由国家通过法律保证其正常流通和支付。

第三，信用货币的具体形态是纸质货币——纸币（现钞）。纸币是由国家货币当局发行，并依靠国家权力强制流通的货币符号。

信用货币完全摆脱了黄金束缚，只受到商品发展规模和市场化程度的制约，从这个意义上说，它更符合经济发展的内在要求。但信用货币的发行权在国家货币当局，国家可以根据客观的和主观的需要（如战争和重大自然灾害、为刺激经济施行赤字财政政策等），进行货币的超额发行和财政发行，从而侵蚀币值，引起通货膨胀。有关这方面的问题我们将在以后的章节中进行讨论。

信用货币可以分为以下几种形态：①钞票或纸币。其主要职能是作为人们日常用品的购买手段，其发行权目前基本上由各国的中央银行所垄断。②辅币。其主要职能是作为小额或零星交易的媒介或支付手段。钞票或纸币和辅币共同构成了我们通常所说的通货。③银行存款。银行存款主要指能够签发支票办理转账结算的活期存款。可用于转账结算的存款与银行券一样发挥了货币的作用，而且具有快速、安全、方便的特点，尤其在大额支付交易中，很难用银行券，必须用存款货币。

5）电子货币

电子货币通常是指利用电子计算机网络或储值卡进行电子资金转移，利用电子计算机记录和转移存款。电子货币的特点在于它是一种观念上的货币，具有转移迅速、相对安全和节约费用的优点。目前的电子货币主要有银行卡和网上电子货币两种。

电子货币是当今货币形态发展的新趋势。20世纪50年代，计算机技术开始在金融业得到应用，最初只是用于工资、账目方面的成批处理。随着电子计算机技术和先进的信息传输技术的飞速发展，金融业的电子化程度越来越高，同时不可避免地带来了货币形态的变化。电子计算机在银行业务中的广泛应用，催生出了以各种银行卡为代表的电子货币，代替了一部分现金和支票，成为日益广泛的支付工具。人们可以用银行卡在自动存取款机（ATM）上取款或者存款，而无须进入银行，也可以在销售点终端机（POS机）上刷卡消费，而不必支付现金。银行卡中的信用卡还有授信功能，可以透支，相当于银行向客户提供短期无息贷款。

电子货币在西方呈现蓬勃发展的势头，成为流通中广泛运用的支付工具。在我国，目前发展的重点仍在信用卡业务上。1986年，中国银行率先在国内发行了长城卡。其后，中国工商银行的牡丹卡、中国建设银行的龙卡、中国农业银行的金穗卡也相继问世。现在各中小商业银行、邮政储蓄银行等也都有了自己的银行卡。

2011年，我国央行建立和完善新型支付业务管理制度，加强对银行卡收单、互联网支付、移动支付、预付卡业务的规范和管理。此外，开展支付结算执法检查，规范支付结算秩序，维护相关主体的合法权益，继续推动电子商业汇票的应用。同时，加强银行卡风险管理，进一步加大预防和打击银行卡犯罪的力度，加强和完善对非金融机构支付服务的监督管理。

究竟什么东西能够充当货币？人们在长期的交换实践中不断摸索。随着人们对商品生产和商品交易认识的深化，对货币在交换中的作用和适用形态的认识也在不断深化。

拓展阅读1-1

数字人民币跨境试点将迎来新探索

纵观货币形态的发展与演变，我们可以从中得到一些启发：①商品生产和商品交换的发展是货币形态演化的根本原因。能否取得货币的资格，取决于能否满足商品生产和商品交换在广度上和深度上不断拓展的需要，取决于社会大众的普遍信任和接受程度。②随着货币形态的演变，人们对货币的本质和货币在经济中所起的作用的认识在不断深化，使人们能动地控制货币，从而满足经济不断增长的需要。

1.2 货币的职能

货币的本质决定着货币的职能。货币的职能即其本身所具有的功能，它是货币本质的具体体现。随着商品经济和货币的发展，货币的职能也在不断发展。一般认为，货币具有价值尺度、流通手段、贮藏手段、支付手段、世界货币五种职能。

1.2.1 价值尺度

价值尺度职能是指货币作为衡量商品价值标准的职能。这是货币最重要、最基本的职能，是货币在表现商品的价值并衡量商品价值量大小时所发挥的一种功能。

货币之所以能表现和衡量商品价值，是因为货币本身是商品，本身具有价值。所有商品价值量的大小都可以用货币来衡量。货币执行价值尺度的职能，是通过把商品的价值表现为价格来实现的。商品的价值表现在货币上，就是商品的价格，或者说商品价值的货币表现就是价格。比如一本书标价20元人民币，这样，我们就可以用20元人民币来表示书的价值。货币在发挥价值尺度职能时不需要现实的货币，单凭想象中的货币就可以。

货币充当商品价值尺度，必须借助于价格标准，才能准确地表现每一商品的价值量。价格标准是国家通过法律规定的含有一定的金属重量的货币单位及其等分部分，是计量商品价格的标准。在金属货币制度下，价格标准即货币含金量；在纸币制度下，价格标准主要通过规定购买力表现出来。价格的倒数是货币购买力。商品价格越低，货币购买力越高；商品价格越高，货币购买力越低。但货币购买力并不是某一种商品价格的倒数，而是所有商品价格的倒数，因此反映总体价格变动情况的物价指数可以反映货币购买力的变动。物价指数如果上升，就意味着货币购买力下降了；反之，则意味着货币购买力上升了。物价指数稳定，货币购买力也稳定。

货币执行价值尺度职能的意义在于：表现商品的价值，便于人们对众多商品的价值进行比较。这也是价值尺度职能的实质。

1.2.2　流通手段

流通手段也是货币的基本职能。流通手段职能是指货币在商品交换中充当交换媒介的职能。货币作为流通手段，使直接的物物交换（W—W）变成了以货币为媒介的间接交换（W—G—W），这种间接交换就被称为商品流通。

充当流通手段的货币和充当价值尺度的货币不一样，不能是想象的或观念上的货币，而必须是真实的货币。但可以是不足值的货币，甚至是本身没有价值的纸币。因为货币在交换中转瞬即逝，它只是交换的手段，并不是目的，所以只要能代表足够的价值就可以作为流通手段。货币符号包括不足值铸币和纸币。由于纸币、信用货币是法律强制流通的货币，它们能够作为交易工具在流通中交换，可见，货币符号作为货币的象征是从货币的流通手段职能中产生的。

价值尺度和流通手段是货币的两个最基本的职能。商品要交换，必须首先把自己的价值表现出来，否则就没有交换的标准，无法进行等价交换，因而需要一个共同的尺度；为了交换的方便，需要有一个交换的媒介。当这两个交换最基本的要求由一种商品来满足时，这种商品就取得了货币的资格。所以，马克思曾指出，价值尺度和流通手段的统一是货币。

1.2.3　贮藏手段

货币的贮藏手段职能是指货币退出流通领域被人们当作社会财富的一般代表保存起来的职能。货币的贮藏手段职能是在价值尺度和流通手段职能的基础上产生的。作为贮藏手段的货币，必须具有价值，并且必须是现实的货币。这是因为人们贮藏货币的目的是贮藏财富，实现保值，这就决定了作为财富代表的货币不能是虚幻的和无价值的。执行贮藏手段职能的货币主要是金属货币。

凡是货币都可以执行贮藏手段的职能。不同的货币形式执行贮藏手段的职能是不一样的。

在金属货币流通的条件下，货币贮藏手段职能的发挥，有自动调节货币流通量的作用，称为货币贮藏的“蓄水池”作用。当货币供过于求时，过多的货币就会被贮藏；当货币供不应求时，贮藏的货币便相应地进入流通。正因为金属货币流通中的货币贮藏具有“蓄水池”作用，所以流通中的货币量总是与流通所需要的货币量相差不大。也就是说，在金属货币流通时期，一般情况下是没有通货膨胀的。

在银行券和信用货币流通的今天，“蓄水池”作用是不存在的。对企业和个人来说，储存纸币也同样是价值的积累，所以每个企业和个人都会这样去做。但从整个社会角度来看，则并不意味着有对应数量的真实价值退出流通。因为纸币只不过是一张纸片，银行的存款其实只是账簿上的数字，没有任何实际价值。纸币和存款其实表明的是持有者从社会取得相应数量商品或劳务的权利，储存纸币只是把权利推迟使用，这也是人们储存纸币的意义所在。储存中没使用的这部分货币并没有退出流通，而是通过种种方式投入到生产、流通、基本建设等过程中。所以信用货币虽然仍能执行价值贮藏手段职能，但与金属货币流通时期已经有了极大的区别。

1.2.4　支付手段

当货币不是作为交换媒介，而是作为价值的独立运动形式进行单方面转移时就是在执行支付手段职能。支付手段是由赊销引起的。在赊销中，因为商品的让渡和货币的收入并不是同时进行的，在货币用于偿还赊销款时，已不是流通手段职能，在货币付出的同时并没有相应价值商品的流入。没有商品在同时、同地与之相向运动，这是货币支付手段职能的特征。

在现代商品经济中，货币作为支付手段发挥的作用越来越普遍，不仅用于偿还债务，还被用于支付租金、利息、工资和赋税等。比如，财政的收支、银行吸收存款和发放贷款，都是货币作为独立的价值形态而进行的单方面转移；在工资和各种劳动报酬支付中，货币也同样在发挥支付手段职能。

货币作为支付手段，能发挥两个作用：一是扩大商品流通。在商品交易中，人们可以先购买商品，后支付货币，使商品生产和流通突破现货交易的限制，促进商品经济发展。二是节约现金流通。借助于货币的支付手段职能，信用关系得以形成。债权、债务到期可以相互抵销和清算，债务人只需支付债务余额，这样可大大减少现金需要量。但是当商品生产者不能如期出售商品时，他就无法清偿对别人的债务，从而可能使社会上错综复杂的债权债务链中断，严重的话还会引起支付危机和信用危机。

在流通中，作为流通手段的货币和作为支付手段的货币有着密切的联系，它们共同构成流通中的货币。流通中的每一枚货币，往往交替地发挥着这两种职能。因而，流通中货币的需求实际包括对流通手段的需求和对支付手段的需求。

1.2.5　世界货币

世界货币的职能是指货币在国际市场上发挥一般等价物作用时执行的职能。商品流通一旦越出国界，扩大到世界范围时，货币的职能也就跟着发展，即作为各国购买手段、支付手段和财富的一般代表。

货币在世界范围内发挥职能的形式有一个发展过程。最初，货币不采取铸币的形式，而直接以金属的本来面目黄金和白银出现，而且是以重量作为计量单位；后来，随着不兑现信用货币制度的普遍推行以及世界货币体系和信用关系的形成，一些主要国家的货币（如美元、英镑、日元等）在国际上充当了世界货币的角色，主要以美元为代表。在世界经济运行中，美元可以自由兑换成其他国家的货币。在世界贸易中，大多数国家都以美元作为清偿手段。在国与国之间，美元具有普遍的接受性，发挥着价值尺度、流通手段等职能。目前，黄金只是一般的商品，偶尔在国与国之间作为最后的清偿支付手段。另外，欧元不仅具有货币的全部职能，而且具有超国家的特点。

2009 年以来，人民币作为支付手段、价值储藏和计价工具，已经在不同程度上具有一定的国际职能。相关数据显示，目前大约有 15% 的跨境贸易是用人民币计价结算的，离岸市场人民币存款大概有 2 万亿元，在岸市场外国投资者持有的人民币资产超过 10 万亿元。同时国际上有 70 多个国家将人民币作为官方储备货币，我国与 40 个国家签订了人民币双边互换协议。可见，我国人民币的国际化从零起步取得了比较明显的进展。但是人民币并非自由化货币，随着中国经济的快速发展，以及中国在国际上威望的进一步提高，人民币最终会成为可自由兑换的货币。

✓ 新闻资讯 1-1 ···

新 SDR 货币篮子生效一年！人民币权重提升

2016 年 10 月 1 日，人民币正式加入 SDR 货币篮子。人民币"入篮"后，SDR 货币篮子正式扩大至美元、欧元、人民币、日元、英镑等五种货币，权重分别为 41.73%、30.93%、10.92%、8.33% 和 8.09%。

2022 年 5 月 11 日，IMF 执董会完成了 5 年一次的 SDR 定值审查，维持现有 SDR 篮子货币构成不变，并将人民币权重由 10.92% 上调至 12.28%，将美元权重由 41.73% 上调至 43.38%，同时将欧元、日元和英镑权重分别由 30.93%、8.33% 和 8.09% 下调至 29.31%、7.59% 和 7.44%，人民币权重仍保持第 3 位。新 SDR 货币篮子在 2022 年 8 月 1 日正式生效，并于 2027 年开展下一次 SDR 定值审查。

专家表示，人民币在 SDR 货币篮子中的权重由 10.92% 上调至 12.28%，意味着人民币在国际贸易、外汇储备、全球外汇交易、投融资中的使用更加广泛，人民币更加受欢迎，人民币在国际支付结算、储备与投融资方面发挥的作用越来越大，人民币国际化进程加快。同时，也反映出国际市场对人民币市场化改革与我国金融改革开放成就的高度认可。

资料来源：佚名. 新 SDR 货币篮子生效一年！人民币权重提升，带来哪些影响？[EB/OL].[2024-03-16].http://www.cinic.org.cn/xw/cjfx/1462008.html.

···

货币的各个职能之间存在着有机的联系，它们共同体现了货币作为一般等价物的本质。

货币必须首先完成价值尺度的职能，才能进而执行流通手段的职能。只有价值尺度和流通手段的职能发展了，才会出现贮藏手段的职能。支付手段职能的产生，不仅是流通手段职能发展的结果，而且是以贮藏手段职能的存在为前提的。而世界货币的职能，则显然是以货币的前四个职能在国内的存在和发展为前提的，是货币诸多职能在国际上的延伸。

1.3 货币制度

1.3.1 货币制度的形成及构成要素

1) 货币制度的形成

货币制度，简称"币制"，是指国家以法律形式规定的货币流通结构和组织形式。

据文字记载，古代国家就在货币方面制定种种法令，以便对货币流通进行控制。秦始皇统一中国后在全国推行铜币——半两钱就是例子。但是由于社会制度的缺陷，封建社会并未建立统一、稳定和规范的货币制度，正规的货币制度是资本主义制度建立以后才有的。

资本主义之前货币流通的特点是分散和紊乱。首先，铸币的铸造权分散。这是由封建社会经济与政治的割据决定的，各个地方诸侯都有权铸造自己的铸币。铸造权分散，使得各地铸币的重量、成色甚至形状都不一致，这样就阻碍了商品流通的发展和统一的民族市场的形成。其次，铸币不断变质，即铸币的实际重量减轻，成色下降。不断变质的铸币，不利于企业正确地计算成本、价格和利润，不利于建立广泛而稳定的信用关系。

由此可见，货币流通的分散和紊乱状况极不利于资本主义商品经济的发展，所以当资产阶级建立起自己的统治之后，就着手整顿货币流通中封建社会遗留下来的混乱现象。各国先后以法令的形式对货币流通做出种种规定，通过这些法令的实施，逐步建立了统一的、定型的货币制度。

2）货币制度的构成要素

一般而言，货币制度的构成要素有五个：货币材料的确定、货币单位的确定、货币的铸造与流通、货币发行制度、金准备制度。

（1）货币材料的确定

货币材料也称币材，就是国家规定哪种材料作为货币，是一个国家建立货币制度的首要步骤，是货币制度的基础。不同的货币材料构成不同的货币制度。如果法律规定用白银作币材，就是银本位货币制度；如果是白银和黄金同时为币材，就是金银复本位货币制度；如果是单以黄金为币材，就是金本位货币制度；如果不用金属而是用纸作为主要货币材料，就是纸币制度。

虽然用什么作币材是由国家法律规定的，但国家法律只是对已经形成的客观事实从法律上加以认定，并不会只凭主观愿望，把生活中人们不用的东西规定为币材，即便这样做了，也行不通，而且还会导致货币流通的混乱。现在世界各国流通的都是不兑现的信用货币了，法令中也就没有关于币材的规定了，过去货币制度中一个最重要的构成要素已经消失了。

（2）货币单位的确定

货币材料确立后，就要规定货币单位。货币单位包括货币单位名称及其所含货币金属的重量。货币单位的名称开始时就是金属的重量单位，如中国的两、铢，英国的镑等。后来由于种种原因，货币单位的名称和货币金属的重量脱离了，货币单位有了特定的名称，如很多国家采用的元、镑、法郎、卢布、盾、第纳尔等，非常多。有些国家的货币单位与货币名称相同，如英国的货币单位和货币名称都是英镑，美国的货币单位和货币名称都是美元；也有些国家的货币单位与货币名称不同，如中国的货币名称是人民币，货币单位是元。

当货币单位名称与重量单位分离后就有了对货币单位的值进行规定的必要，金属铸币时期就是规定1个货币单位所包含的金属的重量，美国在1934年规定，1美元的含金量为 0.888671 克。1914 年，中国的《国币条例》规定，货币单位名称为"圆"，每圆含纯银 6 钱 4 分 8 毫（合 23.977 克）。在信用货币时期，仍然有一些货币规定含金量，如美元一直到 20 世纪 70 年代初才放弃含金量的规定。在黄金非货币化以后，货币币值主要表现为本国货币和外国货币的比价，对国家来说，就不是规定 1 个货币单位包含多少实际价值，而是如何把本国货币与外国货币的比价保持在一个合适的水平上的问题了。

（3）货币的铸造与流通

法律规定的货币种类有本位币和辅币两种。本位币又叫主币，是一个国家的基本通货。所谓基本通货，是指一个国家的计价标准单位，如美元、英镑等。本位币的最小规格是 1 个货币单位，比 1 个货币单位大的货币也是本位币。在金属货币制度下，本位币是按照国家规定的币材和货币单位所铸成的铸币。如我国在 1935 年以前白银流通的时候，银元就是本位币。本位币的名义价值和实际价值基本一致，这是本位币的基本特征。与这一特征相适应，关于本位币有三个规定：

第一，本位币可以在国家集中铸造的前提下自由铸造。这种自由铸造是指公民有权把货币金属送到国家造币厂铸成本位币，不受数量限制。造币厂代铸货币，不收或只收取少量的铸造费。

第二，本位币可以无限法偿。无限法偿是指货币有无限制的支付能力，法律保护获得这种能力的货币，不管每次支付金额多大，也不管是什么性质的支付，对方都不能拒绝接受。金属货币时期的本位币、信用货币制度中的中央银行发行的不兑现的银行券都具有无限法偿的能力。

第三，规定本位币有磨损公差。为了保证本位币的名义价值和实际价值一致，防止磨损过大而实际价值减少的货币充斥流通领域。国家规定当本位币流通一段时间后允许磨损的最大限度，超过这一限度，公民可以持币去向政府换取新的铸币。货币在流通过程中不可避免地会磨损，导致实际价值下降，成为不足值货币，如果任由不足值货币参与流通，足值货币就不会再进入流通了。但如果货币一旦磨损就收回重铸，成本也是很高的，而且即便是铸造过程本身，也不可避免地会使铸币重量和法定重量有差距。

在信用货币条件下，本位货币表现为纸币或账户货币，它是根据政府或中央银行的信誉而投入流通的信用货币。

小于 1 个货币单位的货币则称为辅币，主要用于小额支付和找零之用。当商品或劳务的价格低于 1 个货币单位时就要用到辅币了。辅币的面值多是本位币的等分，一般是 1/10 或 1/100。例如，美元的辅币为"分"，1 美元等于 100 美分；人民币的辅币为"角""分"。

铸造辅币一般用铜、镍、铝等贱金属，这是因为贵金属价值含量大，不容易铸成小额零钱，而且辅币流通频繁，磨损厉害，如果用贵金属铸造，会使社会财富有较大的损失。

关于辅币的铸造和流通有四个规定：

第一，辅币是法律规定的不足值货币。辅币之所以不根据其实际价值铸造是因为：辅币只是本位币的一部分，与本位币具有固定比例；如果辅币按实际价值与名义价值一致的原则铸造，那么当辅币金属昂贵时，这种固定的比例就会无法维持，而且大量辅币还会被私自熔化，从而造成流通中的辅币不足。

　　第二，规定辅币有限法偿，即规定辅币只具有有限的支付能力。在商品交易中，在一定的金额内，买方可以用辅币支付，一旦超过这一规定的金额，对方可以拒绝接受。例如，美国曾经规定：用10美分以上的辅币支付，一次支付限额为10美元；铜镍所铸造的分币，每次的支付限额为25美分。规定辅币的有限法偿力是为了更好地发挥货币在商品交易中的作用，而不是给商品交易带来不便。

　　第三，规定辅币可以与本位币自由兑换，使辅币可按照固定的比例兑换成本位币，提高货币流通的效率。

　　第四，规定辅币限制铸造。所谓限制铸造，即只能由国家用属于国库的金属来制造。由于辅币实际价值低于名义价值，铸造辅币就会得到一部分铸币收入，所以，公民不能自由地请求政府代铸辅币，辅币的铸造权完全由政府控制。这样做可以保证辅币铸造收入归国家所有，也可以保证辅币与本位币的固定比例不被破坏。

　　在纸币制度下，本位币的自由铸造被取消了，本位币的磨损公差规定在许多国家都改为规定纸币的流通年限。本位币的无限法偿规定被保留下来，依然有效，而关于辅币的规定则依然可行。而且，在信用货币流通时期，因为本位币和辅币都是价值符号，也就没有足值与不足值之分了。

　　（4）货币发行制度

　　在金属货币制度下，由于金属铸币不能满足流通中对于流通手段和支付手段的要求，所以就产生了信用货币和纸币。信用货币和纸币都是货币符号，其本身没有任何价值。它们的作用是代替真实金属货币流通，同时也体现社会成本的节约和流通手段的进步。在信用货币制度下，各国的货币发行准备大都为商品准备和信用准备。

　　（5）金准备制度

　　金准备制度亦称黄金储备制度，是指国家规定的黄金储备保管机构的收支、统计、核算和黄金管理的制度。这一制度就是国家规定把贵金属集中到国库或中央银行。金准备制度是一个国家货币稳定的基础。其主要目的是将贵金属作为世界货币的准备金，作为国内金属货币流通的准备基金，作为支付存款和银行券兑现的准备基金。在纸币制度下，金准备制度的主要作用只是作为世界货币的准备金，其他两个作用已消失了。

1.3.2　货币制度的演变

　　货币制度自产生以来，从历史发展过程来看，世界各国曾先后采用过以下几种类型的货币制度，如图1-1所示。

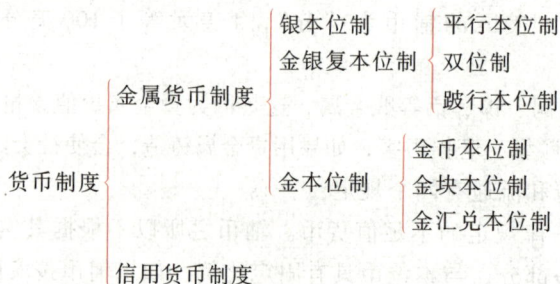

```
                              银本位制          平行本位制
                                              双位制
              金属货币制度     金银复本位制
                                              跛行本位制
货币制度
                                              金币本位制
                              金本位制          金块本位制
                                              金汇兑本位制

              信用货币制度
```

图1-1　货币制度的演变

1）金属货币制度

（1）银本位制

银本位制是以白银为货币金属，以银币为本位币的一种货币制度。银本位制的主要特征有：

① 以白银作为本位币币材，银币为无限法偿货币。

② 本位币的价值与其所含白银价值相等，银行券可以自由兑换银币或等量白银。

③ 银币可以自由铸造和自由熔化。

④ 白银和银币可以自由输出和输入。

银本位制是历史上最早的货币制度，这种货币制度适应了当时商品经济并不发达的社会需要。它萌芽于 16 世纪，废止于 19 世纪末。实行过银本位制的国家有墨西哥、日本、印度和中国等。中国于 1935 年 11 月实行"法币改革"，废止了银本位制。其他国家则早在 19 世纪末就放弃了银本位制，有的改为金银复本位制，有的改为金本位制。银本位制作为一种独立的货币制度在一些国家存在的时间并不长，而且实行范围也不广。例如，中国虽然白银流通的时间很长，但从 1910 年清政府颁行《币制则例》才开始实行真正的银本位制，至 1933 年国民政府宣布"废两改元"，公布《银本位币铸造条例》，中国的银本位制才得以健全，但 1935 年的"法币改革"就取消了银本位制。

银本位制在世界各国存在时间较短的主要原因有：

① 白银价格不稳定。尤其是 19 世纪中叶以来，金银比价大幅度波动，黄金需求大量增加，实行银本位制的国家货币对外严重贬值。

② 白银价值低、体积大，在大宗交易和价值较大的商品交易中使用银币，给计量、运输带来很多不便。商品经济的发展需要价值含量更高、更稳定、携带更方便的货币，一些国家开始采用黄金作为货币材料。由于银本位制已不能适应商品经济的发展，因此，世界各国纷纷放弃了银本位制。

知识链接 1-1

明代确立白银的货币地位

明成祖迁都北京以后，北京官员的俸禄仍要从南京支付。经办人员"将各官俸米贸易货物，卖贵贱酬，十不及一，朝廷虚废米禄，各官部得实惠"。英宗正统元年（1436 年），户部为了克服这一弊端，决定将江南租赋改征白银、布帛等物品，运往北京发放官俸。次年，又将苏州、松江、常州三府留存的 73 万石仓粮变卖成白银来发放官员俸禄。这些决定等于宣布银作为货币的合法化。从此，国家财政收支也日益转向以白银为主的货币支付方式。

资料来源：房燕.金融学概论［M］.北京：机械工业出版社，2004.有改动。

（2）金银复本位制

金银复本位制是指一个国家以金和银两种金属同时作为本位货币流通的货币制度。金银复本位制于 1663 年首先在英国实行，是 16—18 世纪资本主义原始积累时期典型的货币制度。

视频 1-1

金银复本位制

金银复本位制的主要特征有：

① 金、银同时被法律承认为货币金属。

② 金、银两种本位币都具有无限法偿能力。

③ 金、银两种金属都可以自由输入输出。

④ 金、银两种本位币都可以自由铸造、自由熔化。

⑤ 金、银两种本位币可以自由兑换。

在金银复本位制中，由于有金、银两种货币同时流通，商品价值就要表示为两种价格，一种为金币价格，另一种为银币价格，这就要求金币、银币自身有一个交换比例。按照金币和银币兑换比率确定方式的不同，金银复本位制可以分为平行本位制、双本位制和跛行本位制。

① 平行本位制。平行本位制是指金、银两种货币均按其所含金属的市场实际价值流通，是复本位制的早期形式。国家对两种货币的交换比率不加规定，由市场自发形成、确定。例如，英国 1663 年铸造的金基尼和原来流通的银先令并用，两者按它们所含有的生金、生银的市场比价进行交换。在平行本位制下，金、银比价变动频繁，不能很好地发挥价值尺度职能的作用，造成交易混乱，市场极不稳定，于是便产生了双本位制。

② 双本位制。双本位制是指国家以法律规定金、银两种本位币的比价，按法定比价流通。这是金银复本位制的主要形式，平时说的金银复本位制就是指双本位制。在双本位制下，金币和银币的兑换比率由法律规定，不随金、银市场比价的变动而变动，只要法律规定不变，金币和银币的兑换比率就不变。

双本位制虽然避免了金币和银币的兑换比率经常发生变化的缺陷，但其结果是存在官方与市场两种定价制度，更加深了金银复本位制的矛盾，即官方定价的滞后性使得金银名义价值（官方定价）常常偏离实际价值（市场价值），违背了价值规律，于是"劣币驱逐良币"的规律便在货币流通中发挥作用。

"劣币驱逐良币"规律，又称"格雷欣法则"。它是指货币流通中一种货币排挤掉另一种货币的现象。由于金币和银币都是本位货币，都可以自由铸造、自由熔化，当两种实际价值不同而名义价值相同的货币同时流通时，市场价格高于法定价格的货币必然会从流通中退出，被熔化成金属块或输出国外，市场价格低于法定价格的货币则继续流通。市场价格偏高的货币称为良币，市场价格较低的货币称为劣币。实行金银复本位制的必然结果是"双重本位"分裂为"单本位"（或银或金单本位制），实际价值较高的贵金属退出流通，使金融投机猖獗，货币流通混乱。这样，金银复本位制已经不能适应商品经济的发展和要求，必然被其他货币本位制度所代替。

③ 跛行本位制。跛行本位制是指名义上金铸币和银铸币都被规定为本位币，并有法定兑换比率，但金币可以自由铸造，银币则不能自由铸造，并限制每次支付银币的最高额度，从而将银置于金的从属地位。在跛行本位制下，银币的币值不再取决于其本身的金属价值，而取决于银币与金币的法定兑换率。因此，银币实质上已演化为金币的符号，起着辅币的作用。从严格意义上讲，跛行本位制已经不是金银复本位制，而是由金银复本位制向金本位制过渡的一种货币制度。

金银复本位制的演变过程表明，两种本位币的存在必然会产生独占性和排他性。因此，金银复本位制是一种极不稳定的货币制度。这种不稳定性对于迅速发展的资本主义经济起着阻碍作用。19 世纪 70 年代以后，金银比价已不能维持法定比价，因此许多国家就逐渐向金本位制过渡。

（3）金本位制

金本位制是指以黄金作为本位货币的货币制度。金本位制又可分为金币本位制、金块本位制和金汇兑本位制三种不同形式。

①金币本位制。

金币本位制是典型的金本位制。金币为本位货币，单位货币包含了一定量的黄金。从 1816 年英国首先放弃金银复本位制实行金币本位制开始，到第一次世界大战爆发前的近百年中，世界主要的资本主义国家都先后采用了金币本位制。

金币本位制具有以下特点：

第一，金币可以自由铸造、自由熔化，具有无限法偿能力。国家规定金币可以自由铸造，而其他金属铸币则实行限制铸造。金币实行自由铸造、自由熔化，从而保持金币实际价值与名义价值一致，并保持稳定的货币流通数量。

第二，价值符号（辅币和代用货币）可以自由兑换金币。在金币本位制下，各种价值符号可以按其面值兑换为金币，因而辅币和银行券在流通中能稳定地代表一定数量的黄金，从而不至于出现通货贬值的现象。

第三，黄金可以自由输出、输入国境。在金币本位制下，各国货币单位之间按其所含黄金重量折算成一个比价，就可自由输入输出，这可以使得各国货币之间保持一定的稳定性，有利于国际交往，并为国际市场的统一提供了条件。

金币本位制是一种相对稳定的货币制度。这种相对稳定性，在国内表现为流通中通货的币值对金币不发生贬值现象；在国外则表现为外汇行市的相对稳定。这种相对稳定的货币制度对资本主义经济的发展起到重要的促进作用。

但是，到了 20 世纪，由于商品经济规模日益扩大，而黄金存量有限，各国拥有的黄金也不均衡，大多数国家因黄金短缺而使货币符号无法兑现，这样，实行金币本位制的黄金基础被削弱了。为了维持金币本位制的黄金准备要求，很多国家限制黄金输出，并开始发行无法兑现的货币符号，从而使金币本位制难以维持下去。第一次世界大战后，各资本主义国家曾经试图恢复金币本位制。但由于各资本主义国家都将黄金集中在中央银行，作为战时的财政准备金，金币本位制的恢复已经不可能，许多国家放弃了金币本位制，于是建立了变相的金本位制，即金块本位制和金汇兑本位制。

②金块本位制。

金块本位制又称"生金本位制"，是指没有金币的铸造和流通，而由中央银行发行以金块为准备的纸币流通的货币制度。主要特点是：不准申请铸造金币，不准金币流通，黄金集中储存于政府部门。在这种制度下，流通的不是金币而是代表一定数量黄金的银行券，居民可用银行券按规定的含金量在一定数额以上、一定用途之内兑换黄金。银行券的发行以黄金为准备，即有多少黄金就可以发行代表多少黄金的银行券，所以银行券的价值很稳定。

金块本位制存在的历史不长，因为要维持金块本位制，就必须做到保持国际收支平衡或拥有大量的黄金以满足对外支付之用。若国际收支发生逆差或资金外流严重，则黄金储存不足，投机盛行，金块本位制势必难以维持。

③金汇兑本位制。

金汇兑本位制又称"虚金本位制"。其特点是：在国内市场上没有金币流通，本国流通银行券，既无铸币流通，也无金块可供兑换。中央银行将黄金和外汇存放在另一个实行金本位制的国家，并规定本国货币与该国货币的法定兑换比率，居民可按这一比率用本国货币兑换外汇，再用外汇间接兑换黄金。

金汇兑本位制最早实行于经济比较落后的殖民地国家。实行金汇兑本位制的国家，实际上是使本国货币（纸币）依附于一些经济实力雄厚的外国货币，如英镑、美元等，本质上是一种附庸的货币制度，从而在经济上和货币政策上受这些货币发行国家的控制和左右。对实行金汇兑本位制的独立国家来说，它们要依附于货币信用良好的国家；对殖民地国家来说，它们要依附于宗主国，通过无限制供应外汇，维持本国货币的币值稳定。

无论是金块本位制还是金汇兑本位制，都是很不稳定的货币制度，由于没有足够的货币发行准备，货币的价值经常波动。但是由于这两种货币制度都节省了黄金的使用，因而使经济发展摆脱了黄金数量的限制。

金币本位制、金块本位制和金汇兑本位制都属于金本位制，但金块本位制和金汇兑本位制是残缺的金本位制。为了能进一步摆脱黄金对商品经济的束缚，各国在20世纪30年代经济危机以后实行了不兑现的纸币制度。

2）信用货币制度

信用货币制度是指以不兑换黄金的信用货币为本位币的货币制度。这是当今世界各国普遍推行的一种货币制度。在这种货币制度下，没有金属本位货币的铸造和流通，由不兑现的银行券或者纸币（现金）与银行存款（非现金）执行货币的职能。不兑现的银行券体现着银行对持有者的负债，银行存款体现着银行对存款者的负债，即它们都体现着信用关系，所以它们都是信用货币。

信用货币制度具有以下特点：

① 信用货币一般是中央银行发行的本位货币，币材为纸，具有无限法偿能力。

② 货币不能兑换黄金，也不规定含金量，完全是信用发行。

③ 货币的发行在客观上受国家经济发展水平的制约，从而使国家对货币的供应实施管理。适量的流通货币和稳定的币值是经济正常发展的必要条件。

④ 信用货币是通过银行信贷渠道投放的。无论是现金还是银行存款，都要通过银行放款程序向社会发放，这与金铸币通过自由铸造投入流通有着根本区别。

⑤ 信用货币供应量不受贵金属量的约束，具有一定的伸缩弹性，以使货币流通数量与经济发展需要相适应。

在不兑现的信用货币制度下，因为货币贮藏不再发挥蓄水池作用，所以信用货币的流通量不会自动地和商品流通的需要量一致，而必须依靠人为调节。如果调节得当，币值就稳定，如果调节不当则极易发生货币贬值的现象。因此，为了使货币流通适应经济发展的需要，金融当局必须对货币供应总量和银行信贷投放总量加以控制。

1.3.3 我国的货币制度

1) 我国货币制度的建立

我国的货币制度是在新民主主义革命时期革命根据地货币制度的基础上建立起来的，并在社会主义革命和社会主义建设的实践中不断得到巩固、发展和完善。早在土地革命战争时期，中国共产党领导的革命政权就创建了自己的银行，发行了自己的货币，建立起革命根据地的货币制度。各革命根据地由于原来是处于被分割包围中，因此都发行自己的货币，作为本区内的流通货币。最早发行货币的是中央革命根据地，而后其他革命根据地也有货币发行。抗日战争和解放战争时期，各解放区也都发行自己的货币，如西北农民银行币、晋察冀边区银行币、冀南银行币、华中银行币等。解放区的货币大多是以银行券形式发行的，一般都是不兑现的。上述革命根据地货币制度的建立，对新民主主义革命的胜利起了重要的促进作用，同时为全国解放战争胜利后建立社会主义货币制度打下了基础。

随着全国解放战争的胜利，原来那种分散的革命根据地货币制度已不适应形势发展的需要，客观上提出了建立全国统一的货币制度的要求。1948 年 12 月 1 日，在原华北银行、北海银行和西北农民银行的基础上合并成立中国人民银行，同日发行人民币。人民币的发行标志着我国社会主义货币制度的建立。

当时的人民币是在通货膨胀的背景下发行的，一方面，受国民党政府遗留下来的通货膨胀的影响；另一方面，在人民币发行之初主要靠发行来弥补财政赤字，从而导致人民币有所贬值，面额过大。为此，1955 年 3 月 1 日，我国发行了新人民币，按 1：10 000 的比例无限制地收兑了全部旧人民币。迄今为止，我国一直在使用新人民币。

2) 人民币制度的性质

人民币制度是信用货币制度，它具有信用货币制度的一切特征。

但是由于中华人民共和国成立以来实行高度集中的计划经济体制，货币的发行与财政经常联系在一起，财政赤字就向中央银行透支，若中央银行无资金来源，则被迫发行货币，因此，货币发行成了弥补财政赤字的手段。1995 年，《中华人民共和国中国人民银行法》颁布以后，明确规定禁止财政向中国人民银行透支。从此，货币的发行摆脱了财政干扰，而真正根据经济发展的需要通过银行信用渠道进入流通。

人民币是信用货币的主要原因有：

① 从人民币产生的信用关系来看，中国人民银行发行人民币形成一种负债，国家相应取得商品和劳务；人民币持有人是债权人，有权随时从社会取得某种价值物。

② 从人民币发行的程序看，人民币是通过信用程序发行的，或是直接由发放贷款投放的，或是由客户从银行提取现钞而投放的。中国人民银行发行或收回人民币，相应会引起银行存款和贷款的变化。

3) 人民币制度的基本内容

（1）人民币的法偿能力与货币单位

人民币是我国使用的法偿货币，即国家以法律赋予其购买和支付能力的货币。以人民币支付我国境内的一切公共和私人的债务，任何单位和个人不得拒收，国家赋予人民币强制流通力。为保证人民币的法定货币地位不受侵害，国家法令规定：严禁金银流通和私自买卖，严禁外币流通，严禁伪造、变造人民币，禁止出售、购买、运输、持有、使用伪造和变造的人民币，禁止故意毁损人民币，禁止在宣传品、出版物或其他商品上非法使用人民币图样，违者将依法惩处。

人民币主币的单位为"元"，辅币的单位为"角""分"。1元等于10角，1角等于10分。人民币符号为"¥"，读音同"元"。

（2）人民币的发行

人民币是由中国人民银行统一印制、发行的钞票，采取的是不兑现的银行券形式。人民币没有法定含金量，不能兑换黄金，也不与任何外币确定正式联系。

人民币的发行实行集中统一发行原则和经济发行原则。所谓集中统一发行原则，是指中国人民银行是唯一的发行机构，在中国人民银行内部发行权集中于总行。为了管理货币发行，中国人民银行设立了人民币发行库，在其分支机构设立分支库。分支库调拨人民币发行基金，必须按照上级库的调拨命令办理。除此之外，任何地区、任何部门不准发行任何货币、变相货币或货币代用品。所谓经济发行原则，是指为适应生产发展和商品流通的正常需要，通过信贷程序进行的货币发行。这种根据经济增长的客观需要而发行的货币，是符合货币流通规律的，能保持币值稳定。

（3）人民币的流通

人民币是一种管理通货、实施严格的管理制度。人民币的流通在中央银行监管下进行，这种监管通过现金管理和工资基金监督两方面来实现。

现金管理办法规定，一切机关、团体、部队、学校、企业、事业单位和其他单位，都必须实行现金管理；实行现金管理的单位，除核定的现金库存限额外，其余款项一律存入银行；受管单位支付现金要限制在一定的范围和数量之内，超过规定的范围和数量，不允许支付现金，只能通过非现金结算；严禁在现金收入的单位坐支现金等。实行现金管理，可以控制人民币的投放，促进现金回笼，掌握现金收支动向，摸索现金管理运行规律，为国家有效地调节货币流通提供有利的条件。

中国人民银行专门行使中央银行职能以后，授权国有商业银行按照国家有关规定执行现金管理的规定。

（4）金银和外汇储备

我国建立的金银储备和外汇储备是国际支付的准备金，主要不是作为货币发行的准备或保证，但对稳定国内货币流通也具有一定的作用。这两项储备由中国人民银行集中掌管，储备情况定期公布。

（5）人民币实行经常项目的可兑换

在外汇市场上，我国人民币长期以来属于不能自由兑换的货币。1996年以来，我国放宽了经常项目用汇的限制，提高了居民个人用汇供汇标准，扩大了供汇范围，实现了人民币基本项目的可兑换。今后，要加快实现人民币资本项目可兑换，取消合格境内投资者、合格境外机构投资者的资格和额度审批，将相关投资便利扩大到境内外所有合法机构；逐步允许具备条件的境外公司在境内资本市场发行股票，拓宽居民投资渠道；

放宽境外机构境内发行人民币债券资格限制；有序提升个人资本项目交易可兑换程度；进一步提高直接投资、直接投资清盘和信贷等的可兑换便利化程度，在有管理的前提下推进衍生金融工具交易可兑换。

（6）人民币实行有管理的浮动汇率制度

人民币汇率是根据外汇市场的价格，每天由国家外汇管理局统一进行调整和公布，并由各外汇指定银行在规定的浮动幅度内自行挂牌，对客户买卖外汇。人民币汇率改革是我国金融改革的重点，需要进一步完善人民币汇率市场化的形成机制，发展外汇市场，丰富外汇产品，有序扩大人民币汇率浮动区间，增强人民币汇率双向浮动弹性，让市场发挥作用，央行基本退出常态式外汇市场干预，建立真正的以市场供求为基础、有管理的浮动汇率制度。

知识链接 1-2
有管理的浮动汇率制度

有管理的浮动汇率制是指一国货币当局按照本国经济利益的需要，不时地干预外汇市场，以使本国货币汇率升降朝着有利于本国的方向发展的汇率制度。在有管理的浮动汇率制下，汇率在货币当局确定的区间内波动。区间内浮动有助于消除短期因素的影响，当区间内的汇率波动仍无法消除短期因素对汇率的影响时，中央银行再进行外汇市场干预以消除短期因素的影响。

4）中国港、澳、台地区的货币制度

香港、澳门、台湾是中国领土的一部分。按照"一国两制"的方针，1997 年 7 月 1 日与 1999 年 12 月 20 日，香港、澳门分别回归祖国以后，继续维持原有的货币制度。因此，我国现行的货币制度是"一国多币"的特殊制度。

（1）香港的货币制度

香港的货币单位为"元"，简称港元。港币是香港特别行政区的法定货币。港币的发行权属于香港特别行政区政府。经香港特别行政区政府授权，中国银行、汇丰银行、渣打银行三家商业银行为港币发行银行。港币的发行必须有百分之百的外汇准备金。港币实行与美元联系的汇率制度，这一制度要求发行银行按 1 美元对 7.8 港元的固定汇率，向外汇基金提交百分之百的美元作为发行港币的准备，超出这个范围的港币汇率由市场供求决定。港币是可以自由兑换的货币。

在中国内地继续实行人民币制度，两种货币制度各成体系，两种货币分别作为两地的法定货币在两地流通。对于中国内地，港币仍然属于外币；对于中国香港，人民币也属于外币。

（2）澳门的货币制度

澳门的货币制度与香港类似。澳门币是澳门特别行政区内的法定货币。大西洋银行和中国银行受澳门特别行政区政府授权代理发行澳门币。澳门币的发行必须有百分之百的准备金，也就是发行澳门币需以与发行额等值的外币为发行准备。由于港币与美元实行联系汇率制度，所以澳门币也间接与美元挂钩，汇率约为 1 美元对 8 澳门元。澳门现在对澳门币与外币的进出境都没有管制，游客可以在澳门的酒店、银行、兑换店等地自由兑换货币。

（3）台湾的货币制度

新台币是我国台湾地区的法定货币。新台币的实质发行权保留在台湾"中央银行"，实际发行由台湾"中央银行"委托商业银行进行。新台币的发行必须有百分之百的准备金。新台币的发行受新台币发行准备监理委员会监督，对超过发行准备金的发行，该委员会通知主管银行，并立即收回超额发行的部分。

可见，由于历史和政治原因，在中国事实上存在着四个相对独立的货币区。而且，人民币与港币、澳门币、新台币在发行主体、流通地域、发行准备和可兑换性上均存在着差别。如何协调这几种货币的流通，遵循世界货币流通的一般规律，建立具有中国特色的现代货币制度，是一项迫切需要研究的问题。

本章自测题

一、填空题

1. 在交换过程中，一种商品的价值偶然地表现在另一种商品上，并且交换的概率极低，表现为偶然的交换，这种形式是_____价值形式。

2. 名义价值同它作为特殊商品的内在价值一致的货币，称为_____。

3. _____是信用货币与电脑、现代通信技术相结合的一种最新货币形态，它通过电子计算机运用电子信号对信用货币实施贮存、转账、购买和支付。

4. 货币具有的五种职能是_____、_____、_____、_____和世界货币。

5. 货币形式就是指一切商品的价值都只表现在_____上的价值形式。

6. _____是本位币基本单位以下的小面额货币，主要用于零星支付与找零。

7. _____是我国的法定货币。它是于 1948 年 12 月 1 日由同时成立的中国人民银行发行并投入流通的。

8. _____是金本位制中比较完美的一种形式，政府赋予它四大自由：自由铸造、自由熔化、自由储藏、自由输出输入国境。

9. 当货币不是作为交换媒介，而是作为_____时就是支付手段职能。

10. 作为新中国货币制度的开端，中国人民银行于_____年发行人民币。

二、选择题

（一）单项选择题

1. 价值形式发展的最终结果是（   ）。

A. 货币形式   B. 纸币

C. 扩大的价值形式   D. 一般价值形式

2. 货币在（   ）时执行流通手段的职能。

A. 商品买卖   B. 缴纳税款

C. 支付工资   D. 表现商品价值

3.货币流通中具有自动调节机制的货币制度是（　　　）。

A.信用货币制度　　　　　　　　　　　B.金币本位制

C.金块本位制　　　　　　　　　　　　D.金汇兑本位制

4.“劣币驱逐良币”现象出现的货币制度是（　　　）。

A.平行本位制　　　B.双本位制　　　C.跛行本位制　　　D.银本位制

5.跛行本位制是指（　　　）。

A.银币的铸造受到控制的本位制

B.金币的铸造受到控制的本位制

C.以金币为本位货币的金银复本位制

D.以银币为本位货币的金银复本位制

6.如果金银的法定比价为1：10，而市场比价为1：8，那么充斥市场的是（　　　）。

A.银币　　　　　　B.金币　　　　　　C.金币和银币　　　　D.都不是

（二）多项选择题

1.货币具有的职能中，（　　　）是最基本的职能，其他职能均是在此基础上产生的。

A.价值尺度　　　　B.流通手段　　　　C.支付手段

D.贮藏手段　　　　E.世界货币

2.金铸币作为流通中主币的情况存在于（　　　）条件下。

A.银本位制　　　　B.金银复本位制　　　C.金币本位制

D.金汇兑本位制　　E.金块本位制

3.金属货币制度下辅币具有的性质有（　　　）。

A.足值货币　　　　B.不足值货币　　　C.无限法偿

D.有限法偿　　　　E.限制铸造

4.目前的电子货币主要有（　　　）。

A.流通中的纸币　　B.银行卡　　　　C.活期存款

D.定期存款　　　　E.网上电子货币

5.对信用货币理解正确的有（　　　）。

A.信用发行是以商品物资保证为基本依据

B.信用货币发行的另一保证是国家的信誉和银行的信誉

C.信用货币在一定程度上受黄金束缚

D.纸币是信用货币的具体形态

E.目前世界上几乎所有的国家都采用信用货币形态

三、判断题

1.货币作为流通手段必须是足值的货币。　　　　　　　　　　　　　（　　）

2.“格雷欣法则”是在金银复本位制中的平行本位制条件下出现的现象。　（　　）

3.金币本位制、金汇兑本位制和金块本位制条件下，金铸币都是流通中的货币。

（　　）

4.只要是国家铸造的货币都具有无限法偿的能力。　　　　　　　　　（　　）

5. 现金是货币，银行存款也是货币。　　　　　　　　　　　　　　（　　）

四、简答题

1. 如何认识货币的本质？

2. 信用货币的特征是什么？

3. 简述货币的职能。

4. 简述货币制度的构成要素。

5. 简述信用货币制度的特点。

五、实训题

实训项目：情景模拟——寻找学生生活环境中能够充当货币的商品。

实训目的：通过组织学生寻找能够充当货币的商品，使学生对货币的产生、特点、职能，尤其是对货币的概念有深刻的认识。

实训步骤：

（1）组织学生模拟货币产生过程中的不同价值形式的交易，寻找学生生活环境中能够充当货币的商品。

（2）一组扮演商品需求者，一组扮演商品供给者。

第 2 章
信用与利息

学习目标

知识目标：掌握信用、信用工具、利率的基本概念；深刻理解信用的形式、信用工具的种类和利率的种类；理解影响与决定利率的因素。

技能目标：能用信用和利率的基本知识解释信用经济与利率的变动；具有分析和解决信用与利率相关问题的能力。

素质目标：强调信守承诺的重要性，从经济范畴与道德范畴的信用之间关系的阐述中，让学生认识到个人信用意识和守信行为对创建全社会信用环境的重要性。

引 例

合理增加消费信贷 助力恢复和扩大消费

2022 年底，中国银保监会①提出，为恢复和扩大消费并营造良好金融环境，下一步将督促银行机构合理增加消费信贷。相关专家在接受《中国经济时报》采访时表示，消费是经济增长的持久内生动力，监管部门引导银行机构合理增加消费信贷，有助于激发重点消费领域活力。

住户消费贷款增速持续回落

2023 年 8 月 18 日召开的国务院常务会议要求，"推动降低企业综合融资成本和个人消费信贷成本"。植信投资研究院高级研究员王运金在接受《中国经济时报》采访时称，2023 年央行分别两次下调政策利率、两次降准，一年期 LPR（贷款市场报价利率）下调 15 个基点，通过多种政策工具推进市场利率稳步下行，同时保持市场流动性相对宽裕，部分银行消费贷利率已降至 3.6% 的历史较低水平。

然而，消费意愿低迷，住户消费贷款增速持续回落。截至 2023 年第三季度末，住户消费性贷款（不含个人住房贷款）余额 17.08 万亿元，同比增长 5.4%，增速比 2023 年上半年低 0.4 个百分点，比 2022 年底低 4.1 个百分点；前三季度增加 5 141 亿元，同比少增 5 587 亿元。

"消费信贷作为居民消费资金的来源之一，可以满足居民的部分消费需求，但作为提前消费的习惯之一，使用消费贷已使年轻人产生越来越多的顾虑。"上海财经大学高等研究院"中国宏观经济形势分析与预测"课题组专家、助理研究员王小雯在接受《中国经济时报》采访时说。

招联金融首席研究员董希淼在接受《中国经济时报》采访时称，在助力经济社会恢复、构建新发展格局过程中，消费金融可以在促进消费、扩大内需等方面发挥积极作用。现阶段消费金融主要面向年轻客户群体和长尾客户，以金融杠杆的作用增强消费意愿、提升消费能力。随着人均可支配收入提高，长尾客户借款人信用状况不断改善。

增加消费信贷有助提高消费倾向

"对于促进消费来说，相关金融手段如果实施好，可以发挥比较好的作用。"上海对外经贸大学金融学院副教授、金融发展研究所副所长钟辉勇在接受《中国经济时报》采访时说。一方面，需要让消费者对未来收入增长能够有比较好的预期，由此消费者无论是买房、买车还是增加其他日常消费，也都敢于消费。在这个过程中，金融可以更多地支持中小微企业融资，保障国内大部分群体的就业以及收入增长，进而促进消费。

另一方面，在不同消费群体中，受到流动性约束的群体主要是年龄偏小、工作时间不长的群体。这些消费者面临流动性约束的时候，通过消费信贷能够帮助他们将未来的收入转移到当期，进而平滑消费，这对促进消费需求也能够起到比较好的作用。因此，在发挥消费信贷功能时，关键是需要利用相关大数据分析，有针对性地对这部分群体给予相关的消费信贷支持。

---

① 2023 年 3 月已变更为"国家金融监督管理总局"。

　　国务院发展研究中心市场经济研究所研究室副主任、副研究员王念在接受《中国经济时报》采访时建议，一是合理释放持牌机构消费信贷供给能力，例如扩大消费金融公司的融资来源，降低其融资成本，增加消费信贷投放能力，降低利率水平。二是对于近年来消费增速快、对短期内提振消费作用明显的汽车、家电等"大头"消费，可以探索财政政策和金融政策相结合的新模式，例如对居民个人购买新能源汽车、货车、绿色智能家电、数码产品及家庭装修等给予优惠利率或贷款贴息。三是对于符合居民消费升级方向的教育、医疗等单笔金额相对较大的服务消费领域，可以根据各地居民消费水平和实际需求情况，支持地方适当加大对相关服务领域的消费信贷支持力度。

　　有的专家认为，消费贷可对提高消费倾向、扩大内需发挥一定的作用。随着经济的回暖复苏，消费贷将起到平滑居民消费的作用。

　　有专家称，引导银行合理增加消费信贷还须做好以下几点。一是央行可以通过适度降准、设立消费再贷款等工具着力降低银行资金成本，可考虑将消费贷投放业务纳入银行考核范围，推动个人按揭贷款、车贷、装修贷等市场利率继续下行。二是引导银行加大投放力度，适度扩大个人消费贷额度，延长贷款期限，对工作稳定的居民加大推介，适度降低信用要求，通过发放免息券、首次贷款享受优惠利率等刺激信贷需求。三是开发更多优惠、符合不同群体的金融产品，拓展信贷产品向文化、体育、餐饮、住宿、旅游等领域倾斜，提升金融服务质量。四是加强消费贷反诈骗宣传教育与信用教育，引导居民通过银行正规网点申请消费贷款。

"合理增加"须关注消费信贷增速

　　值得一提的是，中央财办有关负责同志也提出"适当增加消费信贷"。王念指出，一方面，消费信贷的增长不能脱离于实际消费需求的增长，也就是说消费信贷余额规模增速要与居民消费增速、消费升级动能、消费波动的季节性规律保持一定的相关性，短期内过快增长或者下滑都需要引起关注。

　　另一方面，"合理增加"还表现在消费信贷规模扩张要与消费信贷服务质量的提升相协调，即在提高居民消费信贷服务人群的同时，引导市场主体合理降低信贷利率，提高信贷产品信息透明度，提升还款、催收等售后服务规范性。所以有专家表示，引导银行机构合理增加消费信贷，需要警惕过度宽信用，适度控制不良率；鼓励银行做好信贷审核工作，确保贷款人还款能力；避免恶意骗贷行为，重点防范违约风险；央行及时监控商品价格变动，保持物价基本稳定。

　　资料来源：张炜.合理增加消费信贷 助力恢复和扩大消费［EB/OL］.［2024-03-25］.https：//www.163.com/dy/article/HPGD82M50512D71I.html.

　　这一案例表明：信用对激发消费领域活力有极其重要的作用。消费信贷可提高消费倾向，可调整消费结构，更能拉动经济增长。日常生活的方方面面都离不开信用的支持，但要合理有度。

2.1　信用的产生与发展

2.1.1　信用的含义与构成要素

1）信用的含义

信用是一种借贷行为，是以偿还和付息为条件的、单方面的价值转移，是一种价值运动的特殊形式。这种行为包含两方面的内容：一是以收回为前提条件的付出，即贷出；二是以保证归还为义务的获得，即借入。而且，一般来说，贷者有权取得利息。因此，借贷行为有两个基本特性：一是以偿还为前提条件，到期必须偿还；二是偿还时带有一个增加额——利息。现实经济活动中也有不支付利息的例外，那便是贷方由于某种目的而给予借方的一种优惠，但是这种优惠终究还是要通过其他方式回报的。

信用是从属于商品货币关系的一个经济范畴，它不是某个社会形态所特有的。但是在不同的社会制度下，信用反映着不同的生产关系。在资本主义社会之前的信用的主要形式是高利贷信用。在资本主义社会，信用得到了充分发展，信用形式多样化，各种金融工具被广泛应用。这些信用形式和信用工具的应用，促进了社会经济的迅速发展。建立社会主义市场经济，同样需要利用信用和信用工具。

2）信用的构成要素

一般来说，信用关系的确立有以下几个要素：

（1）信用是一种信任的契约

这是指债权人对债务人履约的信任，相信债务人能到期还本付息。只有在这个前提下，债权人才愿意提供信用。

（2）信用是一种双边契约

信用活动必须包括对立统一的两方面：一是授信方，即提供信用的一方，或称贷方；二是受信方，即接受信用的一方，或称借方。

（3）信用是一种债权债务契约

作为契约，必须规定当事人的权利与义务。信用作为契约关系表现为债权与债务。授信方因信用交易而持有债权，即将来收回价值物的权利，同时要承担义务，即在一定时间内让渡价值物；而受信方因信用交易而负有债务，即将来偿还价值物的义务，同时可享受权利，即在一定时间内使用价值物。

（4）信用是一种具有时间间隔的契约

借贷行为与买卖行为的明显区别在于：买卖行为，不论是物物交换还是以货币为媒介的商品交换，都表现为价值物同时相向运动，即一般的情况是一手交钱，一手交物。而借贷行为则表现为价值物在不同时间的相向运动，首先是授信方提供一定的价值物，经过约定的时间，受信方将价值物归还并加付一定的利息。所以在借贷活动中，提供信用与还本付息之间或多或少有着时间上的间隔。

（5）信用是一种书面契约

债权债务虽然也可以通过口头约定来建立，但这种口头约定由于没有凭证记载债权债务，极易发生争执，甚至背信或欺诈。显然，这种信用关系极不稳定，更谈不上健康发展。所以，规范的信用关系都是建立在书面契约的基础上的。制度化、标准化、规范化的债权证书就是信用工具，因而信用工具是可以转让流通的。

2.1.2　信用的产生

信用的产生、存在和发展的经济基础是商品货币经济的发展，只要存在商品经济和货币，信用必然存在。人们将商品或货币贷放出去，在约定时间到期后从借入者那里照原数收回，并同时收取一定数额的利息，这就是信用的交易。信用交易与商品交易有所不同。在商品交易中，商品所有者让渡自己的商品，同时换回货币；商品的购买者付出货币的同时，即得到需要的商品，卖与买同时完成。在信用交易中，商品的所有者让渡自己的商品时，得到的不是货币，而是一种承诺，这时让渡商品者成为债权人，商品的受让者成为债务人，债务人答应在约定的时间归还商品或货币及其利息。在约定的时间到期后，债务人履行了他的承诺，债权人收回了他的商品或货币及其利息，这项交易就完成了。

由此可见，在信用交易过程中，不只是买与卖的关系，还存在着借贷关系。由于信用关系的存在，商品的让渡与商品价格的实现在时间上是分离的。而这种分离，既支持商品所有者尽快将商品销售出去，又使商品购买者能较早支付现金，从而促进商品生产与流通的发展。

2.1.3　信用的发展

信用产生之后，与其他的经济范畴一样不断地由低级向高级发展。历史上，信用基本上表现为两种典型的形态，即高利贷信用和借贷资本信用。在商品经济发展初期，信用经济不是很发达，高利贷信用占据统治地位，但随着商品货币经济的发展，尤其是随着资本主义生产关系的确立，现代信用形态——借贷资本信用迅速发展起来，并逐渐取代了高利贷信用的统治地位。于是，在自然经济占主导地位的时期，高利贷信用占据统治地位，只有当现代经济及其生产关系不断渗透到城乡经济生活的各个角落，高利贷信用才逐渐丧失了存在的基础。当然，在商品货币经济高度发达的现代市场经济社会，高利贷信用形态依然存在，尤其是在一些经济落后的国家和地区。但考察其债权债务关系的内容，已经完全成为借贷资本的补充形态。

1）高利贷信用

高利贷信用是最古老的信用形态，是通过贷放货币或实物以收取高额利息为目的的一种信用关系。高利贷信用在奴隶社会和封建社会是占主导地位的信用形式。

高利贷信用产生于原始公社瓦解时期。社会分工的发展、私有财产的出现和交换的增长，使原始公社内部发生了财富两极分化，出现了富裕家族和贫穷家族。货币资财集中在某些富裕家族，另一些贫穷家族由于种种原因需要货币，因而富裕家族向贫穷家族放债，并收取很高的利息。在奴隶社会和封建社会中，随着商人资本特别是货币经营资本的发展，高利贷资本有了广泛的发展。

（1）高利贷信用的特点

①利率高，剥削残酷。从历史上看，高利贷的利率无最高限度。在不同国家、不同

历史时期，利率水平相差很大，一般情况下年利率为 30%～40%，高的甚至达到 200%～300%。我国历史上高利贷的利率很高，在国民党统治时期，俗称"驴打滚"的高利贷年利率就在 100% 以上。

高利贷信用之所以有这样高的利息，首先是由贷款的性质所决定的。在当时的社会，高利贷的借者一般不是为了获得追加资本，而是为了获得必不可少的购买手段和支付手段，为此只能忍受高利率盘剥。其次，高利贷的高利率还与当时社会自然经济占统治地位这种情况有密切的联系。在自然经济占统治地位的条件下，货币比较难以获得，而小生产者与靠借贷维持奢侈生活者对贷款的需要量相对来说很大，在供给有限的条件下，对信用的大量需要就为高利贷提供了条件。

②非生产性。高利贷的借者，无论是奴隶主、封建主还是小生产者，他们借用高利贷主要用于非生产支出。统治者借高利贷主要是为了维持其奢侈的生活需要，如购买昂贵的装饰品、建造豪华的宫殿等。有时，他们还出于政治上的需要而告贷，如豢养军队、发起战争等。这些大量的货币支出往往无法通过租税收入得到满足。小生产者都是个体劳动者，他们的经济力量薄弱，经不起意外的变动，歉收、疾病、婚丧和缴纳租税都会使他们的生产和生活难以维持，为了满足基本的生活需要，他们不得不借高利贷。小生产者的广泛存在是高利贷信用存在和发展的经济基础。

（2）高利贷信用的作用

高利贷信用在前资本主义社会有以下两个方面的作用：一方面，在前资本主义社会，劳动生产力水平低，人们的劳动产品主要是满足自己的消费，用于交换的比率很低，自给自足的自然经济占主导地位。但是，由于高利贷的盘剥，小生产者为了归还高利贷，不得不把劳动所得的产品拿到市场上去卖，这就提高了劳动产品的交换比率，促进了自给自足的自然经济的解体和商品货币关系的发展。另一方面，高利贷信用对生产力有破坏作用。由于高利贷的利息太高，不但阻碍生产的发展，而且使得大量的小生产者破产，无法维持原有的简单再生产，使生产规模缩小。

在封建社会瓦解并向资本主义社会过渡时期，高利贷具有双重作用。在从封建社会向资本主义社会过渡时期，高利贷在破坏封建社会生产方式的过程中，促进了资本主义生产方式前提条件的形成。一方面，放高利贷者蓄积起大量货币资财，这些货币资财有可能从高利贷资本转为投入工业企业的资本。同时，有些小生产者成了放高利贷者的债务人，无力偿付本息，被迫以自己的作坊作为抵偿，这样，放高利贷者变成了资本主义作坊的老板或工业资本家。另一方面，高利贷促使农民和手工业者破产且无产阶级化，促进雇佣工人阶级后备军的形成。

（3）资产阶级反对高利贷的斗争

这种斗争并不是一般的反对借贷关系，而是要借贷关系服从资本主义发展的需要。其斗争的焦点就是要使利率降低到平均利润率以下。这种斗争的手段最初是用法律来限制利率。当高利贷垄断了信用事业时，任何降低利率的法令并不能真正动摇其垄断地位的根基。这种斗争最有效的手段就是建立资产阶级自己的股份银行，通过银行集中大量的社会闲散资金，支持资本主义经济的发展。资本主义经济时期，比较早的典型股份制银行是 1694 年在英国建立的英格兰银行。英格兰银行的建立标志着高利贷垄断地位的结束和资本主义现代信用关系的建立。

2）现代信用

资本主义生产方式的建立和社会化大生产的出现，使得与小生产方式相适应的高利贷信用逐渐失去了赖以存在的基础。借贷活动服从于生产利润，这是资本主义生产方式的要求，因此，资本主义信用表现为借贷资本的运动形式。

（1）借贷资本的含义

借贷资本是货币资本家为了获得利息而贷放给职能资本家的一种货币资本，它是在产业资本循环周转中产生和发展起来的一种生息资本，并长期服务于现代市场经济社会。

（2）借贷资本的来源

借贷资本来源于产业资本循环过程中形成的一部分暂时闲置的货币资金。

① 固定资本循环过程中的暂时闲置资本。固定资产的折旧基金提取后并不是立即用于固定资本补偿，折旧的提取与使用之间存在较长的积累过程，这是固定资本出现的闲置状况。

② 流动资本循环过程中的暂时闲置资本。商品卖出取得销售收入后并不是立即用于购买原材料和支付工资，收入与支付之间或多或少存在着时间间隔，这是流动资本出现的闲置状况。

③ 以货币形式所形成的积累基金，在不足以作为资本来追加投资之前，在未支付股息和纳税之前也表现为闲置资金。此外，食利者阶层的货币资本、居民货币收入的消费剩余等也构成借贷资本的重要来源。可见，在再生产过程中，资本的循环和周转经常出现暂时游离出来的闲置货币资金，停止执行资本的职能，这与资本的本性是相矛盾的。

和产业资本循环周转相适应，一部分企业拥有暂时闲置资本，同时，另一部分企业则由于各种原因往往会产生货币资本的一时不足，概括地说有以下几个方面：一是临时性资金需要。例如，产品暂时卖不出去，周转余额不足，原材料集中到货，生产按计划完成，都需要临时补充资本。二是季节性资金需要。一些企业的生产季节性强，到旺季时资金占用大幅上升，自有资金明显不足，这需要补充资本。三是投资性资金需要。企业为扩大生产规模，添置厂房、设备，仅靠平时的资本积累是不够的，也需要补充资本。

可见，在资本主义生产过程中，一方面，由于种种原因出现暂时闲置的货币资本，迫切需要寻找出路；另一方面，一些资本家又临时急需补充资本，以使生产正常进行。这样既有必要又有可能通过信用方式把两者联系起来，形成借贷关系。于是，暂时闲置的货币资本就转化为借贷资本。这种信用关系与高利贷关系完全不同，它是在资本主义商品生产的基础上，在再生产过程中发生的借贷。

（3）借贷资本的特点

借贷资本虽然是在职能资本运动基础上产生的，但它与职能资本相比有自己的特点。

① 借贷资本是商品资本。它和普通商品一样，具有使用价值和价值。但这是一种既有别于普通商品，又有别于货币的特殊使用价值和价值。其特殊的使用价值是说它能带来价值的增值，产生利润；其特殊的价值是说它有以利息形态表现出来的"价格"。

货币所有者把他的货币资本借给职能资本家，实际上是把货币这种作为资本的使用价值，即生产利润的能力，让渡给职能资本家。所以，借贷资本是一种特殊的商品资本。

②借贷资本是所有权资本。借贷资本虽然是一种作为商品的资本，但其"买"（借入）、"卖"（贷出）并不是真正意义上的买卖。借贷资本被"卖"出的仅仅是它的使用权，即增值价值，借贷资本的所有权仍然在贷款人手中。贷款人正是凭借着这种所有权，以及对使用权的暂时让渡获得利息。

③借贷资本有特殊的运动形式。借贷资本有着与产业资本不同的运动形式。产业资本的循环周转表现为：G—W—P—W′—G′，而借贷资本的运动则表现为G—G′，即货币资本—带来增值的货币资本，借和还同为货币形态，无质的变化，只有量的增长。这种特殊的运动形式给人以假象，似乎货币会自行增值。这个公式极其简单，然而它掩盖了利息的真正来源。借贷资本的运动只有联系产业资本运动才能说明问题，因而借贷资本运动的全过程应该是：G1—G2—W…P…W′—G2′—G1′。由此可见，借贷资本具有双重支付、双重归流的特征。

第一重支付是货币资本家将货币资本贷给产业资本家使用，为再生产做准备，这是借贷资本运动的起点；第二重支付是产业资本家将借得的货币资本购买生产要素，投入再生产过程。第一重归流是产业资本家将商品销售出去，变为已增值的货币资本；第二重归流是产业资本家以还本付息的方式归还借贷资本，是借贷资本运动的终点。从这里可以看出，借贷资本并不是自行增值的，其价值的增长是在再生产过程中形成的。

（4）现代信用的基础

在社会主义市场经济中，从信用的形式、特征和利率水平的决定方面来看，社会主义信用与资本主义信用是相同的，所以有人把这两种信用统称为"现代信用"。现代信用的基础包括：

①各个经济行为主体盈余和赤字的存在。第一，企业经营活动中形成资金的盈余和赤字。企业作为一个整体，既是巨大的资金需求者，又是巨大的资金供给者。但需求与供给相比，通常需求远超过供给。第二，个人货币收支会有盈余和赤字。但把所有的个人作为一个整体，任何国家通常大多数年份是盈余的，从而个人是金融市场货币资金的主要供给者。第三，政府货币收支也会有盈余和赤字。政府在参与国民收入分配的过程中也有盈余和赤字的存在，政府一般是货币资金的需求者。

②不同经济行为主体之间的利益差别。所有制不同，导致了经济利益的差别，同一所有制内部各个不同企业之间利益的差别也是存在的。这就决定了资本余缺的调剂要采用信用的方式。

2.2 信用形式与信用工具

2.2.1 信用形式

信用作为一种借贷关系和借贷行为，它总是需要通过一定的形式表现出来。能够体现各种借贷关系和借贷行为特征的形式，即为信用形式。随着商品经济的发展，信用关系和信用活动也在不断地发展、扩大和复杂化，于是信用形式也在不断地发展和多样化。

1) 商业信用

（1）商业信用的含义

商业信用是企业之间在进行商品买卖时，以延期付款或预付货款的形式所提供的信用。其典型形式是由商品销售企业对商品购买企业以赊销方式提供的信用。

在商品交易过程中，由于买方缺乏现实货币而不能及时支付，而卖方在资金比较充裕又对买方信誉比较了解和信任的情况下，允许买方延期支付，约定期限，到期付款。在商品买卖完成到实际支付这一期间，买卖双方发生了商业信用。在现代市场经济中，商业信用获得了充分发展，并成为现代信用制度的基础。

（2）商业信用的特点

① 商业信用的主体是商品的经营者。由于商业信用是企业之间以商品买卖为基础而相互提供的信用，因此，债权人和债务人都必然是商品经营者。

② 商业信用的客体是商品资本。因此，它是一种实物信用。商业信用提供的不是暂时闲置的货币资本，而是处于再生产过程中的商品资本。因此，这里作为贷出资本出现的，总是那种处在再生产过程中的一定阶段的商品资本，它通过买卖，从一个人手里转移到另一个人手里，不过它的代价要到后来才按约定的期间由买者支付。

③ 商业信用与产业资本动态一致。由于商业信用是和处于再生产过程中的商品资本的运动结合在一起的，所以它在资本主义再生产周期的各个阶段中与产业资本的动态是一致的。在繁荣阶段，商业信用会随着生产和流通的发展、产业资本的扩大而扩张；在衰退阶段，商业信用又会随着生产和流通的消减、产业资本的收缩而萎缩。

（3）商业信用的作用

① 商业信用能够克服流通中货币量不足的困难以及创造信用流通工具，促进商品的流通和周转。商品的流通要求有相适应的货币量为其服务，如果流通中的货币量少于货币的必要量，会不利于商品的流通和周转。有了商业信用，可以通过赊销商品延期支付的方式来销售商品，这使得原来由于缺少流通手段而停留在某个环节的商品能够顺利地实现流通。同时，在商业信用的基础上产生了商业票据，这些商业票据在一定范围内可以流通转让，这就发挥了货币的媒介作用，自发地弥补了流通中货币量的不足。

② 商业信用能够促进滞销商品的销售，避免社会财富的浪费。商品采用赊销的方式销售，除了流通中货币不足的原因以外，也有可能是因为商品销售不对路，或商品的质量、价格有问题。这样的商品可以采用商业信用的方式促进销售，进入消费环节，可以避免积压、报废而造成社会财富的浪费。

③ 商业信用能加速短缺商品的生产，尽快实现生产的均衡。对于短缺商品，可以采用预付货款的方式订购，这就使得生产企业能够及早拿到资金，扩大短缺商品的生产，尽快实现供求的平衡。

（4）商业信用的局限性

由于受其本身特点的影响，商业信用具有一定的局限性，主要表现在：

① 商业信用在数量上是有限的。商业信用是直接信用，受企业资金规模的限制，因此，其总规模是有限的，大规模的生产建设项目的资金不可能通过商业信用解决。

② 商业信用受企业资金周转时间的限制，因此，商业信用的期限比较短。

③ 商业信用受借贷双方了解程度和信任程度的局限。如果双方互不了解、互不信任，商业信用就很难成立。

④ 商业信用有严格的方向性，即商业信用受到商品流转方向的限制。只有在买方需要该种商品时，卖方才能提供赊销方式，而不能倒过来向生产该种商品的厂商提供。

由于商业信用具有局限性，因而它不能完全适应现代经济发展的需要，于是在商业信用的基础上产生和发展了银行信用，弥补了商业信用的不足。

2）银行信用

（1）银行信用的含义

银行信用是指银行和其他金融机构以货币的形式向企业提供的信用。银行信用是在商业信用基础上发展起来的一种间接信用，它在规模、范围、期限上大大超过了商业信用，是现代经济中最基本的、占主导地位的信用形式。

（2）银行信用的特点

① 银行信用的债权人是银行或其他金融机构，债务人是企业。

② 银行信用借贷的客体是货币。

③ 银行信用是一种中介信用。银行信用活动的主体是银行和其他金融机构，但它们在信用活动中仅充当信用中介。

④ 银行信用具有创造信用的功能。在整个银行体系中，一笔原始存款经过银行发放成为贷款，贷款又转化为新的存款，这样循环往复，就会形成数倍于原始存款的派生存款，以满足社会再生产过程中的货币需求。

（3）银行信用克服了商业信用的局限性

① 银行信用在信用规模上克服了商业信用的局限性。银行信用提供的货币资金来源是广泛筹集的社会闲散资金，其数量远远超过商业信用的规模。

② 银行信用克服了商业信用使用方向上的限制。由于银行信用提供的是货币形式，货币是一般购买力的象征，是价值实体。因此，无论银行把资金贷向哪个企业，都可以使用。

银行信用与商业信用有着密切的联系。一方面，商业信用是银行信用的基础。银行信用虽然打破了商业信用的局限性，并扩大了信用的界限，在整个货币信用领域中居于主导地位，但它不能完全取代商业信用。另一方面，在整个信用制度中，银行信用处于主导地位。

3) 国家信用

（1）国家信用的含义

国家信用是国家以债务人的身份通过举债来筹措资金的一种信用形式。它的主要形式是公债券和国库券。国家信用的债务人是政府，债权人是国内外的银行、企业和居民。

国家信用是一种古老的信用形式，在中国古代就有了这种信用形式，中华人民共和国成立以来，国家信用的发展经历了一个曲折的过程。1950 年，我国发行了人民胜利折实公债。随着国民经济的恢复以及进入"一五"时期，为了筹集国家大规模经济建设所需资金，我国从 1954 年开始发行经济建设公债，并连续发行了 5 年，共计 35.44 亿元。但 1959 年以后的 20 多年时间里，没有再发行国家公债，这主要是由于"左"的思想干扰和理论认识上的偏颇。1978 年，党的十一届三中全会以后，我国的经济建设进入了以"四化"为中心的新的历史时期，为了筹措经济调整和经济发展所需资金，我国重新认定了公债，并决定从 1981 年起，每年发行一定数额的国库券，而且，在发行的数量、对象、利率、期限、档次以及贴现、抵押等方面更加灵活和不断完善。这是以往两次公债发行所不可比拟的。这表明，经济改革后，我国的公债制度已经建立，运用公债筹集财政资金，调节经济生活，已不再是一种权宜之计，而成为一种必要的经济杠杆。

（2）国家信用的特点

① 国家信用的主体是国家政府，而不是企业、团体和个人。

② 国家信用是以国家的信誉为基础的，因此，安全性较好，风险较小。

③ 国家信用通常带有一定的强制性，国债的发行一般采用推销和分配的方式。

④ 国家信用的流动性较强。国家债券的信誉高、安全性好，在证券市场上是优良的交易对象，交易量大，流动性较强。

⑤ 国家信用中发行的公债稳定性较强。国家公债的还款期限较长，可用于长期投资。

（3）国家信用的作用

① 国家信用是弥补财政赤字的有效手段。弥补财政赤字通常有三条途径：增税、发行钞票和举债。增税不仅立法程序繁杂，而且易引起公众不满；滥发钞票会直接导致通货膨胀；而发行公债就成为弥补财政赤字的有效途径，它在不增加社会总需求的前提下，将公众手中的资金集中到政府手中。

② 国家信用是调剂政府收支不平衡的手段。财政收支即使在正常的情况下，就一个财政年度来讲，也往往会发生不平衡的现象。比如，从整个财政年度来看，财政收支是平衡的，但可能出现上半个财政年度支出大于收入、下半个财政年度收入大于支出的现象，为了解决财政年度内收支暂时不平衡的问题，政府往往借助发行国库券来调剂。

③ 国家信用可以调节货币供给。近年来，许多国家中央银行调控货币供给的主要手段之一是在公开市场上买卖国债，而公开市场操作的有效性是以一定规模的国债及不同期限的国债的合理搭配为前提条件的。因此，国家信用成为中央银行调节货币供给的

前提。

☑ **新闻资讯 2-1** ···

财政部将续发行 950 亿元 2 年期国债，利率 2%

2023 年 8 月 3 日，据财政部消息，为筹集财政资金，支持国民经济和社会事业发展，财政部决定第二次续发行 2023 年记账式附息（十三期）国债（2 年期）。

据悉，本次续发行国债竞争性招标面值总额 950 亿元，进行甲类成员追加投标。发行手续费为承销面值的 0.04%。

起息日、票面利率、兑付安排、交易及托管方式等与之前发行的同期国债相同。从 2023 年 6 月 15 日开始计息；票面利率 2%；按年付息，每年 6 月 15 日（节假日顺延，下同）支付利息，2025 年 6 月 15 日偿还本金并支付最后一次利息。

具体日期安排为：2023 年 8 月 9 日招标；招标结束至 8 月 10 日进行分销；8 月 14 日起与之前发行的同期国债合并上市交易。

资料来源：佚名.财政部将续发行 950 亿元 2 年期国债，利率 2%［EB/OL］.［2024-04-03］.https://www.360kuai.com/pc/94ae0924976389122? cota=3&kuai_so=1&refer_scene=so_3&sign=360_da20e874.

···

4）消费信用

（1）消费信用的含义

消费信用是指工商企业或金融机构对居民个人购买消费品所提供的信用。消费信用的对象为居民个人，目的是促进消费品的推销与消费。

（2）消费信用的形式

① 赊销。赊销是指零售商对消费者提供的信用，即以延期付款的方式销售商品，属于短期消费信用。西方国家对一般消费信用多采用信用卡方式，即由银行或其他金融机构发给消费者信用卡，消费者可凭卡在约定单位购买商品或进行其他支付，定期结算清偿。

② 分期付款购买。购买消费品或取得劳务时，消费者只支付一部分货款，然后按合同分期加息支付其余货款，多用于购买高档耐用消费品或房屋、汽车等，属中长期消费信用。

③ 消费贷款。消费贷款即银行和其他金融机构采取信用放款或抵押放款方式，对消费者提供的信用，属中长期消费信用。按接受贷款的对象不同，消费贷款可分为买方信贷和卖方信贷两种。买方信贷是对购买消费品的消费者发放贷款；卖方信贷是以分期付款单证作为抵押，对销售消费品的企业发放贷款。

（3）消费信用的作用

消费信用对消费商品的生产与销售有着促进作用。它促使了消费规模的扩大，提高了人们的消费能力，刺激了人们对消费品的需求，从而刺激生产的发展及经济的增长。消费信用还能够调节消费。开展消费信用，可以调节居民购买高档耐用消费品或房屋、汽车等在时间和支付能力上的不足，满足某些居民个人的消费需要。

消费信用在许多国家已得到广泛的运用，中国 20 世纪 50 年代的上半期也曾通过消费信用来解决某些商品的销售问题。近年来，消费信用已逐渐发展起来，尤其是对商业企业的一些积压消费品采用赊销或者分期付款的形式等，对刺激产品生产、改善人民生活都起到很大的作用。但是，消费信用是对未来购买力的预支，会造成一时虚假需求，容易掩盖消费供求之间的矛盾，同时过量发展消费信用还会导致信用膨胀。因此，对消费信用的运用，应做到适当的控制。例如，将消费信用纳入银行信用的计划轨道，通过银行信用活动监督和制约消费信用，明确规定消费信用所赊销的消费品的范围、分期付款的期限、支付额度等，以便消费信用的存在有利于整个国民经济的协调发展。

5) 民间信用

（1）民间信用的含义

民间信用，亦称民间借贷或个人信用，主要指居民个人之间以货币或实物的形式所提供的直接信贷。它主要是适应民间个人与个人之间为解决生活或生产等方面费用的临时需求而产生的。因此，民间信用一直是存在着的。随着经济的不断发展，民间信用迅速发展起来，尤其在农村，民间信用活动十分活跃。

（2）民间信用的特点

① 规模、范围扩大。从借贷范围看，过去一般只限于本村本乡，现在发展到跨乡、跨县甚至跨省；从交易额看，过去由于生活水平及借款用途的限制，一般只有几十元、数百元，现在由于生活水平的提高及借款用途的变化，借贷额多为几百元或几千元，甚至上万元；从借贷双方的关系看，过去一般只有亲朋好友才发生借贷，相互调剂余缺，现在发展到非亲非故，只要信用可靠，即可发生借贷关系；从借贷期限看，过去一般是春借秋还，短的借贷期限甚至只有 2～3 个月，现在有的期限长达 1～2 年。

拓展阅读2-1

从信用合作到商业金融：中国农村金融改革做对了什么？

② 借贷方式由繁到简。过去的借贷方式，可以借钱还物，或借物还钱，或借物还物，或借钱还钱。现在逐渐发展到以货币借贷为主。

③ 借款用途，从以解决生活费用、临时短缺为主转变为以解决经营资金不足为主。过去借贷主要是为了满足温饱、婚丧嫁娶或应对天灾人祸的需要，现在农村的民间借贷主要是为了购买生产资料，如农药、化肥、耕畜、船只、汽车、拖拉机等，用于扩大再生产或用于建房等。城市居民之间发生的借贷则主要是用于经商或购买高档耐用消费品。

④ 发生借贷关系的利率档次差别扩大。据调查，民间借贷月利率最低为 2%～5%，一般为 10%～20%，有的高达 30% 以上。借贷利率一般是根据淡旺季节、资金供求状况、借贷双方之间关系的亲疏、期限长短及通货膨胀率的高低而确定的。

（3）民间信用的作用

民间信用的存在和发展具有一定的积极作用：第一，扩大了社会融资的范围，其较高的灵活性对社会信用形式发挥了补充作用。第二，满足了居民筹集资金、解决收不抵支困难和实现消费效用最大化等方面的需求。

但是，民间信用毕竟是一种自发的、盲目的、分散的信贷活动，是一种较落后的信用形式。因此，在充分发挥民间信用积极作用的同时，也应当注意到其消极的一面。其消极作用主要有：

① 风险大。民间信用具有为追求高盈利而冒险、投机的倾向，因而风险较大。

② 利率高。民间信用一般利率较高，因而有干扰银行和信用社正常的信用活动、扰乱农村资金市场的可能性。

③ 有可能影响社会安定。民间信用借贷手续不严格，容易发生违约，有可能造成经济纠纷，影响社会的安定。

民间信用具有上述消极作用，这就要求在承认并且利用其积极作用的同时，对这种信用活动适当地加以管理，采取积极措施对其加以正确引导，使其合法化、规范化。同时，应大力发展各种形式的金融机构，以有组织的借贷活动来代替这种落后的借贷形式。现在，我国农村民间借贷规模已经超过了正规信贷规模，而且以较快的速度增长。在经济相对发达的东南沿海城市，企业之间，特别是民营企业之间的直接临时资金拆借或高于银行固定利率的民间借贷数量巨大。

6）国际信用

国际信用，亦称国际借贷，是指各国的金融机构、公司企业或政府部门之间相互提供的信用。国际信用包括以赊销商品形式提供的国际商业信用、以银行贷款形式提供的国际银行信用以及政府间相互提供的信用。国际信用是一种有效利用国外资金和技术的手段。国际信用的具体形式有：

（1）政府信贷

政府信贷是一国政府向另一国政府提供的贷款，通常是指由财政部出面借款的行为。贷款资金列入政府预算。西方国家政府中有专门管理这种贷款的机构，如美国国际开发署、日本海外经济协力基金、经济合作与发展组织的发展援助委员会等。政府信贷的特点有：

① 信贷条件优惠，通常为低息或无息贷款，而且贷款期限较长，可达20～30年，有的政府贷款还有"宽限期"。

② 规定贷款用途，一般是只能从贷款国进口商品或引进技术。

③ 附加条件多，政治性强，由于政府信贷属于外援性质，外交意图明显，双边关系往往有一致的利益。

④ 适用于公共开发性投资，由于利率低、期限长、款项大，比较适用于借款国进行长期性、基础性、投资量大的基本建设项目，如能源开发、铁路港口建设等。

（2）国际商业信用

国际商业信用是由出口商以商品形式提供的信用，有来料加工和补偿贸易等形式。

① 来料加工。来料加工是指由出口国企业提供原材料、设备零部件或部分设备，利用进口国的厂房、劳动力等在进口国企业加工，成品归出口国企业所有，进口国企业获得加工费收入。有些加工合同会规定，合同期满后出口商将设备留在加工生产国并保证原材料供应与生产。

② 补偿贸易。补偿贸易是指由出口国企业向进口国企业提供机器设备、技术力量、专利、各种人员培训等，联合发展生产和科研项目，待该项目建成投产后以产品偿还本

息的借贷行为。

（3）国际银行信用

国际银行信用是进出口双方银行所提供的信用，可分为出口信贷和进口信贷。

① 出口信贷。出口信贷是出口方银行提供贷款，解决出口企业资金周转需求。由于在进出口贸易中，交易规模都比较大，买方经常会没有足够的资金偿付出口商的货款，此时，如果卖方以赊销方式提供商品，而没能及时收到货款，便会使卖方的资金周转发生困难。为了鼓励本国出口商增加出口，出口方银行便向进口方或出口方提供贷款，其目的是支持本国出口商扩大出口。出口信贷又可分为卖方信贷和买方信贷。

② 进口信贷。进口信贷通常是指进口方银行提供贷款，解决本国企业资金需求，以支持本国进口商购买所需的商品或技术等。还有一种是指本国进口商向国外银行申请贷款，如果进口商是中小企业，则往往还要通过进口方银行出面取得这种贷款。

（4）国际金融机构贷款

国际金融机构贷款是指世界性的或区域性的金融机构对其成员方提供的贷款。这种贷款具有信贷条件优惠的特点，但针对的是国际金融机构的成员方，并要求其承担一定的义务。我国作为成员方的国际金融机构主要有：

① 国际货币基金组织。它成立于 1945 年，其资金来源主要是成员国缴纳的基金份额。该组织的贷款主要限于解决成员国国际收支逆差而产生的短期资金需求，用于贸易和非贸易经常项目的支付。

② 世界银行。它成立于 1945 年，其资金主要来源于成员国缴纳的股金和在国际金融市场上筹措的资金。该行的贷款属于长期开发性贷款，主要解决发展中国家成员的经济与社会发展的长期资金需求。

③ 国际开发协会。它成立于 1960 年，资金主要来源于会员认缴的款项和世界银行的拨款。该组织主要是向比较贫穷的国家或地区提供贷款，以加速这些国家或地区的经济发展。

④ 国际金融公司。它成立于 1956 年，资金主要来源于会员缴纳的股金和向世界银行、国际金融市场的借款。该组织的贷款是辅助世界银行向会员中资金困难的私营企业提供帮助。

⑤ 亚洲开发银行。它创建于 1966 年 11 月，是区域性政府间国际金融机构。其资金来源为：成员方认缴资本、某些成员方对特种基金的捐赠款项、利息收入和发行债券等。主要业务是向亚太地区成员及其所属机构、境内公私企业，以及与本地区经济发展有关的国际性或地区性组织提供长期贷款。

（5）外国商业银行信贷

外国商业银行信贷是指一国政府、金融机构或企业在国际金融市场上从外国商业银行取得的信贷。其特点有：

① 一般不限贷款用途、贷款对象、贷款期限以及贷款金额。

② 贷款利率按市场利率计算。

亚洲基础设施投资银行

亚洲基础设施投资银行（Asian Infrastructure Investment Bank，简称亚投行，AIIB）是首个由中国倡议设立的多边金融机构，总部设在北京，是一个政府间性质的亚洲区域多边开发机构，法定资本为 1 000 亿美元，重点支持基础设施建设。亚投行成立的宗旨是促进亚洲区域的建设互联互通化和经济一体化的进程，并且加强中国及其他亚洲国家和地区的合作。截至 2023 年 9 月，亚投行成员数已经由最初的 57 个增至 109 个，覆盖亚洲、欧洲、北美洲、南美洲、非洲和大洋洲，成为仅次于世界银行的全球第二大多边开发机构。

2013 年 10 月 2 日，习近平主席提出亚投行的筹建倡议。2014 年 10 月 24 日，包括中国、印度、新加坡等在内的 21 个首批意向创始成员国的财长和授权代表在北京签约，共同决定成立亚投行。2015 年 12 月 25 日，亚洲基础设施投资银行正式成立。2016 年 1 月 16 日至 18 日，亚投行开业仪式暨理事会和董事会成立大会在北京举行。

亚投行的治理结构分理事会、董事会、管理层三层。理事会是最高决策机构，每个成员在亚投行有正副理事各一名。董事会有 12 名董事，其中域内 9 名，域外 3 名。管理层由行长和 5 位副行长组成。

资料来源：作者根据相关资料整理所得。

③ 贷款方式灵活、手续简便。

④ 资金供应充足，借款人可以选择货币。

⑤ 对于金额大、期限长的贷款，一般要组织银团贷款或辛迪加贷款，也就是由一家银行牵头，多家银行参加组成国际性银团为借款人筹措资金，以分担贷款金额和贷款风险。

（6）国际债券

国际债券是指一国政府、金融机构或公司企业为筹措资金在外国或国际金融市场上发行的有价证券。发行国际债券的好处在于：

① 筹款范围广，债券购买者可以是政府部门、金融机构、社会团体、公司企业和居民个人。

② 筹款金额大，发行国际债券要以证券公司作为经纪人，由经纪人在发行国组织承购集团，负责推销事宜，所以发行债券通常是大量的。

③ 使用期限长，债券期限一般在 10 年左右。

④ 筹款用途不受限制，不像取得信贷那样往往与项目挂钩。

⑤ 利率选择可采用固定利率，便于计算发行成本。

但发行国际债券不利的方面有：

① 债券利息负担较重。

② 发行手续相当烦琐，而且需要较长的发行准备时间。

③ 发行国政府往往有许多限制性规定。

2.2.2　信用工具

1) 信用工具的含义

信用工具也叫金融工具，是在信用活动中产生的，能够证明债权债务关系、资金所有权关系的具有法律效力的凭证。

信用工具将借贷双方的权利和义务反映在具有一定格式的书面凭证上。由于这种书面凭证具有一定的格式，能够准确记载借贷双方的权利和义务，明确偿还日期和偿还金额，又经过一定的法定程序，能够有效地约束双方的行为，所以，它具有法律效力，并且由于其具有规范性，因此可以流通、转让。任何信用工具都具有双重性质：对出售者和发行人而言，它是一种债务；对购买者或持有人而言，它是一种债权或金融资产。

2) 信用工具的种类

（1）信用工具种类的划分

① 按信用工具的期限划分，信用工具可分为短期信用工具和长期信用工具两大类。短期信用工具主要有商业票据、短期公债、银行承兑汇票、大额可转让定期存单等；长期信用工具主要包括股票、公司债券、金融债券及中长期公债等。

② 按发行者的性质划分，信用工具可分为直接信用工具和间接信用工具。商业票据、股票、国库券、公债券等属于直接信用工具；银行承兑汇票、大额可转让定期存单、保险单等属于间接信用工具。

③ 按是否与实际信用活动直接相关划分，信用工具可分为基础性信用工具和衍生信用工具。基础性信用工具是指在实际信用活动中出具的能证明信用关系的合法凭证，如商业票据、股票、债券等；衍生信用工具则是在基础性信用工具之上派生出来的可交易凭证，如各种金融期货合约、期权合约等。

（2）传统的信用工具

① 短期信用工具。

短期信用工具是指期限在一年以内（含一年）的信用凭证。它主要有以下几种：

A. 商业票据。

商业票据是企业之间由于信用关系形成的短期无担保债务凭证的总称。它是在商业信用的基础上产生的。商业票据按其签发人的不同可以分成商业本票和商业汇票两种。

商业本票又称期票，是债务人向债权人签发的承诺在约定的期限内无条件支付一定款项的债务凭证。商业汇票是由债权人向债务人发出的支付命令书，命令其在一定的期限内支付一定款项给第三人或持票人的票据。由于汇票是由债权人发出的，因此，必须经债务人承认兑付（即承兑）后才能流通。由债务人自己承诺到期付款的汇票，叫作商业承兑汇票；由债务人委托银行承兑的汇票，叫作银行承兑汇票。无论是期票还是汇票，期限都不超过一年。

商业票据可以流通转让，也可以向银行贴现。为了保障持票人的利益，票据流通转让时要经过背书手续，背书就是转让人在票据背面作转让签字。因转让票据于他人而进行背书者为背书人，背书人一经背书即为票据的债务人，背书人与出票人同样要对票据的支付负责。若票据的出票人或承兑人不能按期支付款项，票据持有人有权向背书人要求付款，因此，背书人又称为第二债务人。

B.银行票据。

银行票据是在银行信用的基础上由银行签发的或由银行承担付款义务的信用凭证。它包括银行汇票、银行本票和银行支票。

银行汇票是汇款人将款项交存当地银行，由银行签发给汇款人持往异地办理转账结算或支取现金的票据。

银行本票是申请人将款项交给银行，由银行签发给申请人凭以办理转账结算或支取现金的票据。

银行支票是指银行的存款人签发的要求银行从其活期存款账户上支取一定金额给指定人或持票人的凭证。凡在银行开立活期往来账户的，银行均给其空白支票簿，存户凭此在存款金额内签发支票。支票按支付方式可分为现金支票和转账支票。

C.大额可转让定期存单。

大额可转让定期存单简称CD，它是由银行签发的注明存款金额、期限、利率，可以流通转让的信用工具。存单不记名，期限较短，面额固定且金额较大，可流通转让，但在期满前不能要求银行偿付。

大额可转让定期存单，是由美国花旗银行于1961年创造的一项金融工具。最初是美国商业银行为逃避金融管制所做的一种金融业务的创新，后来由于大额可转让定期存单实用性强，既有利于银行又有利于投资者，所以很快发展为在货币市场上颇受欢迎的金融工具。

我国的大额可转让定期存单的发行始于1986年，最初由交通银行发行。1989年以后，其他银行也相继开始发行大额可转让定期存单。限于我国金融市场的发展水平和经济实际，我国的大额可转让定期存单市场目前并不活跃。

D.国库券。

国库券是政府为弥补短期财政收支的差额而发行的一种短期债务凭证。国库券的信誉程度高，风险小，流动性强，期限短，因此受到众多投资者的青睐。

②长期信用工具。

长期信用工具是指期限在一年以上的信用凭证，包括股票及债券。

A.股票。

股票是指股份公司发给股东作为入股凭证，并借以取得股息收益的一种有价证券。作为股份公司的股权证书，股票主要是证明持有者在公司拥有的权益。谁持有某公司一定比例的股票，谁就在公司拥有一定比例的资本所有权，并凭此所有权分得股息收益。

股票一般具有以下特点：一是无期性。股票一经发行，便具有不可返还的特性。二是股东权。股票表示的是对公司的所有权或股权，这种权益通常有多种表现，如可参加股东大会，投票表决，股利分配等。三是风险性。一般而言，股票投资的收益率很高，但在市场千变万化的条件下，高收益与高风险并存，股票持有者有可能要蒙受损失。四是流动性。股票作为一种有价证券，随时可以流通转让。

在股票市场上，发行股票的股份有限公司，根据不同投资者的投资心理和各种需要，发行各种不同的股票。所以，股票的种类很多，名称各异，它们所代表的股东地位和股东权利内容也不相同。

按照不同的标准，股票可分为如下基本类别：其一是普通股与优先股。普通股是目前最常见、最典型的一种股票。普通股是指每一股份对公司财产都拥有平等权益的股票。普通股的股东享有经营管理权、收益分配权、优先认股权、剩余财产分配权，其股息不固定。优先股是相对于普通股而言的，它具有优先于普通股分红和优先于普通股分配剩余财产的权利。优先股的股息通常是固定的。其二是记名股与无记名股。记名股是将股东姓名记载于股票票面和股东名册的股票。投资者认购记名股票，不仅要在股票票面上记载其姓名，还必须把姓名和住址记入发行该股票的股份有限公司的股东名册。无记名股是指股票票面不记载股东姓名的股票。此类股票与记名股票相比较，在股东权益内容上没有差别，只是股票记载方式不同。其三是蓝筹股和成长股。蓝筹股又称热门股，是那些规模庞大、经营良好、收益丰厚的大公司发行的股票。由于这些大公司在行业中占重要地位，甚至是支配性地位，因而红利稳定且优厚，股价波动不大，被公认为具有很高的投资价值。成长股是指一些前景看好的中小型公司发行的股票。这类公司的销售额和收益额都在迅速扩张，且扩张速度快于整个国民经济以及所在行业的速度。

股票是资本主义社会化大生产的产物，是股份制度的产物，股份制实现了巨大资本的集中，适应资本主义的发展，所以从资本主义原始积累出现以后就广泛发展，使股份企业在资本主义经济中占统治地位。

B.债券。

债券是债务人向债权人出具的，在一定时期支付利息和到期偿还本金的债务凭证。债券按不同的方式可以划分为不同的种类。按发行主体的不同，债券可分为政府债券、企业债券和金融债券。

政府债券是国家根据信用原则举借债务的借款凭证。政府债券按偿还期不同可分为短期、中期、长期债券。一年以内的短期政府债券通常称作国库券。国库券是政府承担还款责任的政府债券。其还债期小于1年，是短期债务凭证，也是短期工具之一。政府发行国库券主要用于解决财政先支后收的矛盾。国库券的不断发行，使其成为公债的变形。1年以上的中、长期政府债券称为公债券，是资本市场的重要金融工具。其发行目的是弥补财政赤字。偿还期大于1年小于10年者是中期公债，大于10年者是长期公债。

企业债券也称公司债券，是企业向投资者出具的、承诺在规定期限内还本付息的债务凭证，是企业向外借债的一种债务凭证。企业债券与商业票据不同，它并非由商品交易引起，也不反映真实的资本运动，它是企业资金来源之一，企业发行债券的目的及用途明确。企业债券的风险较大，因此其利率要略高于其他债券。为保证投资人的权益，各国对企业债券的发行都有具体规定。企业债券经过审查，符合规定要求后，可以在二级市场上流通转让。

金融债券，是银行或其他金融机构为了筹措中长期贷款的资金来源而发行的债务凭证。其发行额须经中央银行批准，利率略高于同等期限的定期存款，可以在二级市场上流通转让。

（3）衍生信用工具

衍生信用工具是指在基础性信用工具如股票、债券的基础上派生出来的新型信用工具。它主要有以下几种：

① 金融期货。金融期货也称金融期货合约，是指买卖双方在有组织的交易所内以公开竞价的形式达成的，在将来某一特定时间交割标准数量特定金融工具的协议。金融期货有以下几个特征：其一，金融期货交易的对象是标准化的金融工具凭证，如外汇、股票、利率等。其二，金融期货的交易过程是在现在完成的，但却在未来某个规定的时间进行交割。其三，金融期货的交易价格是通过公开的市场竞争形成的，并不随金融工具的市场价格的变化而变化。其四，金融期货的交易合约在规定的交割日期到来之前，可以在市场上任意转让。

② 金融期权。金融期权是指在未来特定的期限内，按照特定的协议价格买卖商品的选择权。期权是一种选择权交易，作为期权的买方在向期权的卖方支付一定数量的保证金后，就取得在规定的时期内按协定价格向期权卖方购买或出售一定数量的某种商品合约的权利，对于买方来讲，期权是一种权利，买方可以在到期前的任何时候行使、放弃、转卖这种权利，其最大损失是期权费；对卖方来讲，期权是一种义务，卖方必须承担到期或到期前交割履约的义务。

③ 可转换证券。可转换证券是指其持有者可以在一定时期内按一定比例的价格将之转换成一定数量的另一种证券的证券。可转换证券通常是转换成普通股票。按发行时证券的性质，可转换证券主要分为可转换债券和可转换优先股票两种。

④ 互换。互换也称掉期，是指交易双方约定在合约有效期内，以事先确定的名义本金为依据，按约定的支付率（利率、股票指数收益率等）相互交换支付的约定。互换主要有两种类型：一种是货币互换；另一种是利率互换。

⑤ 远期协议。远期协议是指合约双方约定在未来某一日期按约定的价格买卖约定数量的相关资产的合约。远期协议主要有远期利率协议和远期货币协议两种。

2.3　利息与利率

2.3.1　利息的本质和利率

1）利息的本质

利息是指在借贷关系中由借入方支付给贷出方的报酬，是在偿还借款时大于本金的那部分金额。利息称为借贷资金的价格。

在不同社会里，利息具有不同的性质。关于利息的本质，西方学者的观点不一。第一种观点认为，利息是资本所有者"节约"或"节欲"，抑制当前消费欲望而推迟消费的报酬。这种观点被称为"节欲论"。第二种观点认为，人们对现有财货的评价要大于对未来财货的评价，同样价值的财货，现在使用的效用要高于未来使用的效用，若现在放弃使用财货，推迟到未来使用，就会有时差损失，而利息就是对这种价值时差损失的贴水。这种观点被称为"时差利息论"。第三种观点认为，人们都偏爱流动性高的货币，若要人们暂时放弃这种高流动性的货币，而等待将来使用，则必须给放弃流动性偏好者支付报酬，即利息。这种观点被称为"流动性偏好论"。上述三种观点实际上都是从 17 世纪英国古典政治经济学创始人威廉·配第关于利息的解释中引申出来的。配第认为，货币持有者贷出货币，就会减少用这笔货币购置土地而能获得的地租，为此，他必须获得相应的补偿，才会出借货币，这种补偿即利息，这就是所谓的"利息报酬论"。总之，在西方经济学家们看来，利息是对放弃货币的机会成本的补偿。可见，众多的经济学家都是从利息的自然属性上分析利息的性质。

只有马克思在对借贷资本运动过程进行分析时，才深刻地揭示了利息的来源和本质。马克思指出，"取息的合理性，不是取决于借入者是否赚到利润，而是取决于它（所借的东西）在适当使用时是否能够生产利润……富人不亲自使用自己的货币……而是把它贷给别人，让别人用这些货币去谋取利润，并且把由此获得的利润的一部分为原主保留下来"。可见，利息是工人创造的剩余价值的一部分，即利润的一部分。

2）利率

（1）利率的含义

利息水平高低是用利率来表示的。利率也称利息率，是指借贷期内所形成的利息额与借贷本金的比率。用公式表示为：

利率＝利息额÷本金

（2）计算利息的方法

计算利息的方法有两种：单利法和复利法。

单利法是指不管贷款期限的长短，仅按本金计算利息，当期本金所产生的利息不计入下期本金来计算利息。因此，单利法的特点是对利息不再付息。其计算公式为：

视频 2-1

$I=P \times R \times N$

式中：I——利息额；P——本金；R——利率；N——借款期限。

利息计算方法

用单利法计算时，其本利和的计算公式为：

$S=P \times (1+RN)$

式中：S——本利和；P——本金；R——利率；N——借款期限。

这是计算利息最简单的一种方法。

例如：有一笔 1 000 元的资金，进行银行的定期储蓄存款，期限为 3 年，年利率为 2%，那么，根据银行存款利息的计算规则，到期时所得的利息总额为：

1 000×2%×3=60（元）

本息和为：1 000×（1+2%×3）=1 060（元）

复利法是一种将上期利息转为本期本金一并计息的计算方法。如按年计息，第一年按本金计息；第一年末所得的利息并入本金，形成第二年的本金并以此计息；第二年末的利息并入本金，形成第三年的本金并以此计息；以此类推，直至信用契约期满。我国将这种复利计息方法通俗地称为息上加息。其计算公式为：

$I=P \times [(1+R)^n-1]$

式中：I——利息额；P——本金；R——复利率；n——复利的期数。

其本利和计算公式为：$S=P \times (1+R)^n$

式中：S——本利和；P——本金；R——复利率；n——复利的期数。

例如：一笔1 000元的资金存入银行，银行一年期定期储蓄存款的利率为2%。每年初都将上一年的本金和利息提出，然后再一起作为本金存入一年期的定期存款，一共存款3年。那么第三年末总共可以得到的本利和为：

$S=P \times (1+R)^n = 1\,000 \times (1+2\%)^3 = 1\,061.21$ （元）

复利法和单利法的差别在于，单利法中期限是在括号中与年利率直接相乘；而在复利法中，期限是作为指数，在括号之外的。如果投资的期限相同，而且投资的年利率也一样，那么复利法计算的值要大于单利法计算的值，因此，在复利计息方式下计算出来的到期还本付息额要大于单利计息方式下计算出来的数值，并且期限越长，这两个值之间的差额越大。

很显然，在计算利息时，单利法比复利法要简单，有利于减轻借款人的利息负担。用复利法计算利息，有利于加强资金的时间观念，在经济核算方面比单利法更精确。

我国目前活期存款利息计算在结息前是单利，在每个季度结息后，所得到的利息将产生新的利息，即可理解为复利；定期存款在到期前是单利，如果到期不取，银行将按原存期自动转存，所得利息将产生新的利息，也可以理解为复利。贷款采取复利法计息。

（3）终值与现值

终值：根据利率计算出一笔资金在未来某一时点上的金额。这个金额就是前面说的本利和，也称为终值。

现值：根据未来某一时点上一定金额的货币（本利和），按现行利率计算出要能取得这样金额的本利和在现在所必须具有的本金。现代银行有一项极其重要的业务，即收买票据的业务，其收买的价格就是根据票据金额和利率倒推出来的现值。这项业务叫"贴现"，现值也称贴现值。现值的计算方法不仅可用于银行贴现票据等类似业务方面，而且在选择投资方案时是非常有用的工具。

现值与终值是相对而言的，而且两者可以相互换算，但换算是通过复利方法来完成的。例如，一笔100万元的资金存入银行10年，银行存款利率为15%，则100万元的现值相当于10年后的价值（即终值）为404.56万元。换算方法是：

$100 \times (1+15\%)^{10} = 404.56$ （万元）

或者颠倒过来，10年后的404.56万元的价值只相当于现时点的100万元（即现值）。换算方法是：

$404.56 \div (1+15\%)^{10} = 100$ （万元）

（4）利率的种类

依据不同的分类标准，利率有多种划分方法。

①根据利率是否按市场规律自由变动，可划分为市场利率、官定利率、公定利率。

市场利率是在金融市场上由借贷资金供求关系直接决定的利率。利率按市场规律自由变动是市场利率存在的前提条件，它主要反映了市场内在力量对利率形成的作用，是借贷资金供求变化的指示器，是国家制定官定利率的重要依据。

官定利率又称法定利率，是指由一国中央银行所规定的利率，各金融机构必须执行。官定利率是国家进行宏观调节的重要政策措施之一。我国的利率属于官定利率，由国务院统一制定，中国人民银行统一管理。官定利率的变化代表政府货币政策的意向，对市场利率有重要影响。发达的市场经济国家以市场利率为主，发展中国家和地区的情况基本介于上述两类情况之间。加快利率市场化是我国目前金融改革的重点。

公定利率是指由非政府部门的金融民间组织如银行公会等确定的利率，它对会员银行有约束作用。官定利率和公定利率都不同程度地反映了非市场的强制力量对利率形成的干预。

②根据在借贷期内利率是否随物价变动而调整，可划分为固定利率和浮动利率。

固定利率是指在整个借贷期内不作调整的利率。实行固定利率，对借贷双方准确计算成本与收益十分方便，是传统上采用的方式。但是，由于近几十年来通货膨胀日益普遍并且越来越严重，实行固定利率，对债权人尤其是对进行长期放款的债权人会带来较大的损失，因此，在越来越多的借贷中开始采用浮动利率。

浮动利率又称可变利率，是一种在借贷期内根据借贷双方的协定，在规定的时间内依据某种市场利率进行调整的利率。浮动利率定期调整可以为债权人减少损失，借贷双方承担的利率变化风险较小，利息负担同资金供求状况紧密结合。但浮动利率也因手续繁杂、计算依据多样而增加费用开支，因此，多用于 3 年以上的借贷及国际金融市场。我国人民币借贷一般以固定利率为主。

③根据利率的真实水平，可划分为实际利率和名义利率。

实际利率是指物价水平不变，从而货币购买力不变时的利率，即剔除了通货膨胀因素以后的利率；名义利率则是指包括了通货膨胀风险补偿的利率，通常金融机构公布或采用的利率都是名义利率。例如，我们说存款利率为 5%，这个利率就是名义利率。而实际利率却不易直接观察到，但可以通过公式计算出来，即：

$$I=r-p$$

式中：I——实际利率；r——名义利率；p——借贷期物价上涨率（通货膨胀率）。

对实际利率的计算通常会出现三种情况：一是名义利率高于通货膨胀率时，实际利率为正利率；二是名义利率等于通货膨胀率时，实际利率为零；三是名义利率低于通货膨胀率时，实际利率为负利率。

名义利率与实际利率的关系表明，名义利率与通货膨胀率成正比，通货膨胀率越高，名义利率也应越高，才能使贷款人获得的补偿接近实际利率；相反，在通货膨胀率降低后，名义利率也应有所降低。1988 年以来，我国曾对储蓄存款实行保值贴补，就是针对物价上涨而采取的维持一定水平实际利率的措施，而 1996 年下半年至 1999 年连续 7 次降息，则是在物价下落以及出现负增长时所采取的利率政策。

需要注意的是，市场上名义利率的变动取决于人们对物价上涨率的预期。名义利率的变化并非同步于物价上涨率的变化。因为人们对价格变化的预期往往滞后于物价上涨率的变化，所以名义利率追随物价上涨率的变化也往往带有滞后的特点。

④根据利率的作用不同，可划分为基准利率、一般利率和优惠利率。

基准利率是指在多种利率并存的条件下起决定作用的利率。当基准利率变动时，其他利率也相应发生变化。在西方国家，基准利率通常是指中央银行的再贴现率，美国为再贴现率和联邦基金利率。在中国目前则是指"法定利率"，即中国人民银行对国有商业银行和其他金融机构的存贷款利率，利率市场化以后，中央银行的再贴现利率将成为我国的基准利率。

一般利率是指市场上普遍使用的利率，如商业银行按中央银行公布的贷款利率对企业发放贷款。

优惠利率是指国家通过金融机构或金融机构本身对认为需要扶植的企业、行业或个人所提供的低于一般利率水平的贷款利率，如出口信贷利率就属于优惠利率。

⑤按照计算利息的期限单位，可划分为年利率、月利率、日利率。

年利率以年为时间单位计息，俗称"分"，通常以本金的百分之几表示；月利率以月为时间单位计息，俗称"厘"，通常以千分之几表示；日利率以日为时间单位计息，俗称"毫"，通常以万分之几表示。

年、月、日利率可互相换算，即：

年利率＝月利率×12＝日利率×360

日利率＝月利率÷30＝年利率÷360

习惯上，我国不论是年利率、月利率还是日利率，都用"厘"作单位，年利率的"厘"是指1%，月利率的"厘"是指0.1%，日利率的"厘"是指0.01%。而国外一般使用年利率。

知识链接 2-2

LPR（贷款市场报价利率）和基准利率

2019年，央行正式推行LPR改革，第一步就是宣布房贷利率告别打折时代，以LPR为定价基准，从10月8日开始实施。那么LPR与基准利率有什么区别呢？

LPR是贷款市场报价利率的简称，是以18家银行共同报价，去掉一个最高值和一个最低值，再取平均值得出的，每月20号更新。所以LPR取决于一个市场供需关系的平衡过程，并不是说利息一定会降，相反，市场化定价，这个利率既有可能降低，也有可能提高。

基准利率即法定基准利率。我们日常生活中常常听到的降息、加息，都是以法定基准利率为调整标准。法定基准利率，还分为存款基准利率和贷款基准利率。存贷款基准利率是央行制定的，给商业银行的贷款指导性利率，并非实际的贷款利率，而实际贷款利率，会高于法定基准利率。

2.3.2 决定和影响利率变化的因素及我国利率体制改革

利率是计算使用借贷资金报酬的依据。利率水平的高低直接影响借款者的成本和贷出者的收益。决定和影响利率水平的因素是多种多样的。

1）利率的决定因素

马克思在分析资本主义经济中的利率波动时，曾指出决定利率水平的两个基本因

素：一是平均利润率；二是借贷市场中的资金供求对比状况。马克思对利率决定因素的
分析是以其对资本主义制度下利息本质的认识为基础的。

（1）平均利润率

由于利息是利润的一部分，因此，利润率是决定利率的首要因素。在一般情况下，
社会平均利润率是利率的最高界限，如果利率达到或超过平均利润率，表示货币所有者
通过利息形式拿走了生产经营者借入资本的全部利润，生产经营者无利可图，从而就不
会借款。因此，利率总在利润率与零之间上下摆动，并随利润率的缓慢下降在长期内有
下降趋势。

（2）资金的供求关系

从理论上讲，利率既不会高于平均利润率，也不会低于零，但实际上，决定某一时
期某一市场上利率水平高低的是借贷资金市场上的供求关系，即利率是由借贷资金供求
双方按市场供求状况来协商确定的。当借贷资金供大于求时，利率水平就会下降；当借
贷资金供不应求时，利率水平就会提高。而影响借贷资金供求的因素又是多方面的，既
有实际经济因素，如实际经济投资利润率降低，实际经济投资不旺导致对借贷资金需求
降低；也有纯货币因素，如股票市场行情火爆，投机者急需从借贷市场上融入资金，参
与炒作；还有心理因素，如预期利率将下降时，投资者会增加对债券市场的投资，从而
实际将债券市场的有效利率水平降低。因此，资金的供求关系是各种影响利率水平因素
的综合反映。

2）影响利率变化的因素

影响利率变化的因素主要有经济因素、政策因素和制度因素。具体地说，影响利率
变化的因素主要有以下几点：

（1）国家宏观经济政策

利率作为一个金融变量，它既是一个取决于某些经济因素的经济过程的内生变量，
又是一个受国家经济政策和中央银行货币政策影响的外生变量。

目前，各国都把利率作为宏观经济调控的重要经济杠杆之一，通过利率的变动来调
节一定时期的国内货币供应量和本币汇率水平，从而调节整个经济。以美国为例，第
二次世界大战以后到1972年以前，美国联邦储备系统的货币政策目标是充分就业和促
进经济增长，此时采取低利率政策。联邦储备银行的贴现率一直很低，一般为4%左
右。1972年以后，在通货膨胀和国际收支出现大量逆差的压力下，美国采取高利率政
策，联邦储备银行的贴现率一再提升，1980年为13%，美国商业银行优惠贷款利率从
1972年的6%猛升到1980年的21.5%。可见，国家宏观经济政策直接影响利率水平的
高低。

（2）物价水平

利率与物价有着密切的关系，利率的制定要考虑一定时间内由于物价变动给货币所
有者带来的影响。这主要表现在：在物价不断上涨的条件下，会给借贷资金所有者带来
损失。如果银行存款利率低于物价上涨率，实际利率就会出现负值。那么，人们放在银
行的存款不但不会增值，而且会使本金遭受损失。在这种情况下，人们普遍认为存钱不
如投资或储物，于是，就会大量提取储蓄存款，抢购商品或用于各种投资。因此，银行

存款利率必须高于物价上涨率。同样，物价上涨对银行贷款利率的影响也是显而易见的。如果贷款利率低于物价上涨率，则银行的实际收益将不断减少，甚至造成银行实际自有资本金减少，不利于银行进行正常的经济核算；而贷款企业却可因此减轻债务负担，在物价不断上涨中获得额外收益。这种情况会使企业产生贷款扩张的冲动，对缓解信贷资金供求紧张的矛盾、有效地控制信贷规模是十分不利的。因此，银行贷款利率也应高于物价上涨率。

（3）历史利率水平

一般来说，一国的价格体系，包括利率体系是具有历史继承性的，除非发生极端的政治、经济动荡。当前的利率水平是历史利率水平在新的经济条件下的延续。

（4）国际利率水平

随着我国经济进一步对外开放，国际利率水平的高低对我国银行利率也开始产生影响。如果国际市场利率与国内市场利率不一致，就会引起国际资本向利率高的方向流动，以致影响一国的国际收支，进而影响国内市场的利率。例如，在国际金融市场上利率较低的条件下，一方面，银行等金融机构从国际金融市场上筹资成本较低，从而以较低的利率发放贷款；另一方面，某些大企业也可在国际金融市场上直接筹措资金，缓解国内资金供不应求的矛盾。这必然导致国内利率回落到国际金融市场上的利率水平。而在国际金融市场上利率较高的条件下，无论是银行还是企业都会把资金筹措的主要力量放在国内，使国内资金供不应求。在国内资金供不应求的压力下，利率必然要逼近国际金融市场利率水平。

另外，通过国际贸易渠道，在国际金融市场利率高于国内贷款利率的条件下，出口企业会把一些可以即期结汇的交易做成远期结汇交易，这实际上等于出口企业向外国进口商提供了一笔贷款。外国进口商按照国际金融市场的利率水平提高的方式付息，出口企业可以从国际金融市场和国内利率水平的差异中获利，但国家大量的资金却被外商占用。因此，国家在制定和调整利率时，需要考虑国际利率水平的影响。

（5）借贷期限的长短

借贷期限的长短对其利率或收益率有重要影响。在其他因素不变时，贷款的期限越长，其利率越高；贷款的期限越短，其利率越低。因为贷款期限长短不同，贷款的机会成本、风险程度大小均有差别，所以期限长短不同，实际利率水平也有差别。

（6）借贷资金风险的大小

在借贷资金运动过程中会出现各种风险，如资金不能按期完全收回的违约风险、物价上涨的资金贬值风险，或更有利可图的投资机会出现后贷款人承受的机会成本损失风险等。那么，利率作为借贷资金的价格，必然要反映其风险的大小。一般而言，风险越大，利率要求越高。

此外，同行业利率水平、预期价格变动率、汇率等对利率的变动也有一定的影响。

总之，决定利率及影响利率变动的因素很多、很复杂。其中，起最终决定作用的是一国经济活动的状况。因此，要分析一国利率现状及变动，必须结合该国国情，充分考虑该国的具体情况。

在我国经济中，利率是由国家制定和调整的，马克思所揭示的利率变动规律，仍是国家制定利率的重要依据。长期以来，中国人民银行在确定利率总水平时主要考虑以下宏观经济因素：市场物价总水平、平均利润率、银行利润和社会资金总供求情况。

3）我国利率体制改革

在计划经济体制下，中国的利率体制属高度管制型：利率由国务院统一制定，由中国人民银行统一管理。在向市场经济体制转轨的过程中，1995年颁布的《中华人民共和国中国人民银行法》规定，利率由中国人民银行做出决定，报国务院批准后执行。

自20世纪90年代起，我国加快了利率体制改革的步伐。中国人民银行货币政策委员会明确提出，金融体制改革的一个重要内容是实现利率市场化。利率市场化就是放开利率管制，由中央银行通过运用货币政策工具来决定基准利率，银行存贷款等利率均在基准利率的基础上由市场供求关系来决定。客户可以像购买其他商品一样选择满意的银行和相应的产品，同时银行也将根据客户信用等级、职业和收入状况决定贷款利率。经过利率市场化改革后，我国将形成以中央银行的基准利率为核心，以同业拆借利率为中介目标利率，各种市场利率围绕其波动的完善的市场利率体系。

我国利率市场化改革的基本思路是：先外币，后本币，先农村，后城镇，先贷款，后存款，先大额，后小额，逐步建立由市场供求决定金融机构存贷款利率水平的利率形成机制，中央银行调控和引导市场利率，使市场机制在金融资源配置中发挥主导作用。

2013年7月20日，中国人民银行决定全面放开金融机构贷款利率管制。至此，我国的利率市场仅剩存款利率最高只能上浮10%这一最后限制，目前我国贷款利率市场化条件相对成熟。就存款利率而言，在2013年，人民银行指导建立了利率自律机制，对金融机构利率定价行为进行自律管理；2015年放开存款利率管制，利率自律机制成员在存款利率自律上限内自主确定存款利率水平；2021年6月，人民银行指导利率自律机制优化存款利率自律上限形成方式，由存款基准利率乘以一定倍数形成，改为加上一定基点确定。

这些改革举措助力存款利率在一定程度上实现了市场化调整。而此次存款利率市场化调整机制的建立，重在推进存款利率进一步市场化，可促进银行跟踪市场利率变化，提升存款利率市场化定价能力，维护存款市场良性竞争秩序。

总之，我国利率市场化改革已经取得了一定成果，面对复杂的经济环境，未来利率改革需要把握好节奏，仍然要以人民币存贷利率作为市场化改革的主要内容，需要在深化市场经济改革、培育市场主体行为中把握利率改革的着力点。

2.3.3 利率杠杆的运用

利率作为经济杠杆，在发达的市场经济中具有"牵一发而动全身"的效应，对一国经济的发展发挥着至关重要的作用。利率的作用，不仅体现在宏观经济运行当中，还体现在对企业及个人经济活动等微观方面的影响上。

1）利率在宏观经济活动中的作用

（1）利率能够调节社会资本供给

一般情况下，利率提高，国民储蓄率上升，借贷资本增多，社会资本供给就会增加；反之，社会资本供给就会减少。

（2）利率可以调节投资

利率对投资在规模和结构两方面都具有调节作用。企业使用借贷资本进行投资时，如果利率降低，企业贷款成本降低，投资成本相对减少，就会增加投资，从而使整个社会投资规模扩大；反之亦然。

（3）利率可以调节社会总供求

利率对供求总量的平衡具有一定的调节作用。这是因为，总需求与市场价格水平、利率之间有着相互联系、相互作用的机制。由于生产者和消费者进入市场从事经济活动，市场机制通过价格水平和利率水平的变动在一定程度上能够调节各个企业和消费者的投资与储蓄活动，有利于实现总供给和总需求的平衡。

2）利率在微观经济活动中的作用

对企业来说，利率能够促进企业加强经济核算，提高经济效益。因为企业利润＝销售收入－（产品成本＋利息＋税金）。在通常情况下，产品成本和税金是相对稳定的。企业利润取决于应付利息的多少，而利息的多少，又与企业占有信贷资金的多少、占用的时间长短以及利率高低有关。

对个人而言，利率影响其经济行为。一方面，利率能够诱发和引导人们的储蓄行为；另一方面，利率可以引导人们选择金融资产。在保证金融商品安全性与流动性的前提下，主要由利率决定的收益率的高低往往是人们选择金融资产时着重考虑的因素。

本章自测题

一、填空题

1. 信用是一种借贷行为，是以_____和_____为条件的、单方面的价值转移，是一种价值运动的特殊形式。

2. _____的建立标志着高利贷垄断地位的结束和资本主义现代信用关系的建立。

3. 商业信用的典型形式是由商品销售企业对商品购买企业以_____方式提供的信用。

4. 国家信用的主要形式是_____和国库券。

5. 债券按发行主体的不同，可分为_____、_____和金融债券。

6. 消费信用的方式主要有赊销、_____和消费贷款。

7. 商业票据按其签发人的不同，可以分成_____和_____两种。

8. 大额可转让定期存单，是由美国花旗银行于_____年创造的一项金融工具。

9. 计算利息的方法有两种：_____和_____。

10.资本主义信用表现为_____的运动形式。

二、选择题

（一）单项选择题

1.信用是（　　　）。

A.买卖行为　　　　　　　　　　　B.赠与行为

C.救济行为　　　　　　　　　　　D.各种借贷关系的总和

2.国家信用的主要形式是（　　　）。

A.发行政府债券　　　　　　　　　B.向商业银行短期借款

C.向商业银行长期借款　　　　　　D.自愿捐助

3.为了取得利息而贷放给职能资本家使用的资本是（　　　）。

A.产业资本　　　　B.借贷资本　　　　C.货币资本　　　　D.商业资本

4.现代经济中最基本的占主导地位的信用形式是（　　　）。

A.国家信用　　　　B.商业信用　　　　C.银行信用　　　　D.国际信用

5.我国习惯上将年息、月息、日息都以"厘"作单位，但实际含义却不同，若年息6厘，月息4厘，日息2厘，则分别是指（　　　）。

A.年利率为6%，月利率为4%，日利率为2%

B.年利率为6‰，月利率为4‰，日利率为2‰

C.年利率为6，月利率为4，日利率为2

D.年利率为6%，月利率为4‰，日利率为2‰

6.在多种利率并存的条件下起决定作用的利率是（　　　）。

A.基准利率　　　　B.差别利率　　　　C.实际利率　　　　D.公定利率

7.西方国家一般以（　　　）为基准利率。

A.长期利率　　　　　　　　　　　B.浮动利率

C.中央银行的再贴现利率　　　　　D.中央银行的再贷款利率

（二）多项选择题

1.以下属于消费信用的有（　　　）。

A.出口信贷

B.国际金融租赁

C.企业以延期付款的方式向消费者销售商品

D.银行提供的助学贷款

E.银行向消费者提供的住房贷款

2.信用是有条件的借贷行为，其条件有（　　　）。

A.到期偿还　　　　B.支付利息　　　　C.出具担保

D.信用委托　　　　E.本金与利息一次性支付

3.利率的决定与影响因素有（　　　）。

A.利润的平均水平　　　　　　　　B.资金的供求状况

C.物价变动的幅度　　　　　　　　D.国际利率水平

E. 政策性因素

4. 根据名义利率与实际利率的比较，实际利率呈现的情况有（ 　　 ）。

A. 名义利率高于通货膨胀率时，实际利率为正利率

B. 名义利率高于通货膨胀率时，实际利率为负利率

C. 名义利率等于通货膨胀率时，实际利率为零

D. 名义利率低于通货膨胀率时，实际利率为正利率

E. 名义利率低于通货膨胀率时，实际利率为负利率

5. 利率对宏观经济的影响体现为（ 　　 ）。

A. 能够调节社会资本供给

B. 能够促进企业加强经济核算，提高经济效益

C. 能够诱发和引导人们的储蓄行为

D. 可以调节投资规模和结构

E. 可以调节社会总供求

三、判断题

1. 由于银行信用克服了商业信用的局限性，它最终将取代商业信用。 （ 　 ）

2. 消费信用既可以采取商品形态，又可以采取货币形态。 （ 　 ）

3. 商业本票是债权人向债务人签发的承诺在约定的期限内无条件支付一定款项的债务凭证，也称为期票。 （ 　 ）

4. 单利法比复利法要简单，有利于减轻借款人的利息负担。 （ 　 ）

5. 借贷资本的利率被限定在零和平均利润率之间。 （ 　 ）

6. 民间信用是居民个人之间以货币或实物的形式所提供的直接信贷，是带有高利贷性质的信用。 （ 　 ）

四、简答题

1. 简述信用的构成要素。

2. 简述商业信用的局限性。

3. 简述银行信用的特点。

4. 简述国家信用的作用。

5. 简述决定和影响利率变化的因素。

6. 简述利率在宏观经济活动中的作用。

五、计算题

1. 甲企业向 A 银行申请贷款 10 000 万元，年利率为 8%，贷款期限为 3 年，到期一次还本付息，分别按单利法和复利法计算甲企业应支付 A 银行多少利息。

2. 现有一笔为期 5 年、年利率为 6% 的 5 万元贷款，请分别以单利法和复利法计算其利息总额及本利和。

六、案例分析

中国农业银行关于存量浮动利率个人住房贷款定价基准批量转换的公告

尊敬的客户：

根据中国人民银行〔2019〕第 30 号公告及我行 2020 年 2 月 29 日公告，为进一步简化操作流程，提升服务效率，自 2020 年 8 月 25 日起，我行将分批对符合条件且尚未办理定价基准转换的个人住房贷款进行批量转换。现将具体事项公告如下：

一、转换范围

2020 年 1 月 1 日前我行已发放或已签订合同未发放，且截至 2020 年 8 月 24 日（含）尚未办理定价基准转换的存量浮动利率个人住房贷款（含个人商用房贷款，不含公积金贷款和公积金贴息贷款）。

二、转换时间

自 2020 年 8 月 25 日起批量转换，您不需要任何操作。

三、转换规则

（一）贷款定价统一转换为参考 LPR 加点形成（加点可为负值）的浮动利率。

（二）转换后的贷款加点数值等于原合同最近的执行利率水平与 2019 年 12 月发布的相应期限 LPR 的差值。加点数值在合同剩余期限内固定不变。

（三）重定价周期和重定价日均保持原合同约定不变。对于重定价周期短于 1 年的贷款，重定价周期调整为 1 年。

（四）转换时点的利率水平保持不变。自转换后第一个重定价日起（含），在每个利率重定价日，利率水平由最近一个月相应期限 LPR 与加点数值重新计算确定。

四、温馨提示

（一）如不希望批量转换，请您自本公告发布之日起至 2020 年 8 月 24 日（含），通过我行掌银、网银、客服或者原贷款经办行进行登记，届时我行将不对您的个人住房贷款进行批量转换。

（二）在我行批量转换后有异议的，您可于 2020 年 12 月 31 日前，通过我行掌银、网银、客服或者原贷款经办行进行协商处理。如您希望撤销批量转换，保持原合同的定价方式，可通过上述渠道申请办理。撤销操作仅能办理一次。

（三）如您的贷款尚未完成转换，您可按照我行 2020 年 2 月 29 日发布的《中国农业银行存量贷款定价基准转换公告》的要求，通过我行掌银、网银、柜面、超级柜台、贷款经办行等渠道协商办理转换。

（四）原合同项下存在共同借款人的，其他共同借款人须充分协商一致后，申请办理登记和异议处理。

（五）如有任何疑问，请关注"中国农业银行"微信公众号在线咨询，致电 95599 咨询，或联系原贷款经办行客户经理咨询，我行将竭诚为您服务。

特此公告。

资料来源：佚名.中国农业银行关于存量浮动利率个人住房贷款定价基准批量转换的公告 [EB/OL].［2024-04-14］.http://gz.bendibao.com/news/2020813/content273759_5.shtml.

问题：利率市场化对人们的生活和生产会有什么影响，应如何进行房贷利率选择？

分析提示：利用本章利率变动对经济的影响，结合实际情况进行分析。

七、实训题

实训项目：阐述我国利率改革实践。

　　实训目的：通过对我国利率市场化过程的分析，了解我国利率权限划分，分析利率市场化对我国经济产生了哪些影响。

　　实训步骤：

（1）调研利率市场化以来银行之间利率的差异。

（2）分组进行数据整理，分析利率市场化后对各银行的影响。

（3）预测我国利率变化的趋势，阐述原因和应对策略。

（4）汇报分析结果。

第3章

金融体系

学习目标

知识目标： 掌握金融机构、银行机构、非银行金融机构的基本概念，金融体系的构成，各金融机构的职能及差异。

技能目标： 能阐述我国目前金融中介机构体系的合理性及其缺陷；能用金融中介机构基础知识识别金融机构；能初步掌握国际金融体系格局。

素质目标： 根据我国金融体系的时代变化，让学生深刻体会我国社会主义制度的完善性和经济发展的稳健性。

引 例

解码国务院机构改革：金融监管体制大变革 "内双峰监管"模式基本形成

2023 年 3 月 7 日，在第十四届全国人民代表大会第一次会议上，《党和国家机构改革方案》提交审议。根据国务院关于提请审议国务院机构改革方案的议案，在银保监会的基础上组建国家金融监督管理总局作为国务院直属机构，证监会也调整为国务院直属机构。此外，统筹推进央行分支机构改革，不再保留央行县（市）支行；国家发展改革委的企业债券发行审核功能划入证监会；深化地方金融监管体制改革；金融监管部门工作人员纳入国家公务员统一规范管理。

总体看，国家金融监督管理总局的设立可以更好地协调混业经营与分业监管的关系，协调处理好行为监管、主体监管、功能监管和审慎监管。证监会的保留、优化，体现对"健全资本市场功能，提高直接融资比重"的重视。此番调整后，中国金融监管部门将形成"一行一总局一会一局"（中国人民银行、国家金融监督管理总局、证监会、国家外汇管理局）的架构。

这次金融监管体制改革的总体方向是金融监管权力的集中、统一，实现金融监管的全覆盖、一致性，提升了监管效率，"内双峰监管"的模式基本形成，也就是国家金融监督管理总局统一行使审慎监管和行为监管的职能。

1. 金融监管体制大改革

党的二十大报告提出，深化金融体制改革，建设现代中央银行制度，加强和完善现代金融监管，强化金融稳定保障体系，依法将各类金融活动全部纳入监管，守住不发生系统性风险底线。健全资本市场功能，提高直接融资比重。

国务院机构改革方案显示，组建国家金融监督管理总局。统一负责除证券业之外的金融业监管，强化机构监管、行为监管、功能监管、穿透式监管、持续监管，统筹负责金融消费者权益保护，加强风险管理和防范处置，依法查处违法违规行为，作为国务院直属机构。国家金融监督管理总局在银保监会基础上组建。此外，证监会也调整为国务院直属机构。

根据中国政府网，银保监会和证监会改革前均为国务院直属事业单位。改革后，证监会和在银保监会基础上组建的国家金融监督管理总局均属于国务院直属机构。其主要区别在于，国务院直属事业单位不是国家行政机关，但由国务院授权可行使一定的行政职能，而国务院直属机构有独立的行政主体资格。显然，改革为国务院直属机构有助于强化金融监管职能。

央行方面，撤销央行大区分行及分行营业管理部、总行直属营业管理部和省会城市中心支行，在 31 个省（自治区、直辖市）设立省级分行，在深圳、大连、宁波、青岛、厦门设立计划单列市分行。央行北京分行保留央行营业管理部牌子，央行上海分行与央行上海总部合署办公。

央行大区分行的设立早在 20 多年前。1998 年，为了增强执行货币政策的权威性和金融监管的独立性，央行设立了九家一级分行（即大区行，下辖中心支行），逐渐形成总行—大区分行—中心支行—县支行的架构。

大区行改革参考了美国地方联储的经验，但大区行不具备联储较强的研究能力和政策制定、执行能力，近年来"推进央行分省体制改革"的建议时有出现。

此外，不再保留中国人民银行县（市）支行，相关职能上收至中国人民银行地（市）中心支行。

2. 职能调整

此次国务院机构改革将央行对金融控股公司等金融集团的日常监管职责、有关金融消费者保护职责、证监会的投资者保护职责划入国家金融监督管理总局，也即一行两会的消费者权益保护职责都由国家金融监督管理总局负责。

"金融交易中存在着严重的信息不对称，普通居民很难拥有丰富的金融知识，而且金融机构工作人员往往也不完全了解金融产品所包含的风险。这就导致金融消费相较于其他方面的消费，当事人常常会遭受更大的利益损失。"时任银保监会主席郭树清在2022年底发表的《加强和完善现代金融监管》一文中表示："2008年全球金融危机之后，金融消费者保护受到空前重视。世界银行推出39条良好实践标准，部分国家对金融监管框架进行重大调整。"

这次金融监管改革实现了两个重大变化。第一，金融控股公司的监管权移交到国家金融监督管理总局。不论是金融企业发起的金控还是非金融企业发起的金控，都纳入同一个监管部门监管，有助于监管的一致性，避免监管套利。

第二，行为监管的权责合一。以前各个部门都有消保部门，现在统一到国家金融监督管理总局后，有助于行为监管的强化统一。此外，国家金融监督管理总局也实现了审慎监管的统一。

方案还提出，理顺债券管理体制，将国家发展改革委的企业债券发行审核职能划入证监会，由证监会统一负责公司（企业）债券发行审核工作。该举措主要是统一公司信用债监管。

由于历史发展原因，中国债市存在市场分割的局面，不同的债券品种由不同的部门监管。具体而言人民银行（交易商协会）、国家发展改革委、证监会分别负责非金融企业债务融资工具（短期融资券、中票、PPN）、企业债、公司债的监管。在中央金融委员会的统一领导下，三类信用债各方面的标准在2018年后逐步趋于统一，此次职能划转后债市统一再进一步。不过，具有信用债性质的非金融企业债务融资工具仍由交易商协会进行监管。

3. 深化地方金融监管体制改革

2018年机构改革后，地方金融监督管理局陆续挂牌成立，同时加挂金融工作办公室、金融工作局等牌子。地方金融监督管理局主要监管"7+4"类机构，具体来说，包括小额贷款公司、融资担保公司、区域性股权市场、典当行、融资租赁公司、商业保理公司、地方资产管理公司7类金融机构，以及辖区内的投资公司、农民专业合作社、社会众筹机构、地方各类交易所。

此次方案提出，建立以中央金融管理部门地方派出机构为主的地方金融监管体制，统筹优化中央金融管理部门地方派出机构设置和力量配备。地方政府设立的金融监管机构专司监管职责，不再加挂金融工作局、金融办公室等牌子。调整后，地方金融监督管理局辅导企业上市、加强融资的金融服务职能不再保留，对类金融机构的监管职能将会强化。

此次方案还提出，完善国有金融资本管理体制。按照国有金融资本出资人相关管理规定，将中央金融管理部门管理的市场经营类机构剥离，相关国有金融资产划入国有金融资本受托管理机构，由其根据国务院授权统一履行出资人职责。

根据现行相关规定，国务院授权财政部履行国有金融资本出资人职责。财政部门根据需要可以分级分类委托其他部门、机构管理国有金融资本，受财政部门委托管理国有金融资本的其他部门、机构统称受托人。

前述举措有助于厘清金融监管部门、履行国有金融资本出资人职责的机构和国有金融机构之间的权责关系，推进管办分离、政企分开。

资料来源：杨志锦.解码国务院机构改革：金融监管体制大变革 "内双峰监管" 模式基本形成 [EB/OL].〔2024-03-18〕.https://finance.eastmoney.com/a/202303072655178237.html.

这一案例表明：金融体系改革与治理在国家机构改革中处于重要地位，此次改革作为党的十八大以来金融体制最大的改革，是对金融领域利益格局的重大调整，是从金融层面上，确保中国特色社会主义性质不变质、不变色，做到政治管控资本。金融必须接受党的领导，必须接受国家的强力监管，必须坚持国有金融主导制。这是保障社会主义的重要经济基础之一，而且是最重要的经济基础。

3.1　金融机构的产生与金融体系的形成

金融机构是现代金融体系的主体。一国金融体系的建立和健全总是离不开多样化金融机构的发展。银行是金融机构的主要构成部分，它与其他金融机构共同组成一国金融体系。金融机构的产生即银行的产生。银行是商品货币经济高度发展的产物，是从货币经营业发展而来的，银行的演进经历了从货币经营业到早期银行、现代银行的发展过程。

3.1.1　金融机构的产生

银行是金融机构最典型的形态，在整个金融体系中占有支配性地位。银行的产生和发展在金融机构的发展中最具有代表性。

银行业起源于货币经营业，而货币经营业又是从中世纪的铸币兑换业发展而来的。货币产生以后，因不同国家和不同地区所使用的货币种类不同，所以在交换商品中产生了货币的兑换问题，逐渐地，一部分商人从普通商人中分离出来专门从事货币的兑换业务，即把不同国家和地区的铸币兑换成金块或银块，或兑换成本国铸币或本地区铸币。此后，这些铸币兑换商人又开始为各种商人办理货币的保管业务，同时，受商人委托兼办货币收付、结算、汇兑等中间业务，这样，简单的货币兑换业就开始向货币经营业演变，货币经营业是早期银行业的前身。

货币经营业适应了商品交换的需要，业务得到了广泛的扩展，在货币经营者的手中也逐渐聚集起大量的货币，其中有一部分并不需要立即支付，出现了暂时的闲置，于是货币经营者就把这部分货币贷放出去赚取利息收入。同时，社会上也有越来越多的人把货币存放在货币经营者手中以获得利息收入。这种建立在货币经营业务基础上的存款、贷款业务的出现和发展，使货币经营业转变成了早期的银行业，原来的货币经营业者也就成了银行家。早期银行具有存、贷、汇的银行基本业务，具备支付中介、信用中介的基本职能。

从历史上看，"银行"一词起源于意大利，早期银行产生于意大利。据考证，早在12世纪，意大利就出现了银行，但历史上首先以"银行"为名和较具典型银行意义的是1580年建立的威尼斯银行，后来扩展到欧洲其他国家，相继出现了米兰银行、阿姆斯特丹银行、汉堡银行及纽伦堡银行等。这些银行都是在封建社会生产方式下建立起来的，是高利贷性质的银行，而不是现代意义上的银行。

3.1.2　金融体系的形成

随着资本主义生产关系的确立和资本主义商品经济的发展，高利贷性质的银行已不能适应资本扩张的需要。因为资本的本质是获取尽可能高的利润，利率只能是平均利润率的一部分，同时资本主义经济工业化的过程需要资金雄厚的现代银行作为其后盾，高利贷性质的货币经营业已成为资本主义经济发展的障碍。所以高利贷性质的早期银行逐渐被能适应资本主义经济发展需要的现代银行所取代。

世界上第一家股份制银行是1694年在英国成立的英格兰银行。该行一开始就把面向工商企业的贷款利率定为4.5%～6%，而当时的高利贷利率高达20%～30%，所以，英格兰银行的成立标志着现代商业银行的诞生。从此以后，股份制银行在英国以及其他各资本主义国家得以普遍建立，这些股份制银行资本力量雄厚、业务全面、利率较低，建立了较为规范的信用货币制度，极大地加快了工业革命的进程，同时也逐渐成为现代金融业的主体。

英格兰银行最初的贷款建立在真正的商业行为基础之上，而且以商业票据为凭证，一旦产销完成，贷款就可以得到偿还，也就是说当时的贷款具有自偿性，因此这类贷款偿还期短，流动性强。由于这种商业性的贷款成为资本主义银行业务的代表，所以现代资本主义银行叫作商业银行。但是，随着资本主义经济的发展，商业银行突破了融通短期资金的界限，不仅发放短期贷款，而且发放长期贷款；不仅向工商企业提供贷款，而且向一般消费者发放贷款。另外，商业银行不仅通过发放贷款获取利润，而且通过证券投资、黄金买卖、租赁、信托、保险、咨询等获取收入。可见，商业银行的最初意义是指经营短期商业资金的银行，但现代商业银行早已突破了这一概念范畴，已经是全能的、综合性的金融机构的代名词了。而且在现代银行的发展过程中，逐渐形成了各类银行，如商业银行、专业银行、投资银行、中央银行等，形成了较完整的银行体系，进而形成了以银行为主体的现代金融体系。

3.2　现代金融体系的构成

3.2.1　金融体系及金融机构的分类

金融体系是指相互作用和相互依赖的若干个金融机构或单位组合而成的、具有特定功能的整体。当今世界各国的金融体系一般由中央银行、商业银行、专业银行和非银行金融机构所组成。

金融机构一般是指经营货币与信用业务，从事各种金融活动的组织机构。金融机构一般可划分为银行机构和非银行金融机构两大类。

银行机构是经营货币和信用业务的金融机构的总称。按不同标准划分，银行可分为不同的类型：按职能不同，可分为中央银行、商业银行、专业银行；按银行业务的地域不同，可分为全国性银行和地方性银行；按资本来源不同，可分为股份制银行、合资银行、独资银行。

非银行金融机构主要有保险公司、证券公司、信托投资公司、资产管理公司、租赁公司、财务公司和信用合作社等。

此外，金融机构还可以按其资金来源划分，可分为存款性金融机构和非存款性金融机构。存款性金融机构是主要依靠吸收各类存款作为资金来源的金融机构，包括商业银行、储蓄银行、信用合作社等；非存款性金融机构是以接受资金所有者根据契约规定缴纳的非存款性资金为主要来源的金融机构，包括保险公司、投资银行、养老基金会、金融公司等。

当今社会金融创新不断发展，市场竞争日益激烈，各种金融机构业务不断交叉、重叠，使得金融机构之间原有的差异日渐缩小，从而逐渐呈现出由专业经营向多元化综合经营发展的趋势。

3.2.2 金融机构的职能

1) 银行机构的职能

（1）中央银行的职能

中央银行在一国金融体系中居于主导地位，它是负责制定和执行国家货币信用政策，实行金融管理和监督，控制货币流通与信用活动的金融中心机构。资本主义国家的中央银行是在商业银行的发展过程中，由发行银行转化形成的。有关中央银行问题，将在本书第6章中加以阐述。

（2）商业银行的职能

商业银行是以经营工商业存放款为主要业务，并以利润为其主要经营目标的信用机构。由于这类银行最初所吸收的主要是活期存款，利用这种资金只适应经营短期的商业放款业务，故称为商业银行。商业银行有独资经营、合资经营、官商经营、国家经营等不同的组织形式。各国的商业银行多数是按照股份公司形式组织起来的，故又称"股份银行"。有关商业银行问题，将在本书第4章中加以阐述。

（3）专业银行的职能

专业银行是专门经营指定范围的金融业务和提供专门性金融服务的银行。专业银行是社会分工发展在金融业的具体体现。随着社会生产力的发展，社会分工越来越细，要求银行必须具备某一方面的专业知识和专业技能，以满足社会经济发展对不同种类的银行的要求，专业银行正是适应这样的要求而产生的。专业银行在各国因国情不同而种类有所不同，但一般来说主要有以下几种：

①投资银行的职能。

投资银行是专门办理对工商企业的投资和长期信贷，以满足企业对固定资本的需要的银行。这类机构的称谓目前尚不统一。美国称为投资银行；英国、东盟国家及澳大利亚等称为商人银行；德国称为私人承兑公司；法国称为实业银行；日本称为证券公司。

投资银行的资金主要是通过发行本行股票和债券筹集的。存款只起辅助作用，主要是吸收定期存款，一般不接受活期存款和储蓄，有的则不办理存款业务。这是因为活期存款的资金来源不稳定，不能适应长期资金运用的需要。

投资银行的主要业务包括为工商企业代办发行与包销证券、发放中长期贷款、经营外币买卖与存款、办理信托业务、提供投资及财务咨询服务等，有的还兼营黄金买卖及资本设备或耐用商品的租购业务等。

投资银行与商业银行的区别在于：投资银行不接受存款或只接受定期存款，只办理中长期放款和投资业务。但是，近年来，投资银行的业务日益多样化，正向综合化方向发展，它与一般商业银行的差别正在缩小。

②储蓄银行的职能。

储蓄银行泛指专门办理居民储蓄业务并以储蓄存款作为主要资金来源的银行或金融机构。世界许多国家和地区都设立专门的、独立的储蓄银行等金融机构。这类机构的名称在各国不尽相同，如储蓄银行、互助储蓄银行、国民储蓄银行、信托储蓄银行、邮政储蓄银行、储蓄贷款协会等。

储蓄银行的资金来源主要是居民储蓄存款。其资金运用主要包括投资政府债券、投资公司股票及债券、发放抵押贷款、对个人提供分期付款的消费信贷、对市政机构发放贷款等方面，剩余资金转存商业银行生息。美国有些州的互助银行为了方便储户，拓展业务，为储户开立支票账户，或设置接近于支票的可转让提款通知单。由于储蓄存款期限比活期存款长，在正常情况下不至于突然大量提取，所以储蓄银行的准备金比率较低，如美国只有 2%。这样，储蓄银行就能够将所吸收的资金用于长期投资，或用于不动产抵押放款等。其资金首先是用于不动产抵押放款。当此项放款占其资产总额 20%以上时，便可获得减免税收的优待。互助储蓄银行还经营债券投资活动，当债券收益高于抵押放款收益时，便把资产转向债券市场，购买股票和公司债券。

第二次世界大战后，西方各国为了恢复战后经济，急需大量建设资金，加上当时证券市场恢复缓慢，所以许多国家都以开展储蓄作为解决资金困难的一个有力措施，如当时的联邦德国、日本等国纷纷以普遍设立储蓄机构、增设储蓄种类、加强服务、开展宣传等方法，积极开拓储蓄业务。但是，储蓄银行在开展业务过程中，面临着两个对手：一是商业银行也办理储蓄业务，而商业银行业务面广、客户多，这是一个优势；二是它还必须同证券商竞争，如果购买证券收益高于储蓄利息；储户便会将资金转向证券市场。为此，某些国家政府便对储蓄给以免税、高利息和差别利息等办法，对储蓄银行给予支持和鼓励。

储蓄银行将社会上分散、小额的货币集中起来，转化成巨额的社会资本，推动社会经济的发展，这是储蓄银行的特有功能和作用，也正是因为这一点，使得储蓄银行在许多国家的银行体系中占有重要的地位。

根据我国现阶段银行制度，所有商业银行、城乡信用合作社及全国邮政机构均可经营居民储蓄业务，而不普遍设立专门、独立的储蓄银行机构。随着金融体制改革的深入，原有的银行体系开始被突破。20世纪80年代后期，我国相继诞生了两家独立的区域性储蓄银行——烟台住房储蓄银行和蚌埠住房储蓄银行。

③开发银行的职能。

开发银行是通过提供长期放款，以开发资源、进行基本建设为主要业务对象的专业性银行。开发银行不以营利为目的，分别由联合国或本国政府出资兴办，但在某些国家也有公私合营的开发银行。它分为以下三种：一是国际性开发银行，如联合国的国际复兴开发银行，又称世界银行，其主要业务是对发展中的成员方提供长期开发性放款；二是区域性开发银行，如亚洲开发银行，其主要业务是向各成员方提供长期开发性放款；三是本国的开发银行，或称建设银行、开发投资公司等，其主要业务也是提供长期开发性放款，促进本国经济和建设的发展。

前两类开发银行虽然就其活动看，也具有政策性之特征，但作为超国家金融机构，已超出一国金融体系之范畴，将在国际金融体系中介绍。本处所述开发银行是指作为一国金融体系组成部分，具体来说是一国金融机构组成部分的开发银行。

④不动产抵押银行的职能。

不动产抵押银行是以土地和其他不动产为抵押的一种专业性的长期放款银行。世界上许多国家设有独立的抵押银行机构。例如，德国的土地抵押信贷协会、农业抵押银行、抵押汇兑银行等，意大利的动产信用银行，英国的农业抵押公司，法国的房地产信贷银行等。

抵押银行的资金通过发行不动产抵押证券筹集。贷款业务大体可分为两类：一类是以土地为抵押品的贷款，贷款对象主要是土地所有者或购买土地的农场主；另一类是以城市房屋等不动产为抵押品的贷款，贷款对象主要是城市房屋所有者或经营建筑业的企业。此外，抵押银行也接受有价证券及黄金作为贷款之抵押品。当借款人不能如期偿还贷款时，抵押银行将对抵押品予以处理，借以收回贷款本息。近年来，金融业竞争激烈，许多国家的商业银行已大量涉足不动产抵押贷款业务。而抵押银行也开始经营一般商业信贷业务，两类金融机构渐呈融合发展之势。

中国没有设立专门的抵押银行，抵押贷款业务散见于各类银行当中。

（4）政策性银行的职能

政策性银行是相对于商业银行及商业性专业银行而言的。它是政府创办的以扶持特定的经济部门或促进特定地区经济发展为主要任务，在特定的行业领域从事金融活动的专业银行。政策性银行的设立及运营是政府干预或调控国民经济的一种重要方式。

政策性银行的资金主要来源于创办时的财政拨款及发行债券或吸收一定的定期存款。政策性银行的经营不以营利为目的。

根据各国实际情况的不同，政策性银行的种类也有所不同，一般意义上讲，政策性银行主要包括农业银行和进出口银行。

①农业银行的职能。

农业银行是指在政府指导和资助下设立的专门经营农业信贷业务的银行。农业受自然因素影响大，农业部门担保和收益能力都较低，农户分散，资本需求的期限长且具有季节性，这些都决定了农业信贷的特征，即期限长、收益低、风险大。因此一般商业银行和其他金融机构都不愿经营农业信贷业务，从而使农业信贷具有了政策性金融的性质，需要由政府设立专门的金融机构为之服务。目前，世界上许多国家均设有农业政策性银行。

农业银行的信贷资金来源有两种情况：一种是完全由政府拨款，如日本的农林渔业金融公库；另一种是由国家提供初创资金，以后通过发行债券、股票以及国外借款等形式筹措长期资金，如德国的国家农业银行（兰顿银行）、美国的联邦中期信贷银行等。农业银行的资金运用包括国家政策所支持、鼓励发展的农业生产及流通的各种资金需要，有许多贷款是一般商业金融机构无法提供的长期、低息贷款。

拓展阅读3-1

中国农业发展银行全面推进乡村振兴

②进出口银行的职能。

进出口银行是政府为支持本国对外贸易而专门设立的经营对外贸易信用业务的专业银行。这类银行通常是政府的金融机构，也有半官方性质的。

一般来说，各国政府创建进出口银行的目的是促进本国商品输出，协助出口商对国外买主提供分期或延期支付，承担民间出口商和金融机构无力或不愿承担的政治及信用风险，并通过优惠信贷增强本国商品出口竞争能力。另外，进出口银行往往也是执行本国政府对外投资和援助的特定金融机构。

进出口银行的业务范围主要包括：对本国出口商贷款；对外国进口商及进口方银行贷款；对本国进口商贷款；对外国政府贷款以及对国外直接投资等。进出口银行作为政府投资设立或受政府控制的金融机构，在经营原则、信贷投向、贷款利率等方面都带有明显的政策性因素。

除上述银行机构以外，在各国的银行体系中还有外资（合资）银行。随着金融业的全球一体化不断推进，外资银行已成为各国银行体系中的重要组成部分。

此外，还有一些专业性银行。例如，专门向工业部门提供长期资金的工业银行，向农业部门提供长期资金的农业银行，为国际贸易提供长期资金的进出口银行或对外贸易银行，为房屋建筑业提供长期资金的土地银行等。上述这些银行的资金运用多为长期性放款或投资，资金来源主要是吸收定期存款和发行债券所得。

2）非银行金融机构的职能

非银行金融机构泛指中央银行、商业银行及其他专业银行以外的金融机构。这类机构通常不冠以银行的名号，而以公司、信用社或基金相称，如保险公司、证券公司、信托投资公司、资产管理公司、财务公司或金融公司、租赁公司、农村及城市信用合作社、投资基金等。

尽管银行与非银行金融机构的业务交叉和竞争早已开始，机构同质化日益明显，但就目前而论，非银行金融机构与银行相比，或其业务范围较小，或其专业性更强，规模和实力也稍显逊色。非银行金融机构就其性质而言，绝大多数是商业性的。20世纪80年代以来，随着各国金融自由化进程的加快，非银行金融机构的发展非常迅速，在金融体系中，非银行金融机构的重要性和地位不断提升。

（1）保险公司的职能

保险公司是经营保险业务的金融机构。它的主要经营活动包括财产、人身、责任、信用等方面的保险与再保险业务及其他金融业务。其资金来源为以保险费形式聚集起来的保险基金以及投资收益。资金运用则为保险赔付、政府公债、市政债券、公司股票及债券、不动产抵押贷款、保单贷款等长期投资。所以，保险公司是当代各国金融体系的重要组成部分。在许多国家，保险公司都被列为最大的非银行金融机构。

保险业是个专业性极强的行业，因此以保险标的划分的公司类别多种多样，如财产保险公司、人寿保险公司、火灾和事故保险公司、老年和伤残保险公司、信贷保险公司、存款保险公司等。在西方国家，普遍以人寿保险公司规模最大。例如，在美国的各类保险公司中，人寿保险公司发展最快，其资产约占保险公司总资产的 3/4。英国和日本都是寿险公司制度发达、寿险普及率高的国家，其中日本的寿险普及率高达 90% 以上。

（2）证券公司的职能

证券公司是指专门从事各种有价证券经营及相关业务的金融机构。作为营利性的法人企业，证券公司是证券市场的重要参与者和中介机构。在许多国家，证券公司与投资银行是同一类机构，经营的业务大体相同。

我国证券公司的主要业务内容有：代理证券发行业务；自营、代理证券买卖业务；代理证券还本付息和红利的支付；证券的代保管和签证；接受委托证券利息和红利的支付；接受委托办理证券的登记和过户；证券抵押贷款；证券投资咨询等业务。

（3）信托投资公司的职能

信托投资公司也称信托公司，它是以资金及其他财产为信托标的，根据委托者的意愿，以受托人的身份管理及运用信托资财的金融机构。

现代信托业务源于英国，但历史上最早办理信托业务的经营机构却产生于美国。在西方国家中，美、英、日、加拿大等国信托业比较发达，在这些国家，除专营信托公司外，各商业银行的信托部也经营着大量的信托业务。当今，信托公司的业务活动范围相当广泛，几乎涉足所有金融领域的业务。就其信托业务而言，主要包括两大类：第一类是货币信托，包括信托存款、信托贷款、委托存款、委托贷款、养老金信托、投资信托、养老金投资基金信托等；第二类是非货币信托，包括有价证券信托、债权信托、动产与不动产信托、事业信托、私人事务信托等。除信托业务外，一些国家的信托公司还兼营银行业务，大多数国家的信托公司兼营信托之外的服务性业务即其他业务，如财产保管（遗嘱的财产保护，父母双亡的未成年子女的财产保护，罪犯的财产保护等），不动产买卖及货币借贷之媒介，公债、公司债及股票的募集，债款及税款的代收代付，股票过户及债务清算等。

信托公司在经营信托业务的过程中，表现出来的突出特征在于其投资性，而且，信托投资、委托投资等属于信托公司的传统业务。信托公司的投资对象一般有国家及地方政府公债、不动产抵押贷款、公司债及股票等。

（4）金融资产管理公司的职能

金融资产管理公司是美国、日本、韩国等一些国家，对从金融机构中剥离出的不良资产实施公司化经营而设立的专业金融机构。

我国的金融资产管理公司，是经国务院决定设立的收购国有银行不良贷款，管理和处置因收购国有银行不良贷款形成的资产的国有独资非银行金融机构。设立金融资产管理公司是为了规范金融资产管理公司的活动，依法处理国有银行不良贷款，促进国有银行和国有企业的改革和发展。金融资产管理公司以最大限度保全资产、减少损失为主要经营目标，依法独立承担民事责任。中国人民银行、财政部和中国证券监督管理委员会依据各自的法定职责对金融资产管理公司实施监督管理。

金融资产管理公司的业务范围包括：①追偿债务；②对所收购的不良贷款形成的资产进行租赁或者以其他形式转让、重组；③债权转股权，并对企业阶段性持股；④资产管理范围内公司的上市推荐及债券、股票承销；⑤发行金融债券，向金融机构借款；⑥财务及法律咨询，资产及项目评估；⑦经管理部门批准的其他业务活动。金融资产管理公司可以向中国人民银行申请再贷款。

（5）财务公司的职能

财务公司也称金融公司，是指以经营消费信贷及工商企业信贷为主的非银行金融机构。

财务公司起源于18世纪的法国，后来在英美等国相继出现。目前，包括我国在内的世界许多国家均设有此类机构。财务公司资金的主要来源是银行贷款、发行债券筹资、卖出公开市场票据（商业本票）筹资、发行公司本身的股票及定期大额存款证筹资等。在资金运用上，或专营抵押放款业务；或依靠吸收的大额定期存款进行贷款或投资；或专营耐用品的租购及分期付款销货业务；或兼而营之。规模较大的财务公司还兼营外汇、证券包销、财务及投资咨询业务等。在西方国家，财务公司与投资银行的差别已经不大。财务公司与商业银行在贷款上的区别在于：商业银行是小额、分散借入，大额贷出；财务公司则是大额借入，小额贷出。由于财务公司同商业银行相比，实际的管制较松，因而它的业务范围仍在继续扩大，同商业银行的区别逐渐缩小。

（6）租赁公司的职能

租赁公司是通过购买大型设备再将该设备以经营租赁或融资租赁等形式出租给需要使用设备的企业的一种金融中介机构。

一般来说，融资租赁活动通过直接融物满足客户实际上的融资需要，或者说，它是融资与融物为一个统一过程的信用活动，所以租赁公司成为一国金融体系中的特殊部门。

世界各国作为金融机构的租赁公司，其组织形式主要有两种类型：第一种是银行或与银行有关的金融机构所属的租赁公司；第二种是独立经营的租赁公司。租赁公司的业务范围相当广泛，几乎涉及从单机设备到成套工程设备、从生产资料到工业产权、从工商业设施到办公设备各个领域，而且许多公司还大量经营国际租赁业务。

（7）信用合作社的职能

信用合作社是由社员自愿集资结合而成的互助合作性金融机构。信用合作社成员之间一般具有共同联系的基础，如同属于某一社会团体；同为某一公司雇员；居住在同一地区等。目前，这类机构的规模一般不大，但数量众多，分布广泛，种类多样。在世界主要国家中，日本的信用合作社尤其发达，美国的信用合作社是规模最小但发展最快的金融机构。

世界各国现行信用合作社的信用合作准则的主要内容有：入社与退社自愿；每个社员都应提供一定限额的股金并承担相应的责任；实行民主管理，权利平等，一人一票；信用合作社股票不上市；信用合作社盈利主要用于增进社员福利。以上准则，使信用合作社与股份制银行区别开来，也有效地避免了信用合作社成为被少数人控制从而谋利的企业。

信用合作社的宗旨是促进社员储蓄，并以简便的手续和较低的利率向社员提供优惠贷款。其资金来源主要是社员交纳的股金，其次是存款、公积金及借入资金。在资金运用方面，主要为社员提供短期生产贷款尤其是消费信贷。目前，一些资金充裕的信用合作社已开始为解决生产设备更新、改进技术等提供以不动产或有价证券为担保、抵押的中长期贷款。美国的信用合作社已获准投资州政府等地方政府债券。

（8）基金组织的职能

基金组织是指筹集、管理、运用某种专门基金的金融机构。基金组织起源于19世纪的英国，盛行于20世纪后特别是第二次世界大战后的美国。目前，世界各国，尤其是主要西方国家，基金组织是其现代金融体系的重要组成部分。比较重要的基金组织主要有两类，即养老（退休）基金组织和互助基金组织。

养老（退休）基金组织是向参加养老基金计划的公司雇员以年金形式提供退休收入的金融机构。其基金来源是政府部门、雇主的缴款及雇员个人自愿缴纳的款项；运用基金投资的收益。由于养老（退休）基金是按事先商定的数额提取的，其支付完全可以预测，需要的流动性很低，所以，像人寿保险公司一样，养老（退休）基金组织多投资于股票、债券及不动产等高收益资产项目。

互助基金组织也可称为投资基金组织或投资公司，它通过向许多小投资者发行股份来聚集资金，用于购买证券。通过发行小面额股份并购买大量证券这一资产转换过程，互助基金组织可以在经纪人手续费上得到大量购买证券的折扣，也可以购买和持有多样化的证券。这使小额投资者得以使其持有的证券资产多样化，从而降低购买证券的交易成本，并使风险减少。起初，互助基金只是投资于普通股票，现在，基金投资范围扩大且专门化趋势增强。例如，那些购买普通股票的互助基金可以专门投资于能源公司或者高技术公司；购买债券的基金也可以专门投资于公司债券、政府债券、免税市政债券等。

除以上所述的几种机构以外，非银行金融机构还包括消费信贷机构、邮政储蓄机构等。

当今社会金融创新不断发展，市场竞争日益激烈，各种金融机构业务不断交叉、重叠，使得原有的金融机构差异日见缩小，从而逐渐呈现出专业经营向多元化综合经营发展的趋势。

3.3 我国的金融体系

3.3.1 计划经济时期"大一统"的金融体系

在完成生产资料社会主义改造后，我国照搬苏联模式建立了高度集中的计划经济体制。与此相适应，金融机构也按照当时苏联的银行模式进行了改造，撤销、合并了除中国人民银行以外的其他银行及非银行金融机构，建立起一个高度集中统一的国家银行体系，后来我们称之为"大一统"的银行体系。

在"大一统"的银行体系中，中国人民银行是全国唯一的一家银行，它的分支机构按行政区划设于全国各地，它既是金融行政管理机关，又是具体经营银行业务的经济实体，"一身兼二任"；同时实行高度集中的信贷管理体制，信贷资金统收统支、集中管理。

"大一统"的国家银行体系，是高度集中的计划经济体制的必然产物。它适应了计划经济管理的要求，尤其在第一个五年计划期间和三年严重困难时期，发挥了应有的作用。但是这种金融体系缺乏活力，其弊端随着经济体制的转变而暴露无遗。所以，党的十一届三中全会以后，为适应我国经济体制改革的需要，我国对"大一统"的国家银行体系进行了大规模的改革。

3.3.2　金融体系的改革

我国对金融体系的改革大致可分为两个阶段。

1) 第一阶段——建立多元化的金融体系

（1）恢复和设立各银行机构

1979年2月，我国恢复中国农业银行，专营农村金融业务，同年从中国人民银行中分设出专营外汇业务的中国银行，中国人民建设银行（现中国建设银行）也从财政部分设出来。1984年，从中国人民银行中分设出中国工商银行，专营全部工商信贷业务和城镇储蓄业务。1986年，重新组建交通银行。

（2）增设非银行金融机构

1979年10月，我国成立中国国际信托投资公司；1981年2月，成立中国投资银行；1982年，中国人民保险公司从中国人民银行中独立出来；1984年以后，全国各大中城市相继成立城市信用合作社，还恢复了集体所有制性质的农村信用合作社；1990年和1991年，上海证券交易所和深圳证券交易所相继建立，随后证券机构和基金组织不断增加。

（3）中国人民银行成为中央银行

1983年9月，国务院决定中国人民银行正式行使中央银行的职能，脱离具体的银行业务，成为独立的国家金融管理机构。这一改革是我国金融体系的重大变革，标志着以中央银行为领导、多种银行和非银行金融机构并存的多元化金融体系开始建立并逐步发展起来。

2) 第二阶段——现代金融体系的建立

从1994年开始，为适应社会主义市场经济发展的需要，我国对金融体系进行了深化改革：一是强化了中央银行的宏观调控职能，增强了货币政策的独立性；继1992年剥离了其证券业监管职能以后，1998年剥离出保险业监管职能，2003年将有关金融监管的各项职责移交给当时的银监会执行，同时强化中国人民银行制定和执行货币政策、维护金融稳定和提供金融服务的职能，形成了由证监会、保监会和银监会组成的分业监管体制。目前，我国金融监管部门已形成"一行一总局一会一局"（中国人民银行、国家金融监督管理总局、证监会、国家外汇管理局）的架构。二是建立政策性银行，使得政策性金融与商业性金融相分离，保证了国家专业银行实现完全的商业化经营，完成其向国有商业银行的转轨。三是进一步发展以保险业为代表的非银行金融机构，同时从1996年起对外资银行有限地开放人民币业务，外资银行开始成为我国金融体系的组成部分。

经过上述改革，我国建立起了以中央银行为领导、国有独资商业银行为主体，多种金融机构并存，适应市场经济发展需要的现代金融体系。

3.3.3 我国现行的金融体系

我国现行的金融体系由中央银行、商业银行、政策性银行、非银行金融机构等构成。

1）中央银行

中国人民银行是我国的中央银行，是我国金融体系的核心。1995年，《中华人民共和国中国人民银行法》颁布实施，从法律上明确了其央行的职能和地位。中国人民银行的具体职责主要有：发行人民币，管理人民币的流通；依法制定和执行货币政策；持有并管理国家黄金、外汇储备；管理国库；维护支付、清算系统的正常运行，负责金融业的统计、调查、分析和预测；作为国家的中央银行从事有关的国际金融活动；承担国务院规定的其他职责。

中国人民银行的分支机构根据总行的授权履行各自的职责。1998年底，中国人民银行改变了过去按行政区划设置分支机构的做法，重新按经济区划在全国设立上海、广州、济南、南京、武汉、沈阳、西安、天津、成都九个大区分行，实行总行、大区分行、中心支行和县市支行四级管理体制。这种分支机构设置的改革有利于根据经济发展需要实施中央银行的宏观调控职能。

☑ **新闻资讯 3-1** ┈┈┈┈┈┈┈┈┈┈┈┈┈┈┈┈┈┈┈┈┈┈┈┈┈┈┈┈┈┈┈┈┈

据新华社2023年3月7日消息，根据国务院关于提请审议国务院机构改革方案的议案，统筹推进中国人民银行分支机构改革。

撤销中国人民银行大区分行及分行营业管理部、总行直属营业管理部和省会城市中心支行，在31个省（自治区、直辖市）设立省级分行，在深圳、大连、宁波、青岛、厦门设立计划单列市分行。中国人民银行北京分行保留中国人民银行营业管理部牌子，中国人民银行上海分行与中国人民银行上海总部合署办公。

不再保留中国人民银行县（市）支行，相关职能上收至中国人民银行地（市）中心支行。对边境或外贸结售汇业务量大的地区，可根据工作需要，采取中国人民银行地（市）中心支行派出机构方式履行相关管理服务职能。

2）商业银行

（1）国有控股商业银行

曾经的国有商业银行是我国金融体系的主体，包括中国工商银行、中国农业银行、中国银行、中国建设银行。2003 年 12 月，党中央、国务院决定选择中国银行、中国建设银行作为试点，运用国家外汇储备等补充资本金进行股份制改革。自 2003 年底国有商业银行股份制改革正式启动至今，除中国农业银行之外，中国工商银行、中国建设银行、中国银行已经相继完成财务重组、建立现代公司治理机制、引进战略投资者，并先后在境内外资本市场挂牌上市。通过对三家银行股改前后设定指标的对比分析可以看出，其经营绩效和竞争力获得大幅度提升，特别是在基本业绩和资产质量方面，三家银行都发生了根本性变化。目前，国有商业银行无论是在人员总数、机构网点数量还是在资产规模及市场占有份额上，都在我国整个金融领域中处于绝对的优势地位。另外，2007 年 3 月，在改革原邮政储蓄管理体制基础上组建了一家新的国有银行——中国邮政储蓄银行。2012 年 1 月，中国邮政储蓄银行整体改制为股份有限公司。2015 年 12 月，引入十家境内外战略投资者。2016 年 9 月，在香港联交所挂牌上市。2019 年 12 月，在上交所挂牌上市。

按照《中华人民共和国商业银行法》的规定，国有商业银行的业务经营范围包括：吸收公众存款；发放短期、中期、长期贷款；办理国内外结算；办理票据贴现；发行金融债券；代理发行、代理兑付、承销政府债券；买卖政府债券；从事同业拆借；代理发行、代理买卖外汇；提供信用证服务及担保；代理收付款项及代理保险业务；提供保管箱服务；经中国人民银行批准的其他业务。

（2）股份制商业银行

股份制商业银行分为全国性股份制商业银行和地方性股份制商业银行两种。

全国性股份制商业银行主要指 1986 年以后建立起来的，逐步在全国设立分支机构的股份制商业银行，包括交通银行、中信银行、招商银行、华夏银行、中国光大银行、中国民生银行、广发银行、平安银行、浦发银行和兴业银行。其中，交通银行是改革开放以后我国成立的第一家以公有制为主的全国性股份制商业银行，总行设在上海，按经济区域设置分支机构，主要集中在全国中心城市及沿海、沿江的港口城市和对外开放城市，同时在海外设立机构，是一家拥有国际金融组织股东的股份制商业银行。

地方性股份制商业银行是指在一定区域范围内经营金融业务的商业银行，如恒丰银行等。此外，从 1998 年起，由城市信用合作社合并成立的城市合作银行陆续改组为以城市命名的商业银行，成为由城市企业、居民和地方财政投资入股组成的地方性股份制商业银行。农村信用合作社分别向农村合作银行、农村商业银行转变，并建立以省级联社作为其省级管理机构的组织形式。地方性股份制商业银行以服务地方经济为主。

股份制商业银行尽管在规模、数量和人员总数上远不能与国有商业银行相比，但其资本、资产及利润的增长速度不可小视，目前已呈现出较强的经营活力和增长势头。股份制商业银行已成为我国银行体系中的一股重要力量。

3）政策性银行

1994 年，本着政策性金融和商业性金融相分离的原则，我国设立了三家政策性银行，即国家开发银行、中国农业发展银行和中国进出口银行。这三家政策性银行都是直属国务院领导的，总行都设在北京，中国农业发展银行在省（市）、地（市）、县（市）设有一级和二级分行及支行。国家开发银行和中国进出口银行只在国内少数城市设立分支机构。

（1）国家开发银行

国家开发银行成立于1994年3月17日，是直属国务院领导、政府全资拥有的国有政策性银行。成立以来，国家开发银行认真贯彻国家宏观经济政策，发挥宏观调控职能，支持经济发展和经济结构战略性调整，在关系国家经济发展命脉的基础设施、基础产业和支柱产业重大项目及配套工程建设中，发挥长期融资领域主力银行的作用。

（2）中国农业发展银行

中国农业发展银行成立于1994年11月，其主要任务是以国家信用为基础，筹集农业政策性信贷资金，承担国家规定的农业政策性金融业务，代理财政支农资金的拨付，为农业和农村经济发展服务。目前，在粮食流通体制改革的过程中，中国农业发展银行的业务主要集中于发放农副产品收购贷款，其资金来源除国家财政拨款外，主要面向金融机构发行金融债券。

（3）中国进出口银行

中国进出口银行成立于1994年，其主要任务是执行国家产业政策和外贸政策，为扩大机电产品和成套设备的出口提供政策性金融支持。

2007年1月召开的全国金融工作会议决定，推进国家开发银行、中国农业发展银行和中国进出口银行三大政策性银行改革。其中，首先推进国家开发银行改革，按照建立现代金融企业制度的要求，全面推行商业化运作，自主经营、自担风险、自负盈亏，主要从事中长期业务。

2008年12月，经国务院批准，国家开发银行整体改制成国家开发银行股份有限公司，当日在京挂牌成立，国家开发银行股份有限公司成为第一家由政策性银行转型而来的商业银行，标志着我国政策性银行改革取得重大进展。

新成立的国家开发银行股份有限公司继承原国家开发银行的全部资产、负债、业务、机构网点和员工，注册资本3 000亿元，财政部和中央汇金投资有限责任公司分别持有国家开发银行股份有限公司51.3%和48.7%的股权。2017年4月19日，名称变更为"国家开发银行"，组织形式变更为有限责任公司。截至2017年底，资产总额为15.96万亿元，贷款余额为11.04万亿元；净利润为1 136亿元，资本充足率为11.57%。国家开发银行虽然名称进行了更改，发展战略也不断调整，但始终牢记增强国力、改善民生的使命。

4）非银行金融机构

（1）保险公司

改革开放以来，我国的保险业得到了迅猛发展，机构数量不断增加。经历了20世纪80年代中期中国人民保险公司独家经营保险业务期、90年代初期（中国人民保险、太平洋保险和平安保险）三足鼎立期、90年代中后期保险机构的多元化发展时期，1996年7月，经国务院批准，中国人民保险公司改组为中国人民保险（集团）公司，下设中保财产保险有限公司、中保人寿保险有限公司和中保再保险有限公司，实行产、寿险分业经营。1998年10月，中保财产保险有限公司更名为中国人民保险公司；中保人寿保险有限公司更名为中国人寿保险公司；中保再保险有限公司更名为中国再保险公司；将中保集团所属的其他海外经营性机构全部划归香港中国保险（集团）有限公司管理。截至 2018 年，我国境内共有 91 家人身保险公司，其中中资 63 家，外资 28 家。

（2）证券公司

我国证券公司是在 20 世纪 80 年代伴随经济改革和证券市场的发展而诞生的。最初多是由某一家金融机构全资设立的独资公司，或是由几家金融机构、非金融机构以入股的形式组建的股份制公司。《中华人民共和国证券法》规定，国家对证券公司实行分类管理，分为综合类证券公司和经纪类证券公司，同时规定，综合类证券公司可经营的业务范围包括：证券经纪业务、证券自营业务、证券承销业务和中国证监会规定的其他证券业务；经纪类证券公司只允许专门从事证券经纪业务。

随着我国国有企业的股份制改造及更多公司有上市的需要，证券公司将会得到迅速发展。目前，我国规模较大的证券公司主要有中信证券公司、广发证券公司、国泰君安证券公司和海通证券公司等。

（3）信托公司

1979 年 10 月，我国成立了第一家信托公司——中国国际信托投资公司，此后，金融信托业在全国范围内迅猛发展。中国信托机构体系由两类机构组成：第一类是银行系统的信托公司，包括中国工商银行、中国农业银行、中国银行及中国建设银行等系统的信托公司。第二类是政府部门主办的信托公司，具体包括中央政府主办的信托公司以及地方政府主办的信托公司等。但信托公司存在着功能定位不清、发展方向不明等不规范问题。1998 年，中国人民银行对信托业进行了全面的清理整顿，规范后的信托公司主要经营资金、动产、不动产信托，基金管理及兼并重组，企业财务顾问等业务。信托公司以手续费、佣金等为主要收入来源，从而使信托真正成为受人之托、代人理财的非银行金融机构。2013 年以来，我国信托公司的数量一直稳定在 68 家。这 68 家信托公司的股东背景各有不同，这也会影响其业务风格。具体来看，这些信托公司有四类：16 家由央企控股，13 家由金融机构控股（包括金控集团、AMC 和银行），29 家由地方控股，10 家由民营企业控股。

（4）金融资产管理公司

1999 年 4 月 20 日，我国第一家经营商业银行不良资产的公司——中国信达资产管理公司在北京宣告成立。同年 8 月 3 日，华融、长城、东方三家资产管理公司同时宣告成立。它们分别负责处置建行、工行、农行和中行的不良资产，通过综合运用出售、置换、资产重组、债转股和证券化等方法，对不良贷款及抵押品进行处置，实际上还是从事投资银行业务。

组建金融资产管理公司是我国金融体制改革的一项重要举措，对防范和化解金融风险，依法处置国有商业银行的不良资产，加强对国有商业银行经营状况的考核，促进我国金融业的健康发展具有重要意义。《金融资产管理公司条例》已经于 2000 年 11 月 1 日经国务院第三十二次常务会议通过，2000 年 11 月 10 日公布，并于公布之日起施行。

✓　**新闻资讯 3-2** --

四大资产管理公司 2023 年工作重点

一是全力支持经济运行整体好转。把支持恢复和扩大消费摆在优先位置。做好对投资的融资保障，支持社会领域加快补短板。不断优化进出口贸易金融服务。大力发展普惠金融，全面推进乡村振兴。

二是努力促进金融与房地产正常循环。坚持"房住不炒"定位，落实"金融十六条"措施，"因城施策"实施差别化信贷政策，推动房地产业向新发展模式平稳过渡。

三是加快推动中小银行改革化险。积极稳妥推进城商行、农信社风险化解，稳步推进村镇银行改革重组。鼓励多渠道补充中小银行资本。

四是统筹推进保险公司回归本源和风险处置。坚决整治恶性竞争乱象，研究出台保险公司监管评级和分类监管制度。

五是积极推动信托等非银机构聚焦主业转型发展。引导信托公司发展本源业务，持续拆解"类信贷"影子银行。加快推进金融资产管理公司改革。

六是有效应对信用风险集中反弹。督促银行机构做实资产分类，加大不良资产处置力度。积极配合化解地方政府债务风险。

七是强化金融机构治理体系建设。推动党的领导与公司治理深度融合。做好股东资质穿透审核和股东行为穿透监管。研究构建符合中小机构特点的差异化公司治理监管制度。发挥金融人才库作用，推动选优配强中小银行保险机构领导班子。切实加强投资者保护。

八是持续提升监管有效性。健全金融法治。完善全流程全链条审慎监管。提升监管数字化智能化水平。依法将各类金融活动全部纳入监管。

九是不断扩大高水平对外开放。稳步扩大银行业保险业制度型开放。持续提升金融服务共建"一带一路"水平。积极参与国际金融治理。

（5）财务公司

我国的财务公司一般是由企业集团内部集资组建的，为企业集团内部提供融资服务，其主要业务有存款、贷款、结算、票据贴现、融资性租赁、代理发行有价证券等。2018—2021年，我国财务公司行业机构数量和资产负债规模保持良好的增长态势。财务公司行业法人机构数量不断上升。截至2021年12月末，全国企业集团财务公司共计255家；财务公司行业资产规模达到了8.58万亿元，同比增长9.79%。负债规模为7.47万亿元，同比增长11.23%。财务公司作为非银行金融机构，主要服务企业集团，基本覆盖关乎国计民生的重要行业，其机构数量、资产负债规模不断增长是我国实体经济不断发展的重要体现。因我国目前的财务公司业务限定于企业集团内部，所以在非银行金融体系中并不占重要位置。但作为实际的金融机构，业务活动必须接受金融监管部门的管理，公司可以同银行及其他金融机构建立同业往来关系。

（6）租赁公司

中国的金融租赁业起始于20世纪80年代。中国租赁公司的业务经营方式同其他国家大致相同。租赁业务种类及相关内容详见第5章。

（7）外资金融机构

2006年12月11日是中国金融史上的关键时刻，中国加入WTO之后的所有过渡性措施到期，中国金融业全面对外开放。银行业对外开放措施为外资银行提供了平等的发展环境，中国经济持续稳定也为外资银行发展提供了良好的经营基础。与入世前相比，外资银行的机构设置和业务经营均得到良好发展，已成为中国银行体系的有机组成部分。越来越多的外资金融机构纷纷进入中国金融市场，在促进中国金融业竞争与发展、支持中国经济建设等方面发挥着重要作用。

目前，在我国境内设立的外资金融机构主要分为两类：一类是外资金融机构的代表处，进行工作洽谈、联络、咨询、服务等，不从事任何直接营利的业务活动；另一类是外资金融机构设立的营业性机构，包括独资银行、外国银行分行、合资银行、外资非银行金融机构等。

截至 2023 年底，外资银行共设立了 41 家法人银行、116 家外国银行分行及港澳台银行分行和 132 家代表处，营业性机构总数量已经有 888 家，总资产已达 3.86 万亿元。境外保险机构在境内已经设立了 67 家营业性机构和 70 家代表处，外资保险公司总资产达到 2.4 万亿元，在境内保险行业市场份额已经占到 10%。外资金融机构深度参与中国经济金融发展和金融市场运行，已经成为中国金融业一支非常重要的力量。

目前，我国金融机构体系的构成如图 3-1 所示。

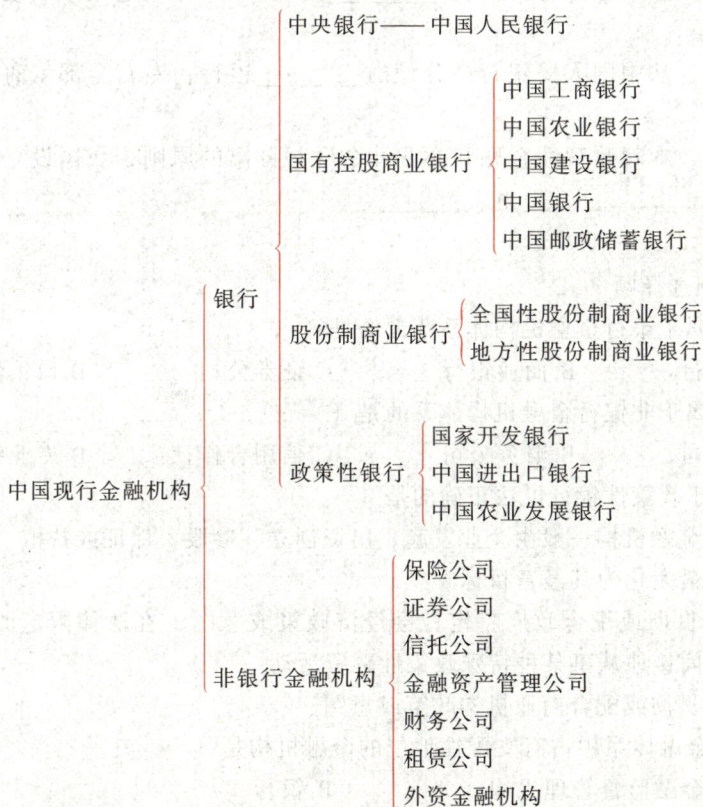

```
                    中央银行——中国人民银行

                                    ┌ 中国工商银行
                                    │ 中国农业银行
                        国有控股商业银行 ┤ 中国建设银行
                                    │ 中国银行
                                    └ 中国邮政储蓄银行

              银行                    ┌ 全国性股份制商业银行
                        股份制商业银行 ┤
                                    └ 地方性股份制商业银行

                                    ┌ 国家开发银行
中国现行金融机构        政策性银行     ┤ 中国进出口银行
                                    └ 中国农业发展银行

                                    ┌ 保险公司
                                    │ 证券公司
                                    │ 信托公司
              非银行金融机构          ┤ 金融资产管理公司
                                    │ 财务公司
                                    │ 租赁公司
                                    └ 外资金融机构
```

图 3-1　中国金融机构体系

本章自测题

一、填空题

1. 世界上第一家股份制银行是 1694 年在英国成立的_____银行，该银行的成立标志着现代商业银行的诞生。

2. 金融机构一般划分为_____和_____两大类。

3. _____是在一国金融体系中居于主导地位的金融中心机构。它是负责制定和执行国家货币信用政策，实行金融管理和监督，控制货币流通与信用活动的金融中心机构。

4. 政策性银行的设立及其运营是_____干预或调控国民经济的一种重要方式。

5. 现代信托业务源于_____，但历史上最早办理信托业务的经营机构却产生于美国。

6. 信用合作社是由社员自愿集资结合而成的_____性质的金融机构。

7. 在"大一统"的银行体系中，_____是全国唯一的一家银行，它的分支机构分设于全国各地。

8. 1984 年，从中国人民银行中分设出_____银行，专营全部工商信贷业务和城镇储蓄业务。

9. 1994 年，本着政策性金融和商业性金融相分离的原则，我国设立了三家政策性银行，即_____、_____和_____。

二、选择题

（一）单项选择题

1. 下列不属于银行金融机构体系范围的是（　　）。

A. 中央银行　　　　B. 商业银行　　　　C. 证券公司　　　　D. 政策性银行

2. 下列不属于非银行金融机构体系的是（　　）。

A. 保险公司　　　　B. 财务公司　　　　C. 信用合作社　　　　D. 专业银行

3. 下列关于政策性银行说法正确的是（　　）。

A. 政策性金融机构一般由企业发起、出资创立、参股、保证或扶植

B. 以利润最大化为其经营目标

C. 专门为贯彻或配合政府特定社会经济政策或意图，在法律限定的业务领域内，直接或间接地从事某种特殊政策性融资活动

D. 专门为贯彻或配合商业机构政策或意图

4. 在整个金融体系中占有支配性地位的金融机构是（　　）。

A. 银行业金融监督管理机构　　　　　　B. 银行

C. 信托机构　　　　　　　　　　　　　D. 保险机构

5. 历史上首先以"银行"为名的是（　　）。

A. 英格兰银行　　　　　　　　　　　　B. 北美银行

C.威尼斯银行   D.中国人民银行

（二）多项选择题

1.投资银行的主要业务包括（   ）。

A.为工商企业代办发行与包销证券   B.发放中长期贷款

C.经营外币买卖与存款   D.提供投资及财务咨询服务

2.开发银行可分为（   ）。

A.国际性开发银行   B.区域性开发银行

C.本国的开发银行   D.社区银行

3.下列属于银行金融机构的有（   ）。

A.中央银行   B.商业银行

C.专业银行   D.政策性银行

4.以下关于政策性银行特征的描述中，正确的有（   ）。

A.与政府关系紧密   B.特殊的融资原则

C.以利润最大化为原则   D.业务领域基本固定

5.专业银行的主要种类包括（   ）。

A.开发银行   B.储蓄银行

C.不动产抵押银行   D.投资银行

6.我国综合类证券公司可经营的业务有（   ）。

A.证券经纪业务

B.证券自营业务

C.证券承销

D.经中国证券监督管理委员会规定的其他证券业务

三、判断题

1.金融机构最典型的形态是储蓄银行。   （   ）

2.金融体系是指相互作用和相互依赖的若干个金融机构或单位组合而成的、具有规定功能的整体。   （   ）

3.投资银行的资金主要是通过存款筹集的，发行本行股票和债券只起辅助作用。

（   ）

4.银行业起源于货币兑换业。   （   ）

5.非银行金融机构泛指中央银行、商业银行及其他专业银行以外的金融机构。

（   ）

6.“大一统”的国家银行体系，是高度集中的计划经济体制向市场经济体制过渡时期的必然产物。   （   ）

7.1991年，上海证券交易所和深圳证券交易所建立。   （   ）

8.信用合作社的宗旨是促进社员储蓄，并以简便的手续和较低的利率向社员提供优惠贷款。   （   ）

四、简答题

1. 简述投资银行与商业银行的区别。

2. 简述信用合作社信用合作准则的主要内容。

3. 简述我国金融机构体系。

五、实训题

实训项目：分析我国金融机构发展的新动向。

实训目的：通过对我国金融机构发展的新动向的分析，了解我国金融机构发展的现状，分析我国金融机构的变革对经济产生了哪些影响。

实训步骤：

（1）搜集近五年来我国金融机构发展情况的资料。

（2）分组进行数据整理，分析我国金融机构变革的原因。

（3）分析我国金融机构的变革对经济产生了哪些影响。

（4）汇报分析结果。

第4章
商业银行

学习目标

知识目标：掌握商业银行的产生、性质、职能，商业银行的四大类业务，商业银行经营管理的原则和方法。

技能目标：能分析商业银行的功能及功能发挥所产生的作用；能分析盈利性、流动性和安全性的矛盾与协调关系；能够用风险管理理论分析商业银行风险管理状况；能够用现代的经营理念对我国商业银行进行简单的评价与分析，提出自己的设想。

素质目标：结合商业银行的性质、功能阐述传输给学生坚守职业操守的思想，让学生养成良好的职业素养。

引 例

时空大数据：让商业银行也用上自己的"导航"

随着新一轮科技和产业革命的兴起，全球经济形态正逐步向数字化转型，数字化技术的广泛应用和互联网金融的蓬勃发展使得传统银行的信息壁垒被打破，金融与科技的边界愈发模糊，结合也越来越紧密。

在传统银行零售及信贷业务方面，在银行业金融机构重点支持的乡村振兴、普惠金融等领域，在银行业逐渐发力的场景金融等方面，银行的数字化转型正逐步实现成果转化与赋能。同时，银行能够充分使用数字化技术外溢来提高内部运作效率和风险管理能力，从而降低商业银行的风险承担水平，收敛银行业系统风险。

数字化发展同样体现在地图技术上。从传统的纸质地图到数字地图，从简单的指路功能到如今给出行、参观等日常生活的方方面面提供参考……随着科技的不断进步，数字地图技术为地图的呈现与应用带来了全新的可能性。

以高德地图为例，作为国内一家数字地图内容、导航和位置服务解决方案提供商，目前，高德地图基于丰富的地图生态，形成了业内具有独特价值的时空大数据服务体系。在金融行业数字化转型浪潮下，有意将技术应用于实际、为经济社会发展赋能的高德地图，凭借多年来的经验，在基础能力、产品服务、场景方案上深度积累，形成了面向金融机构企业信贷各个业务场景的支撑能力。

具体来看，高德地图面向金融行业提供时空大数据底座，并协助金融机构在保证数据安全的前提下，通过镜像高德地图的基础能力形成一套内部的地图中台，支持各项业务的数字化转型；同时，基于高德地图的生态场景形成了时空大数据服务，能够为商业银行在消费金融、普惠金融、乡村振兴等企业信贷热门业务场景中，提供有价值的信息参考。

近期，一场以时空大数据赋能商业银行数字化转型为主题的研讨会，向大家展示了地图服务公司基于数据能力赋能银行数字化转型的新方式。

与会银行业人士认为，以数字地图技术和数据能力赋能银行数字化转型及业务发展，在乡村振兴领域大有可为。"现阶段，我国虽不乏成立时间较长的农村商业银行，但业务拓展能力有限。并且，随着大数据技术的快速发展，以往农商行依靠人力来拓展业务的方式受到很大冲击，不仅成本高，也不再有经营和竞争优势。同时，农商行还面临着大型银行下沉服务重心的竞争压力，因此迫切需要依托当地实际情况，进行数字化转型升级，将时空大数据运用其中，提升经营服务质效。"某农商行业内人士表示。

在规模较小的银行不具备资金和技术能力单独开发数字化转型发展所需要的"硬件设备"时，依托专业第三方来将标准化产品进行特色化改造就成了最好的选择。"近年来，我们持续加大在科技方面的投入，但跟大型银行相比，力量仍然显得薄弱。我们也在发展过程中认识到，专业的事还是应该交给专业的人来做，这样不仅能够降低我们的研发成本，还能够将技术更加快速地与我们的业务进行匹配，将科技与金融更完美结合起来，更好地服务社会民生、服务经济发展。"上述农商行业内人士表示。

研讨会上，不同领域的专家纷纷从自己的专业领域畅谈了数字地图技术和银行业数字化转型的可行结合方式。会上，高德地图的方案架构师就公司提出的基于数据能力赋能银行数字化转型总体方案进行了解读。他们首先介绍了高德在消费金融场景上比较成熟的数据赋能能力，并提出能够将这项能力运用于协助银行机构在当前合规监管要求下实现降本增效。其次，方案架构师从营销数字化到数智化方案进行了详细讲解，并结合人、地数据落地银行小微场景的案例进行深度剖析，特别是针对目前深度缺乏行业化数据的普惠金融业务。高德地图表示，能够利用其在小微业务场景数据的天然优势，协助银行机构补充下沉客群的行业数据，以高德地图现有小微业务场景落地案例为基础，为银行机构带来地图视角下的普惠金融解题新思路。此外，高德地图还从时空大数据助力金融风控新应用角度深度阐析高德地图在金融风控场景的业务架构及应用案例。

事实上，在现阶段，商业银行数字化转型能够与时空大数据结合的场景还有很多。

研讨会上，专家表示，商业银行数字化转型关键之一是从数字化到数智化，银行数智化发展核心是建设具有银行业务特色决策引擎系统，通过决策引擎系统将数据转化成生产力。他将数据比作石油，决策引擎比作发动机，"数据+决策引擎"将逐步应用到银行业务的智慧化经营、智慧化客群营销、智慧化风控中。其中，银行数字化营销将快速进入数智化营销时代。

资料来源：左希．时空大数据：让商业银行也用上自己的"导航"［EB/OL］．［2024-03-25］. https：//www.financialnews.com.cn/kj/202308/t20230814_276932.html.

这一案例表明：科技的快速发展，让人们见证并体验了很多美好生活。而科技与金融相结合，在便利银行开展业务的同时，也为客户带来更好的服务体验。并且，科技还具有能够将两个看似完全不相关的事物进行联结的独特魅力。正如时空大数据与银行业务相结合能够更好赋能银行业务发展一样，希望未来金融科技与金融服务的有机结合，给我们创造更多更美好的生活场景。

4.1　商业银行的产生与发展

4.1.1　商业银行的产生

货币产生以后，由于不同国家和不同地区流通着不同种类的货币，所以在商品交换中产生了货币的兑换问题，逐渐有一部分商人从普通商人中分离出来专门从事货币的兑换业务，即把不同国家和地区的铸币兑换成金块和银块，或兑换成本国铸币、本地区铸币。后来，这些铸币兑换商又进而为各种商人办理货币的保管业务，同时受商人委托兼办货币收付、结算、汇兑等中间业务。这样，简单的货币兑换业就开始演变成了货币经营业，货币经营业是早期银行的前身。

货币经营业适应了商品交换的需要，业务逐步得到广泛的发展，在货币经营者的手中也逐渐聚积起了大量的货币，其中一部分并不需要立即支付，出现了暂时的闲置，于是货币经营者就把这部分货币贷放出去赚取利息收入。同时，社会上也有越来越多的人把货币存放在货币经营者手中以获取利息收入。这种在货币经营基础上产生的存款、贷款业务的出现和发展，使货币经营业转变成了早期的银行业。从历史上来看，银行一词起源于意大利。早期银行首先在意大利产生，而后在欧洲其他国家逐渐兴起，如1580年成立的威尼斯银行、1609年成立的阿姆斯特丹银行、1619年成立的汉堡银行等。早期银行是高利贷性质的银行，而不是现代意义上的银行。

现代银行是伴随资本主义生产方式的产生和发展而出现的。早期银行的规模小、利息高，既不能满足新兴资产阶级扩大再生产的需要，也不能实现他们获得适当利润的愿望。新兴的资产阶级与高利贷者展开了斗争，并着手建立自己的银行——现代资本主义性质的银行。

现代银行基本上通过两条途径建立起来：①旧的高利贷性质的银行逐渐适应新的经济条件，演变为资本主义银行。②新兴的资产阶级根据资本主义经济发展的需要，按照资本主义原则，以股份制形式组建而成。股份制银行资本雄厚、规模大、利率低，逐渐发展成了资本主义银行的主要形式。世界上第一家股份制银行是1694年在英国建立的英格兰银行，它的成立标志着现代银行的诞生。虽然英格兰银行后来由于职能的变化逐渐演变为英国的中央银行，但它为近代商业银行树立了榜样，揭开了银行发展史上的新篇章。

与早期银行相比，现代银行具有三个特点：①利率水平适当。现代银行的贷款利率低于平均利润率，从而推动了资本主义的扩大再生产。②业务范围拓展。早期银行只是简单的信用中介，从事传统的存款、贷款、结算等业务。现代银行还发行银行券，代客办理信托、投资、信用证等，为客户提供多元化服务。③具有信用创造功能。信用创造是现代银行最本质的特征。（信用创造含义及过程在第7章中进行分析）

4.1.2　商业银行的发展

1）商业银行的发展模式

从历史上看，虽然资本主义各国社会生产发展的环境和商业银行产生的条件不同，业务经营的范围和特点存在一定的差异，但商业银行的发展大致遵循两种模式。

（1）传统式的英国模式

英、美国家商业银行的贷款仍以短期商业性贷款为主。这一传统在英国形成，有其历史原因。英国是最早建立资本主义制度的国家，也是最早建立现代股份制的国家，所以英国的资本市场比较发达，企业的资金主要通过资本市场来募集；另外，直到工业革命初期，企业生产设备比较简单，所需长期占用资本在总资本中占的比重小，这部分资本主要由企业通过在资本市场筹集资金来提供，很少向银行贷款。而从银行来讲，早期的商业银行处于金属货币制度下，银行的资金来源主要是流动性较大的活期存款，银行本身的信用创造能力有限。为了保证银行经营的安全，银行也不愿意提供长期贷款。这种对银行借贷资本的供求状况决定了英国商业银行形成了以提供短期商业性贷款为主的业务传统。

这种业务经营方式的优点是银行能较好地保持清偿能力，经营的安全性较高；缺点是银行的业务发展受到限制。世界上的许多国家，尤其是资本市场发达国家，其商业银行的发展基本上都沿着英国式发展路径，以提供短期资金融通业务为主。

（2）综合式的德国模式

按照这一传统发展的商业银行，除了提供短期商业性贷款外，还提供长期贷款，甚至直接投资于企业股票与债券，为公司包销证券，参与企业的决策与发展，逐步成为向企业并购提供财务支持和财务咨询的投资银行。至今，不仅德国、瑞士、奥地利等少数国家仍一直坚持这一传统，而且美国、日本等国的商业银行也开始向这种综合性银行发展，特别是在混业经营已成为金融业发展趋势的今天，越来越多的国家商业银行均朝着综合性银行方向发展。

这种银行的优点是有利于银行开展全方位的业务经营活动，充分发挥商业银行在国民经济活动中的作用；缺点是会加大银行经营风险，对银行经营管理提出更高的要求。

2）商业银行的经营发展趋势

信息技术的发展以前所未有的广度和深度对银行业务经营产生意义深远的影响。20世纪80年代以来，我国商业银行的组织体系的形成，竞争的兴起，经营方式和竞争格局的变化，主要是由渐进的经济金融体制市场化改革推动的。而全球商业银行竞争方式和竞争格局的变化，则更多地受到金融自由化、电子化和信息化的影响。随着中国加入世贸组织，我国商业银行正逐渐融合到全球商业银行的发展趋势之中，其发展呈现出以下趋势：

（1）银行经营电子化

随着科学技术的飞速发展，商业银行对电脑的依赖程度越来越高，银行以电子化方式自动处理日常业务，包括电子计算机、数据库、网络通信、电子自动化金融工具和商业结算机具联网组成的电子银行业务处理系统。一切可程序化的业务都可以并不断以创新的形式纳入电子化处理和服务体系。

（2）银行资产证券化

20世纪80年代中期以来，西方商业银行业务经营出现了证券化的趋势。主要表现在两个方面：第一，国际金融市场上筹资方式的证券化，即传统型的银行信贷越来越多地被各种各样的证券融资所取代；第二，商业银行通过把资产（如偿还期较长的银团贷款、项目贷款、出口信贷等）转换为证券的方式，出售给投资者。这样可以很快收回贷款资金，加快资金的周转。

（3）机构网点虚拟化

随着银行业务处理自动化、电子化、网络化，一大批电子化的金融服务机具逐渐取代人工，成为银行前台服务的主要形式。这就导致传统的银行网点朝无人化和无形化两个方向变化，最终实现完全虚拟化。

（4）业务经营综合化

由于金融业竞争激烈，金融工具不断创新，金融管理制度不断放宽，商业银行逐渐突破了与其他金融机构之间分工的界限，走上了业务经营"全能化"的道路。目前商业银行在传统的存、放、汇业务方面实行了多样化经营。在金融电子化和金融产品创新的推动下，传统商业银行正迅速向综合服务机构转变，业务服务范围扩展至社会生活的各个领域。在商业银行与其他金融机构进行合并、兼并或收购控股的条件下，商业银行逐渐发展成为集银行、证券、投资、保险等业务于一身的金融集团，真正成为无所不能的

"金融百货公司"。

（5）金融活动全球化

它是经济全球化的组成部分，使资金在全球范围内流动，体现了金融机构的跨国经营、金融市场的全球联动、金融产品的全球运用和货币的全球化趋势。可以预见，在不久的将来，全球银行业可以通过互联网的公共商务系统实现联网，实现商业银行的全球化服务。

4.2 商业银行的性质、职能与组织制度

4.2.1 商业银行的性质

从商业银行的产生和发展历史看，商业银行的性质可以归纳为以追求利润为目标，以经营金融资产和负债为对象，具有综合性服务功能的金融企业。商业银行的基本性质也就是其经营的商业性，可以从几个层次来理解：

（1）商业银行是一种企业，它具有现代企业的基本特征

商业银行的经营目标和经营原则与一般工商企业一样，也具有业务经营所需的自有资金，也需独立核算、自负盈亏，也要把追求最大限度的利润作为自己的经营目标。获取最大限度的利润是商业银行产生和发展的基本前提，也是商业银行经营的内在动力。就此而言，商业银行与工商企业没有区别。

（2）商业银行与一般的工商企业有所不同，它是一种特殊的企业

商业银行的特殊性主要表现在：

① 商业银行的经营对象和内容具有特殊性。一般工商企业经营的是物质产品和劳务，从事商品生产和流通；而商业银行是以金融资产和负债为经营对象，经营的是特殊的商品——货币和货币资本，经营内容包括货币收付、借贷以及各种与货币有关的或者与之联系的金融服务。

② 商业银行对整个社会经济的影响和受社会经济的影响特殊。商业银行对整个社会经济的影响要远远大于任何一个一般的工商企业，同时商业银行受整个社会经济的影响也较任何一个一般的工商企业更为明显。

③ 商业银行责任特殊。一般工商企业只以营利为目标，只对股东和使用自己的产品的客户负责；商业银行除了对股东和客户负责外，还必须对整个社会负责。

（3）商业银行是一种特殊的金融企业

① 商业银行有别于国家的中央银行。中央银行是国家的金融管理当局和金融体系的核心，具有较高的独立性，其不对客户办理具体的信贷业务，不以营利为目的。而商业银行的业务经营则具有很强的广泛性和综合性，它经营一切零售和批发业务，为客户提供全面的金融服务，特别是具有信用创造的功能以及它在国民经济中的作用，是其他金融机构所无法比拟的。随着各国金融管制的放松，各种金融机构的业务相互交叉，竞争加剧，混业经营的趋势越来越明显，但从整体来看，商业银行仍然保持着自己的特点，在金融体系中发挥重要作用。

② 商业银行有别于专业银行和非银行金融机构。专业银行和各种非银行金融机构只限于办理某一方面或几种特定的金融业务，业务经营具有明显的局限性。而商业银行是金融体系的主体。由于具有综合性、多功能的特点，商业银行成为国民经济中间接融资的主体，成为工商企业中短期资金的主要供给者。商业银行除了自身发放证券、代客进入证券市场外，还通过购买工商企业股票成为控股公司的直接参与者。

正因为商业银行具有上述特征，它客观上承担了特殊的社会责任，成为中央银行宏观调控的主要机构。这是因为中央银行在运用其宏观调控手段（即存款准备金、再贴现政策和公开市场业务）对经济进行调控时，商业银行对中央银行的调控手段反应最灵敏，中央银行的货币政策直接影响商业银行的经营和运作。与此同时，商业银行通过执行中央银行的宏观调控政策，调整自身的经营和运作，间接发挥了宏观调控的作用，也保证了中央银行货币政策的实施，从而客观上履行了其特殊的社会责任。因此，商业银行是现代经济的核心。

4.2.2　商业银行的职能

商业银行作为一国经济中最重要的金融中介机构，具有不可替代的作用。商业银行在现代经济中的职能主要表现在以下几个方面：

1）信用中介职能

信用中介职能是商业银行最基本、最能反映其经营活动特征的职能。通过负债业务，把社会上的闲散资金集中到银行里来，再通过资产业务把资金投放到国民经济的各个部门，在借贷之间充当中间人的角色。商业银行通过信用中介职能，在资金所有权不发生转移的情况下，使闲置的资金资源得到最大程度的利用。

商业银行发挥信用中介职能，对社会经济产生巨大的促进作用。

① 通过信用中介职能，商业银行把社会再生产过程中暂时闲置的货币转化为生产资金，从而在不增加社会货币资金总量的情况下，增加货币资金的使用量，进而扩大了社会再生产的规模，提高了整个社会货币资金的使用效率。

② 信用中介职能通过储蓄形式，把社会各阶层居民的小额货币收入集中起来，形成巨大的资金力量，从而扩大了社会生产与流通中的资金数量，有力地推动了社会再生产的增长。

③ 信用中介职能还能有效地发挥优化资源配置的作用。商业银行根据国家产业政策和自身的经济利益，合理分配和贷放资金，把货币资金由效益低的部门引向效益高的部门，有利于调整产业结构，优化社会的资源配置。

2）支付中介职能

商业银行的支付中介职能是建立在信用中介职能基础上的，支付中介也是商业银行传统的业务经营活动之一。商业银行在办理负债业务的基础上，通过代理客户支付货款和费用、兑付现金等，逐渐成为工商企业、社会团体和个人的货币保管人、出纳人和支付代理人。在现代经济中，商业银行成为支付体系的中心。

商业银行支付中介职能的发挥，大大减少了现金的使用，节约了社会的流通费用，加速了资金的结算过程和货币资金的周转，促进了社会经济的发展和效率的提高。与此同时，支付中介职能也使得商业银行有了更广大的资金来源和客户基础，增加了业务收入。

3）信用创造职能

在不兑换的纸币流通制下，由于活期存款属于货币范畴，而活期存款又只能由商业银行来经营，因此，商业银行只要具有了创造活期存款的能力，就有了创造货币的能力。商业银行创造活期存款，进而创造货币的能力，主要来自这样一种机制：当商业银行吸收了一笔原始活期存款并将其贷放出去后，在支票流通和转账结算的基础上，贷款又会转化为存款，从而增加了商业银行的资金来源，使商业银行系统形成数倍于原始活期存款的派生活期存款。

4）金融服务职能

随着社会分工的逐步加深，原本需要企业自身处理的一些货币业务开始向商业银行转移，如代发工资、代理支付其他费用等。同时，由于个人消费也由原来的钱物交换发展为转账结算，因而，个人需要商业银行提供服务的机会也越来越多。从商业银行自身条件来看，由于它具有社会联系面广和信息比较灵通的优势，因而，向企业和个人提供信息服务、咨询服务及理财服务并不困难。在当前商业银行竞争日趋激烈的情况下，商业银行也需要通过提供金融服务来扩大其资产负债业务，所以，金融服务已成为现代商业银行的一项重要职能。

知识链接 4-1

影子银行

影子银行系统（the shadow banking system）的概念由美国太平洋投资管理公司执行董事麦卡利首次提出并被广泛采用，又称为平行银行系统（the parallel banking system），它包括投资银行、对冲基金、货币市场基金、债券、保险公司、结构性投资工具（SIV）等非银行金融机构。"影子银行"的概念诞生于2007年的美联储年度会议。

"影子银行"是美国次贷危机爆发之后所出现的一个重要金融学概念。它是通过银行贷款证券化进行信用无限扩张的一种方式。这种方式的核心是把传统的银行信贷关系演变为隐藏在证券化中的信贷关系。这种信贷关系看上去像传统银行，但仅是行使传统银行的功能而没有传统银行的组织机构，即类似一个"影子银行"体系。

4.2.3 商业银行的组织制度

商业银行的组织制度又称为其组织形式，是指其分支机构的设置和相互关系的状况。由于具体国情不同，各国商业银行组织形式有其各自不同的特点，主要有单一银行制、分支银行制、银行持股公司制和连锁银行制等。

1）单一银行制

单一银行制又称独家银行制，是指一家商业银行政府只允许其设立一个营业机构，全社会所有银行业务都是由彼此独立的商业银行来经营。目前在西方发达国家，只有美国实行的是单一银行制。这是因为美国是一个各州独立性很强的联邦制国家，在历史上，各州经济发展很不平衡，尤其是东西部差距很大。为了促使经济均衡发展，鼓励中小企业的成长，各州都采取了许多措施来限制金融权力的集中，反对银行兼并及在不同州之间的相互渗透。1972 年美国开始实施的《麦克法登法案》（McFadden Act）就禁止商业银行开设分支机构，特别是禁止跨州设立分支机构。因此，美国的商业银行数量是全球最多的，目前银行总数已超过了 14 000 家，但这些银行大多数是小银行，据统计，银行资产低于 5 000 万美元的有 9 000 家，约占银行总数的 65%。不过，近几年美国对其金融体制进行了多项改革，单一银行制受到了较大冲击。目前，大约有 1/3 的州准许商业银行在本州范围内设立分支机构；1/3 的州不许设立分支机构，或者要经过许多审批手续。尽管如此，美国单一银行制的主体格局仍没有改变。

一般来说，单一银行制既有优点也有缺点。单一银行制的优点主要表现在：

① 单一银行数量较多，可以限制银行间的兼并和金融垄断。

② 有利于促进商业银行适应当地需要，扩大对地方经济的支持。

③ 单一银行由于不受总行牵制，可以在经营决策上拥有较强的自主性，从而能根据市场环境的变化及时改变经营策略。

④ 单一银行管理层次少，中央银行的控制和管理意向传导快，有利于缩短货币政策的传导时滞。

单一银行制的缺点主要表现在：

① 由于单一银行的业务多集中在某一地区或某一行业，因而银行受当地经济状况变动的影响较大。而且，因缺乏分支机构，一旦发生挤兑，不能及时获得外援，一旦出现存差，过剩资金也难以找到出路。可见，单一银行制的最大弊端是缺乏风险分散机制。

② 单一银行由于规模较小，经营成本高，因而不能取得规模经济效益。

③ 单一银行由于缺乏遍布各地的分支网络，因而不能适应经济外向发展和商品交换范围日益扩大的需要，人为造成了资本的迂回流动，不利于社会经济效益的提高。

④ 单一银行规模小，承受风险能力弱，不利于电子银行业务的推广和金融创新业务的开展。

正是由于单一银行制存在这样一些缺点，所以，单一银行制正在走向瓦解。

2) 分支银行制

分支银行制也称总分行制，是指法律允许商业银行在国内外广设分支机构，并在总行领导下实行统一经营的银行体制。在这种体制下，商业银行总行的数量并不多，但是，每家银行拥有的分支机构却很广泛。目前，世界上绝大多数国家商业银行普遍实行分支银行制。按总行所承担的职能不同，分支银行制又可分为总管理处制和总行制。总管理处制的总管理处只负责指挥监督所辖分支处，本身不对外营业，若有需要可在总管理处所在地另设分支机构办理业务。与总管理处制不同，总行制的总行除了负有指挥各分支行处的职责外，还直接对外办理业务。

值得注意的是，总行对属下分支机构的管理方式是不同的。有些商业银行的总行对其属下分支机构实行直接管辖、指挥和监督；有些商业银行的总行把所有分支机构划分为若干区，每区设一区域行负责管理辖区内的分支机构，总行只管理区域行；还有些商业银行的总行从各分支机构中选择一些地位较为重要的分支行作为管辖行，授权由其管理辖区内的分支机构。实行分支银行制的国家很多，其中以英国最为典型。例如，全英四大商业银行（国民西敏寺银行、巴克莱银行、劳埃德银行、米特兰银行）仅在英国本土就拥有 12 000 多家分支机构。

分支银行制的优点在于：

① 由于这类银行分支机构众多，规模较大，因而，易于采用先进的现代化设备，可以为客户提供全面、高质量的金融服务。

② 由于这类银行分支机构遍布各地，易于广泛吸收存款以及在全系统内调剂和使用资金。同时，由于负债和资产较为分散，从而有利于规避金融风险，维护银行的稳健运营。

③ 分支银行制下，银行总家数相对减少，金融监管当局的监管目标更加集中，从而有利于提高金融监管的效率和质量。

④ 分支银行制使单个银行规模扩大，有利于商业银行实现规模经济效益。同时，还有利于商业银行内部实行高度分工合作，提高效率，降低成本。

分支银行制的缺点在于：

① 该制度鼓励银行间的收购和兼并，从而易于形成金融垄断。在银行家数较少的情况下，市场难以达到充分竞争。

② 一家银行设立较多的分支机构，就会形成较多的管理层次。如果总行或总管理处缺乏完善的信息系统和严密的成本控制手段，商业银行的经营效益将因此而下降。

③ 由于分支机构的经营活动要服从于总行的指挥，而总行在制定经营政策时主要从全系统的角度加以考虑，这样就导致分支机构缺乏对当地经济的关心。同时，由于各地区分支机构在当地吸收的资本往往不能在当地使用，而是调往总行统一使用，这显然不利于地方经济的发展。

④ 人员轮换和调动是分支银行制的一大特点，但是如果这种轮换和调动过于频繁，就会导致新人对市场、环境了解不够，影响其与客户或服务对象的密切联系。

3）银行持股公司制

银行持股公司制又称集团银行制，是一种由某一集团成立银行持股公司，再由该公司收购或控制两家或多家银行的商业银行体制。由于持股公司拥有股份所有权，因而，尽管被收购或被控制的银行在法律上是完全独立的，但其经营管理权却属于持股公司。

银行持股公司既可由非银行企业建立，也可由银行建立。它一旦建立起来，便可运用其拥有的资本在股票市场上收购商业银行或其他公司的股份，使其成为自己的子公司。

由于银行持股公司大都以银行业为主，兼有其他行业的股份，因而有助于其不断扩大资本总量，提高抗风险能力和竞争实力。银行持股公司在 20 世纪初诞生于美国，自 70 年代以来得到了飞速发展，目前，美国有 66% 的银行和近 90% 的存款被银行持股公司所拥有。银行持股公司制除了上述优点外，还具有下述优点：

① 它可使商业银行绕过政府对其设立分支机构的限制，通过持股方式使多家银行

联合起来，形成类似分支机构的银行网络。

② 它可使商业银行进入非银行业务领域，为开展多元化经营创造条件。

③ 它可使商业银行采取多种手段筹资，降低融资成本。

银行持股公司制的缺点是易于形成垄断，不利于开展公平竞争。

4）连锁银行制

连锁银行制又叫联合银行制，是指由某个人或某个集团通过购买若干独立银行的绝对多数股份，进而控制这些独立银行的业务和经营决策的一种商业银行体制。与银行持股公司制不同，在连锁银行制下没有持股公司，被控制的银行也不称为子公司，而是称为连锁银行。连锁银行尽管在法律上是独立的，但其业务和经营决策是操纵在某个人或某个集团手中，因而这些连锁银行必须服从统一的经营目标。连锁银行制在美国比较发达，美国有近 90 家连锁银行，其中 80% 在伊利诺伊州和爱达荷州。

连锁银行制产生的原因与持股公司制一样，也是商业银行为了逃避政府禁止银行设立分支机构的产物。不同之处在于：第一，连锁银行不通过控股公司管理，而直接由某个拥有其股份的个人或集团管理。第二，银行持股公司的规模相对较大，而连锁银行的经营规模和活动地域范围相对较小。第三，连锁银行由于受个人或集团的控制，不易获得银行所需的大量资本金，使其竞争力受到很大限制。

4.3　商业银行的主要业务

4.3.1　负债业务

与一般工商企业不同，商业银行的财务杠杆很大，即权益资本占总资本的比例较低，商业银行资产的绝大部分主要是靠其负债来支撑的。可见，负债业务是商业银行开展其他业务的基础，没有负债业务，其他业务便无从谈起。

1）自有资本

自有资本又称银行资本或资本金，是指银行为了正常运营而自行投入的资金，它代表着对银行的所有权。它是商业银行开业的前提条件，是债权人利益的有力保障，是银行信誉高低的重要标志，同时也是管理当局进行监控的重要对象。其来源取决于商业银行的组织形式：由国家投资的商业银行，其资本金主要来自政府财政拨付的款项；而以公司形式组织的商业银行，其资本金来自股份资本、为扩大经营规模而追加的投资、盈余公积、未分配利润等。

自有资本是商业银行对自身的负债，在商业银行的全部营运资金中所占比重很小，一般为全部资金来源的 10% 左右。但它在商业银行的经营活动中发挥着十分重要和不可替代的作用。一方面，它为债权人的利益提供保障；另一方面，它又构成了提高商业银行竞争能力的资金基础。

2）存款负债

吸收存款是商业银行的传统业务，也是商业银行最重要的负债业务。其数量多少关系到商业银行经营的成败。商业银行的存款可从不同角度进行分类，如从存款所有者的角度可分为个人存款、公司存款和政府存款；从存款时间长短的角度可分为短期存款和长期存款；从有无担保角度分为担保存款和无担保存款等。最普遍的划分方法是，按存款的性质分为活期存款、定期存款和储蓄存款三大类。

（1）活期存款

活期存款是商业银行设立的一种不规定存取款期限、存款人可以随时存取的存款负债。活期存款主要是为满足客户方便支取、灵活运用的需要，其客户包括政府、社会团体、公司、合伙企业和个人等。

活期存款是商业银行传统的负债业务，也是商业银行创造信用的重要条件。由于活期存款存取频繁，流动性比较大，并需提供许多诸如转账服务、支票服务等相关服务，所以成本较高，因此，商业银行对活期存款仅付少量利息，有的国家甚至不付利息。

活期存款业务对商业银行有很多有利之处：

① 活期存款是商业银行资金的主要来源。因为商业银行每天都要办理大量业务，所以活期存款虽然存取频繁，但仍有一个较稳定的余额沉淀在商业银行不被提走。商业银行可以利用这部分稳定的资金进行长期的放款和投资。

② 活期存款使商业银行具有很强的派生能力。在非现金结算的情况下，如果存款人提取存款时用支票形式，由于支票多次转让而不提现，就使商业银行具有了信用创造和扩张能力。

③ 商业银行利用活期存款业务为客户提供了良好的服务，这样就为争取客户、争取存款、扩大放款打下了很好的基础。

（2）定期存款

定期存款是指存款人必须根据存款合同规定的期限，于指定到期日才能取款或提现的一种存款业务。这类存款的特点有：存款对象不受限制，政府机构、机关团体、企业单位和居民个人均可开立；存款期限短则7至31天，长则5至10年；定期存款一般不能提前支取，对提前支取者通常给予较高的罚息。在美国，定期存款的种类很多，如传统定期存单存款、货币市场存单定期存款、浮动利率定期存款等。

（3）储蓄存款

储蓄存款主要是为居民个人积蓄货币而开设的存款账户。这种存款通常由银行发给存款人一张存折，作为存款和取款的凭证，储蓄存款不能签发支票，支用时只能提取现金。一般情况下，储蓄存款分为定期储蓄存款和活期储蓄存款两种。其中，以定期储蓄存款居多。与交易账户存款不同的是，银行不仅对定期储蓄存款支付利息，还对活期储蓄存款支付利息。但活期储蓄存款不具有流动性，即存款人不能使用活期储蓄存款办理转账和对外支付。储蓄存款的适用对象主要是居民个人和非营利机构。其中，以居民个人为主。为了保证广大个人储户的存款安全，各国金融管理当局对储蓄存款都有严格的管理，一般只允许商业银行和专门的储蓄机构办理储蓄存款业务。

3）借款负债

除存款业务外，商业银行借款性负债也是其不可忽略的资金来源渠道。借款负债也称非存款负债，是指银行主动通过金融市场或直接向中央银行融通的资金。近些年来，银行为了保持其流动性而大量借入资金，许多银行还经常依赖借入资金来维持其经营，借款负债在商业银行负债总额中所占比重不断提高，这与负债管理理论的出现是分不开的。商业银行借款的形式主要有向中央银行借款、同业拆借、转贴现和转抵押、回购协议、发行金融债券、国际金融市场借款等。

（1）向中央银行借款

向中央银行借款是商业银行负债业务的主要内容之一，也是商业银行保持其负债业务流动性的最后办法。中央银行是银行的银行、发行的银行、最后的贷款者。它控制着社会货币供给总量，肩负着调剂货币资金、保持银行体系稳定的重任。因此，商业银行在出现资金不足、周转困难时，可向中央银行借款，中央银行有义务并有条件予以资金支持，帮助商业银行渡过难关。商业银行向中央银行融通资金主要有两种形式：①再贴现，指商业银行把自己办理贴现业务时买进的未到期票据，如短期商业票据、国库券等转卖给中央银行，获取现款，开展再贴现业务必须以商业票据和贴现业务的广泛流行为基础。②直接借款，指商业银行用自己的合格票据、银行承兑汇票、政府公债等有价证券作为抵押品向中央银行取得抵押贷款。

（2）同业拆借

同业拆借是指金融机构之间的临时性借款，主要用于弥补头寸的暂时不足。当商业银行进行资金结算轧差时，有的银行会出现头寸盈余，而有的银行则会出现头寸不足。头寸不足的银行需要从头寸盈余的银行临时拆入资金，以达到资金平衡。而头寸盈余的银行也愿意将暂时盈余的资金借出去，以获得利息收入。同业拆借的借款数量一般比较大，但期限很短，通常是隔日偿还，最多一周偿还，所以也叫隔日借款或隔夜借款。同业借款在方式上比向中央银行借款灵活，手续也比较简便，因此可以用来维持资金的正常周转，满足流动性的需要。

同业拆借的积极作用表现在：①保证了商业银行负债业务的流动性。②避免或减少以出售资产为手段保证流动性而带来的损失。银行间的同业拆借一般都通过商业银行在中央银行的存款账户进行。

（3）转贴现和转抵押

转贴现和转抵押也是商业银行在遇到资金临时短缺、周转困难时筹集资金的途径。转贴现指商业银行将客户申请贴现过的但尚未到期的票据交给其他商业银行或贴现机构以取得资金融通的行为。转抵押则指商业银行发生准备金头寸不足时，将发放抵押贷款而获得的借款客户提供的抵押品，再次向其他银行申请抵押贷款，以获取资金的行为。由于转贴现和转抵押的手续和涉及的关系都比较复杂，受金融法规的约束也比较大，若过于频繁地从事该项业务，则表示该行资金流动性出现了问题，有损其形象，所以必须有限制地、合理地运用。

（4）回购协议

回购协议借款是指借款银行在金融市场上通过买卖证券融入和偿还资金的行为。具体来说，在回购协议下，借款银行必须与其交易对手签订两份合同。第一份合同规定借款银行按某一价格将其持有的证券卖给交易对手，从而获得资金融通；第二份合同规定借款银行按高于第一份合同的价格在一定期限内将所售证券购回，从而清偿借款，两种价格之差就是借贷利息。可见，回购协议借款实质上是以证券为质押的资金借贷活动。

商业银行利用回购协议借款的好处有：第一，商业银行可以充分利用金融市场，灵活调节资金头寸。第二，银行办理以政府证券为担保的回购协议借款，可以不提存还款保证金，从而可降低融资成本。第三，这种融资方式的期限较为灵活，一天至几个月均可选择。第四，融资利息可不受利率管制的制约。第五，作为商业银行回购协议借款交易对手的既可以是另一家商业银行，也可以是一家企业，还可以是中央银行，因而，这种融资方式使商业银行融资的对象比较广泛。

（5）发行金融债券

发行金融债券是商业银行通行的筹措中长期资金的主要方式，具有扩充信贷资金规模的作用。它是商业银行长期资金的主要来源，是最稳定的负债，因为持有者不能在到期前要求兑付，只能在证券市场上转让。

金融债券的期限较长，一般在10年至30年之间，其收益率一般高于同期定期存款的利率。发行对象主要是个人投资者、社会团体、企业等，在发展中国家也有专门面对金融机构的。

（6）国际金融市场借款

商业银行除了在国内金融市场取得借款外，还可以从国际金融市场借款来弥补自己的资金不足。国际金融市场是进行国际借贷的场所。国际金融市场可分为货币市场和资本市场。目前最具规模、最有影响的国际金融市场是欧洲货币市场，商业银行的国外借款主要来自这个市场。

4.3.2　资产业务

商业银行资产业务，是指商业银行运用资金的业务，即商业银行将其吸收的资金贷放或投资出去赚取收益的活动。商业银行盈利状况如何，经营是否成功，很大程度上取决于资金运用的结果。商业银行的资产业务一般有贷款、投资、贴现等，其中以贷款和投资最为重要。

1）贷款业务

贷款业务是商业银行最重要的资金运用业务。据统计，美国商业银行的放款占其总资产的60%～70%；我国商业银行的这一比例更高达90%。放款业务既可满足社会对资金的需求，又可使商业银行取得盈利，因而各国政府对商业银行的放款业务都制定有明确的政策规则。

（1）按照贷款的对象分类

按照贷款的对象分类，商业银行的放款业务主要有以下六种类型：

①工商业贷款业务。工商业贷款业务指商业银行向本国工商企业发放贷款的业务。长期以来，工商业贷款一直是商业银行主要的贷款业务。这项贷款的适用范围非常广泛，工商企业生产流通过程中季节性、临时性资金需求以及设备投资和建筑投资中的长期资金需求均可得到满足。商业银行向工商企业发放的季节性和临时性贷款主要用于解决工商企业因受季节性、临时性因素的影响而出现的资金暂时短缺问题。随着季节性和临时性因素的自然缓解，企业资金状况会逐步恢复到正常水平，银行贷款也会顺利地得到清偿。因此，这种贷款通常被称为"短期自偿性贷款"。由于这种贷款具有较强的自

偿性，风险相对较小，所以，商业银行一般采取非抵押方式发放。

　　商业银行向工商企业发放的长期贷款（期限在 1 年以上）主要用于解决企业因扩大生产经营规模导致的资金短缺问题。由于这种贷款是企业在扩大经营规模的条件下，需要长期占用的资金，因而，归还贷款的资金只能来源于企业的利润，而不能像临时性、季节性贷款那样通过产品销售或应收账款的及时回收得到所谓的"自动清偿"。因此，商业银行发放此种贷款均采取抵押的形式，抵押物往往是企业的全部资产。同时，银行还要对企业提交的各类财务报表加强分析以判断企业未来的偿债能力。此外，为了规避利率风险，这类贷款一般采用浮动利率计息，并规定采取分期偿还贷款本息的还款方式。

　　②不动产贷款业务。不动产贷款是指商业银行对土地开发、住宅厂房建设以及大型设施购置等项目提供的贷款。由于这类贷款期限长、风险大，商业银行多采取抵押贷款的方式，因而，这类贷款习惯上也被称为"不动产抵押贷款"。

　　根据贷款对象和抵押物的不同，不动产抵押贷款又可细分为建设贷款和土地开发贷款两种形式。所谓建设贷款是指商业银行向从事房地产建设的建设单位以其所建房屋为抵押发放的贷款。该项贷款的期限一般与建设期相同，贷款额度相当于建筑成本，贷款利率为浮动利率。由于贷款期限一般等于建设期，当建筑物已完工但尚未售出时，建设单位可能面临无法偿贷的境况。为有效防范此类事件可能给银行带来的信贷风险，贷款行在发放贷款时往往要求建设单位向其提供第三方金融机构的贷款承诺。一旦建设单位到期不能偿还贷款，则由建设单位用第三方金融机构提供的长期贷款加以清偿。所谓土地开发贷款是指商业银行向从事土地开发的开发商以其开发的土地和其他建设项目为抵押发放的贷款。一旦土地开发项目完成，并通过细分出售，商业银行便可收回贷款。与建设贷款相同，此项贷款的期限也近似于土地开发建设周期，贷款利率也采用浮动利率，贷款金额相当于土地开发项目的建设成本。

　　③消费者贷款业务。消费者贷款是商业银行向个人或家庭发放的用于购买家庭生活必需品的贷款。早期，消费信贷在商业银行整个贷款业务中所占比重并不大，但是，进入 20 世纪 80 年代以来，随着经济发展，消费者货币收入水平提高以及银行同业竞争的日趋激烈，消费者贷款业务得到了飞速发展。目前，西方发达国家商业银行的各类消费者信贷总额已占整个贷款的近一半。

　　消费信贷的种类很多，美国商业银行一般将消费信贷分为分期偿还贷款、信用卡贷款和一次性还本付息贷款三种形式。分期偿还贷款主要用于消费者购买耐用消费品或支付有关费用。例如，消费者购买汽车等交通工具多向商业银行申请分期偿还贷款。这种贷款的偿还是以消费者的未来收入为基础的。信用卡贷款是商业银行对持卡人发放的一种透支贷款。也就是说，商业银行允许持卡人在超过其存款余额的一定限度内用信用卡实现其消费活动。

　　④对金融公司贷款业务。对金融公司贷款是商业银行对各类金融公司发放的无担保短期贷款。与同业拆借相比，这类贷款也是以优惠利率作为计息基础的，但是不同的是，这类贷款一般要求借款金融公司在贷款行保留一部分补偿余额，而同业拆借则不需要。此外，作为借款人的各类金融公司常常同时与几家商业银行签订使用此种贷款限额

的协议，目的是能及时满足借款需要和保证其发行的短期融资性商业票据能得到及时偿还。当然，对信贷额度的未使用部分，金融公司要向银行缴纳承诺费。

⑤证券购买和周转贷款业务。证券购买和周转贷款是指商业银行向证券自营商、经纪人、投资银行和证券公司等发放的短期贷款。这类贷款主要用于帮助证券从业人员和证券机构在一级市场上顺利实现证券包销活动，在二级市场上解决证券公司因允许客户进行信用交易而出现的短期资金需求。证券交易贷款属于高风险贷款，为避免损失，商业银行在发放此类贷款时都要求有合格证券作为抵押品，而且抵押证券的市值要大于贷款金额。

⑥国际信贷业务。对于国际性商业银行来说，它们除了经办国内贷款业务外，还经办国际信贷业务。在各类国际信贷业务中，国际贸易融资业务的地位最为重要。出口信贷是商业银行一项重要的国际贸易融资业务。这项业务的特点在于商业银行通过向本国出口商或国外进口商发放低利率优惠贷款来支持本国商品的出口，贷款利率低于市场利率的差额由政府给予补贴。

国际贸易融资的另一项业务是出口押汇。所谓出口押汇也称议付，是指出口方银行根据有关信用证条款，购进有关货物运输单据和汇票，从而向出口商提供资金融通的行为。国际银团贷款又称国际辛迪加贷款，是指国际上几家银行联合起来按照同样的条件共同向某一国际借款人发放贷款的行为。对于商业银行来说，参加辛迪加贷款既可以有效分散信贷风险，又可获得较高的利息收入。近年来，一些发展中国家的商业银行国际信贷业务也有了较大发展。

（2）按贷款期限分类

按贷款期限分类，商业银行贷款可以分为活期贷款和定期贷款。

活期贷款又称为通知贷款，即银行发放贷款时不预先确定期限，可以随时由银行发出通知收回，客户也可以随时偿还的贷款。这种贷款的主要特点是灵活、利率较低、流动性强。

定期贷款是银行按固定偿还期限发放的贷款，即在借款合同规定的偿还期限到来之前，只要借款人没有违反借款合同条款的行为，商业银行便不得要求借款人偿还的贷款。定期贷款按其偿还期限的长短，可以分为短期贷款、中期贷款和长期贷款。根据《贷款通则》的规定，短期贷款是指贷款期限在1年以下（含1年）的贷款，中期贷款是指贷款期限在1年以上（不含1年）5年以下（含5年）的贷款，长期贷款是指贷款期限在5年以上（不含5年）的贷款。

（3）按贷款的保障条件分类

按贷款的保障条件分类，商业银行贷款可以分为信用贷款、担保贷款和票据贴现。

信用贷款是商业银行仅凭借款人的信誉而不需要借款人提供担保发放的贷款。担保贷款是指以某些特定的财产或信用作为还款保证的贷款。担保贷款保障性强，有利于银行强化贷款条件，减少贷款的风险损失，是商业银行最主要的贷款方式。担保贷款按照担保方式的不同，又分为保证贷款、抵押贷款和质押贷款三种。

票据贴现是商业银行贷款的一种特殊方式，是指银行买入未到期的票据，借以获取利息收益的一种信贷业务。票据持有者在票据到期日前为获得现款以向银行支付一定的利息作为代价所做的票据转让，其实质是一种银行的短期放款。票据贴现实行的是预扣利息，票据到期后，银行可向票据载明的付款人或承兑人收回票款。

银行实付贴现金额=票面金额×（1-贴现率×票据剩余期限）

（4）按照贷款规模分类

按照贷款规模分类，商业银行贷款可以分为批发贷款与零售贷款。

批发贷款也称为企业贷款，一般是指商业银行为满足个人、合伙人或公司经营企业的目的而发放的金额较大的贷款。批发贷款通常是商业银行贷款业务中的主要部分，包括工商业贷款、不动产贷款、农业贷款、对其他金融机构和政府的贷款。

零售贷款即消费者贷款，是指银行仅仅为个人消费目的而不是为经营目的而发放的贷款，包括住房消费贷款、汽车贷款、教育贷款、医疗贷款，信用卡透支等。

（5）按贷款风险等级分类

按贷款风险等级分类，商业银行贷款可以分为正常贷款、关注贷款、次级贷款、可疑贷款和损失贷款五类，后三类合称为不良贷款。

这五类贷款的核心定义分别为：

① 正常贷款：借款人能够履行合同，没有足够理由怀疑贷款本息不能按时足额偿还。

② 关注贷款：尽管借款人目前有能力偿还贷款本息，但存在一些可能对偿还产生不利影响的因素。

③ 次级贷款：借款人的还款能力出现明显问题，完全依靠其正常营业收入无法足额偿还贷款本息，即使执行担保，也可能造成一定损失。

④ 可疑贷款：借款人无法足额偿还贷款本息，即使执行担保，也肯定要造成较大损失。

⑤ 损失贷款：在采取所有可能的措施或一切必要的法律程序之后，本息仍然无法收回，或只能收回极少部分。

2）证券投资业务

证券投资业务是指商业银行在金融市场上购买各种有价证券的业务活动。这是商业银行仅次于贷款业务的一项资产业务，商业银行从事证券投资业务的目的主要有三：第一，取得收益。作为特殊的金融企业，利润最大化的动机不允许商业银行将资金闲置，而必须找到投资渠道以增加收入。第二，补充流动性。短期有价证券构成了二级准备金的主体，商业银行将资金投资于政府债券等流动性强的有价证券，不仅可以获得利息收益，更可随时在二级市场抛售获得现金，相比库存现金或在央行的存款而言，更能保持较好的流动性。第三，降低风险。商业银行投资的证券中有大部分是风险小、信用可靠、流动性强的公债券、国库券等，可以降低整个投资业务的风险。

4.3.3　中间业务

中间业务是指商业银行经营的一些从性质上看既不属于负债业务也不属于资产业务的业务。这些业务的特点是银行在为客户提供金融服务时，不占用自己的资金，而是收取手续费或是临时占用客户的资金。

在当代发达国家的银行业务中，中间业务的地位变得越来越重要。因为它一方面提供了多样化的金融服务，适应了现代经济发展的需要，另一方面发挥着服务客户、稳定客户、促进传统业务发展的作用。同时，中间业务还具有成本低、收益稳定、风险较小的独特优势。这些优势使得中间业务备受商业银行的重视，得以迅猛发展。

中间业务的种类繁多，传统的中间业务包括汇兑结算、代收代付、代客理财、信托租赁等。近年来，由于国际国内金融市场的不断完善和发展，中间业务得到了更快的发展，新兴业务层出不穷，如银行卡业务、通存通兑、自助银行、网上银行、信息咨询业务等。

1) 结算业务

结算业务是指商业银行应客户请求，为其在经济活动中产生的债权债务提供清偿服务的业务。就国内结算业务来看，银行的清偿服务既可以在某一地区范围内进行，也可以在不同地区范围内进行。前者称为同城结算；后者称为异地结算。早期的同城结算主要采取支票结算方式，近年来，账单支票与划拨制度、直接贷记转账和直接借记转账以及票据交换所自动转账系统等结算方式也得到了广泛的应用。商业银行在异地结算中采取的结算方式主要有汇款、托收、信用证和电子资金划拨系统。

2) 代理业务

代理业务是指商业银行利用自身资源优势为顾客提供代理服务的业务。商业银行常见的代理业务有代理融通业务（即商业银行代顾客收取应收款项，并通过购买赊销账款向顾客提供资金融通）、保管箱出租业务（即商业银行利用其购置的保管箱代为顾客保管贵重物品）以及代理发行有价证券业务（即商业银行接受政府或公司的委托代募有价证券）。

3) 信托业务

信托业务是指商业银行作为受托人接受委托人的委托为其管理、营运或处理托管财产的业务活动。按委托人划分，信托业务有个人信托、公司信托和公共团体信托。按信托方式划分，信托业务有投资信托、融资信托、公益信托和职工福利信托等。

4) 租赁业务

租赁业务是指商业银行作为出租人将所有权属于自己的财产出租给承租人使用，并在租期内按时收取租金的行为。租赁业务形式多种多样，主要有融资租赁、经营租赁、回租租赁和转租赁等多种形式。对于商业银行来说，它经营的一般是融资租赁。

5) 咨询业务

咨询业务是指商业银行利用自身的人才和信息优势为客户提供各类信息和建议的活动。这些信息主要涉及利率、汇率、有价证券行市、资本流动、货币政策及经济法规等各个方面。

4.3.4　表外业务

表外业务是指那些不会引起商业银行资产负债表内业务量发生变化，但可以为商业银行带来业务收入或可减少其风险的业务活动。常见的表外业务有：

1) 担保业务

担保业务是指商业银行接受客户（委托人）的委托，向另一方（受益人）出具书面保函，从而保证对委托人的债务或其应履行的合同承担还款或赔偿损失责任的行为。这类业务工具主要有履约担保书、投标保证书、预付款保函、贷款担保书及备用信用证等。

2）互换业务

互换业务是指交易双方为规避利率、汇率风险，通过中介人将自己所使用的可能遭受风险损失的货币或利率调换给对方的行为。互换业务是 20 世纪 80 年代初在欧洲货币市场上产生的，许多大的商业银行均充当互换中介人。中介人的职责是负责按互换合约收集应付的利息及货币并将其支付给应收的一方。通过这一活动，商业银行可从中收取一定数量的手续费。

视频 4-1

商业银行表外
业务

3）金融期货业务

金融期货业务是指商业银行在期货交易所按标准化原则竞价买卖金融期货合同的行为。金融期货交易包括利率期货交易、股票指数期货交易等交易品种。商业银行参加金融期货交易有助于规避风险和获得收益。

4）金融期权交易

金融期权交易是指买卖双方达成某种协议，买方向卖方支付一定的费用后，取得了在一定时间内按照一定的价格买进或卖出一定数量的某种资产的权利；而卖方收取了一定的费用后，则承担在一定的时间内按照一定的价格卖出或买进一定数量的这种资产的责任。金融期权主要包括利率期权、股票期权和外汇期权。在金融期权业务中，商业银行一般处于卖方地位，因而有利于降低其资产负债活动中的利率和汇率风险。

4.4　商业银行的经营管理

4.4.1　商业银行经营管理的原则

目前，各国商业银行已普遍认同了经营管理中所必须遵循的"安全性、流动性、盈利性"的"三性"原则，《中华人民共和国商业银行法》中明确规定了商业银行"安全性、流动性、效益性"的经营原则。

1）安全性原则

安全性原则，要求商业银行在经营活动中必须保持足够的清偿力，尽量避免各种不确定性因素的影响，保证银行的稳健经营与发展。商业银行之所以必须坚持安全性的原则，是因为商业银行经营的特殊性。首先，商业银行自有资本较少，经受不起较大的损失；其次，商业银行经营条件具有特殊性，尤其需要强调它的安全性；再次，商业银行在经营过程中会面临各种风险，因此，保证安全性经营就必须控制风险。总之，商业银行的经营特点决定了商业银行保持经营安全的重要性。

2）流动性原则

流动性原则，是指商业银行要保证能够满足客户随时提取存款的需求。商业银行的流动性包括资产的流动性和负债的流动性两个方面。资产的流动性是指资产在不受价值损失的条件下具有迅速变现的能力。负债的流动性是指商业银行以较低的成本随时获取资金的能力。

　　商业银行是典型的负债经营，资金来源的主体部分是客户的存款和借入款。存款是以能够按时提取和随时对客户开出支票支付为前提的，借入款是要按期归还或随时兑付的。资金来源流动性这一属性，决定了资金运用方即资产必须保持相应的流动性。另外，资金运用的不确定性也需要资产保持流动性。

3）盈利性原则

　　盈利性原则，是指商业银行要以实现利润最大化为经营目标，获取利润是商业银行经营的最终目标，商业银行的一切经营活动，包括设立分支机构、开发新的金融产品、提供金融服务种类、建立资产组合形式等都要服从这一目标，这是由商业银行的企业性质决定的。坚持盈利性原则，对于提高信贷资金运用效率、扩大银行业务范围、加强银行经营管理、改善银行服务质量，具有重要意义。

　　商业银行在经营活动中必须遵循这三项基本原则，然而它们之间又存在一定的矛盾。安全性原则要求商业银行扩大现金资产，减少高风险、高盈利资产；盈利性原则却要求商业银行尽可能减少现金资产，扩大高盈利资产。如何协调这一矛盾呢？大多数银行家认为，正确的做法应当是：在对资金来源和资产规模以及各种资产的风险、收益、流动性进行全面预测和权衡的基础上，首先考虑安全性，在保证安全的前提下，争取最大的利润。解决安全性和盈利性的矛盾，实现安全性和盈利性统一的最好选择就是提高银行经营的流动性。因此，商业银行必须从资产和负债两个方面加强管理。

4.4.2　商业银行经营管理的理论

　　商业银行经营管理理论是随着经济和金融业的不断发展，市场竞争的不断加剧，银行家们对安全性、流动性和盈利性认识水平的不断提高而逐步积累和成熟的。到目前为止，管理理论的核心思想大致经历了一个由以资产为重心转向以负债为重心，又由以负债为重心转向对资产和负债实行全面综合管理以至到资产负债外管理理论的变化过程。

1）资产管理理论

　　这种理论的核心内容是：银行经营的侧重点在于使资产保持流动性。在负债一定的情况下，通过调整资产结构来满足流动性要求。而资产项目的调整则依据资产的变现能力。不盈利但安全性、流动性强的现金资产和盈利高但流动性差、风险大的盈利资产分别占资产总额的多大比重，要由负债中各项目的流转速度来决定，资产的偿还期要与负债的偿还期保持高度的对称关系，即所有资产项目的偿还期和变现能力要完全服从于负债的偿还期和付现要求。

　　这种重在保持资产流动性的资产管理理论，是商业银行早期的经营理论。随着经济环境的变化和银行业务经营的发展，对资产管理和实现流动性的方式出现了新的要求，因而使这种理论在不同的历史时期又表现出不同的特点和内容，形成了商业贷款理论、转换理论和预期收入理论等各种资产管理理论。这些理论分别在保持银行资产流动性问题上各有侧重，并相互补充，反映出银行资产管理理论的不断完善和发展的过程。

2）负债管理理论

　　负债管理理论的核心内容是：银行的流动性，不仅可以通过对资产项目的安排和调整获得，而且可以通过扩大负债获得。也就是说，银行可以通过向外借款为自身提供流动性。这样，银行在经营中就没有必要经常保持大量高流动性的资产，而可以将其投入高盈利的贷款或投资中，在必要时，银行扩大贷款规模也可以用借款来支持。

这一理论强调三点主要内容：①以负债作为保证银行流动性的经营重点。只要在借款市场能够方便地获得负债，银行就要尽可能少地保留高流动性资产，而让现有资产去充分发挥盈利功能，以借款满足流动性需求。②大力发展主动负债，即主动向外借款，以获得流动性，而不是仅仅依靠吸收存款这种被动的负债方式。主动负债的主要方式包括发行大额可转让定期存单、发行金融债券、同业拆借、签订"再购回协议"借款、向中央银行借款、向国际市场借款等。③实现流动性和实现盈利性并举。负债理论从两个方面强调借款的积极作用：一是以借款满足客户随时提取存款的流动性需求，无须调整资产结构，使客户的提存不影响资产盈利；二是以借款来应付增加的合理贷款需求，使负债和资产同时增加，带来利差收益。可见，负债管理理论在解决流动性问题的同时，还注重利润的最优化，追求资产流动性和盈利性均衡的实现。

3）资产负债综合管理理论

资产负债综合管理理论的核心内容是：银行的经营要实现流动性、安全性和盈利性的全面统一和协调，银行在制定和采取经营管理的策略和方法时，要力求保证盈利最大、流动性最强和风险最小。因此，必须根据经济环境和银行业务经营状况的变化，同时管理资产和负债的项目结构、期限结构、利率结构、规模和风险结构，而不能过于偏重其中的某个方面。

这种理论认为，资产管理过于偏重安全性和流动性，不利于实现盈利目标；负债管理则过于偏重负债的增长和高盈利，将安全性和流动性过高地依赖于外部条件，具有较大的风险性。这种理论强调的是对所有资产、负债项目的全面、综合管理，它将所有资产和负债项目在利率、期限、风险和规模等方面存在的缺口（gap）、错位（mismatch）或差距（margin），如流动性资产与易变性负债之间的缺口，贷款增长额与存款增长额之间的差距等，作为观察和分析的对象，通过调整资产和负债双方在利率、期限、风险和规模等方面的差异，达到合理搭配，统一协调。

4）资产负债外管理理论

资产负债外管理理论的核心内容是：银行为了自身发展和利润扩大，应该从资产负债以外去寻找新的业务领域，开辟新的盈利源泉，扩展业务范围、发展表外业务是银行提高竞争力的重要手段。

4.4.3　商业银行的风险管理

金融自由化与全球化的浪潮带来了银行经营环境的巨变，风险的广度和深度日益威胁着商业银行的经营安全，商业银行的安全与稳定对整个金融业、整个国民经济、整个社会都关系极大，因此，对商业银行进行全面的风险管理已成为当前人们关注的焦点。

1）商业银行风险的含义

商业银行风险是指商业银行在经营活动中，受各种不确定因素的影响，银行的实际收益与预期收益发生偏差，从而使银行存在着蒙受损失的可能性。

银行业是一个古老的行业，同时也是一个高风险的行业。自20世纪70年代开始，国际金融市场上利率与汇率动荡起伏，科学技术发展以及金融管制放松导致银行竞争加剧，银行业面临前所未有的风险，风险管理逐步成为商业银行管理的核心内容。

2）商业银行风险的特征

商业银行与一般企业相比，其风险特征主要表现在以下几个方面：

（1）商业银行的风险所造成的损失大、涉及面广

银行作为特殊的企业，它经营的商品是货币，在市场经济条件下，货币渗透到社会经济生活的每个角落及人们生活的方方面面，使银行成为国民经济的神经中枢和社会经济的调节机构。如果银行遭受损失，则不仅仅银行自身倒闭，还会涉及众多的经济主体，产生一系列的连锁反应，进而引起整个社会经济关系的混乱。1929—1933年世界性的经济危机就是以金融危机为导火线的，可见银行风险所带来的损失和影响的波及面远远超过一般企业。

（2）银行是社会各经济主体风险的集散地

银行是吞吐社会资金的重要机构，它经营的货币资金是连接各经济主体的纽带。生产的社会化程度越高，银行的地位越重要。如果借款企业破产倒闭，银行不仅不能实现盈利，连本金的安全也难以保证，导致其资金来源和资金运用出现问题，使其经营目标难以实现。而且，银行是最大的债权人和最大的债务人，宏观经济环境引起的货币价值升降及利率变动，都会制约银行的经营成果。也就是说，社会经济主体的行为以及宏观经济环境的变化对企业经营状况的影响，最终都会传递给银行。可见银行经营方面的特殊性使社会经济生活中的各种风险都最终指向银行，使银行成为风险的集散地。

（3）信用中介和信用创造使银行流动性风险加大

银行业的经营方式是信用，即主要通过借贷方式来获利。一方面，银行以债务人身份向社会筹集资金，以自身的信用向存款人保证存款的安全无损；另一方面，银行以债权人身份用其大部分负债向需要资金的人发放贷款，以借款人的信用来保证贷款的安全无损。如果借款人遭受损失，不能按期归还本金，就会使信用风险成为现实。而银行在承担坏账损失的同时，还必须按时履约保证存款人的提现要求，权利和义务的不对称，使流动性风险加大。

除了信用中介职能外，信用创造也是商业银行的重要职能之一，在部分准备制度下，商业银行创造了数倍于原始存款的存款货币。存款货币创造的结果不仅扩大了银行的资金规模，同时也扩大了银行的负债规模，支付义务的发生概率相对增大。在一定时期内，对银行的流动性要求提高了，需要银行有足够的流动资金来满足债权人变现的要求。这样，商业银行创造信用的规模越大，则流动性风险也越大。

3）商业银行风险的类型

由于商业银行风险具有一定的特殊性，如风险损失巨大、风险涉及面广等，对商业银行风险的种类进行研究就显得十分必要。不同的学者对银行风险有着不同的分类标准，从而产生了多种分类方法。这里介绍的是1997年9月巴塞尔委员会颁布的《有效银行监管的核心原则》中的分类，该分类方法充分反映了现代银行的发展趋势。

（1）信用风险

信用风险又称违约风险，指借款人不能或不愿偿还到期债务而给银行带来损失的可能性。贷款是银行的主要资产业务，它要求银行对借款人的信用水平做出判断，但这些判断并不总是准确的，借款人的信用水平也可能由于各种原因而下降，因此，银行就会面临借款人不能履约而损失贷款的风险。

（2）国家风险

国家风险是指与借款人所在国家的社会、经济和政治方面有关的风险。当向外国政府或政府机构贷款时，国家风险最为明显，因为这种贷款没有担保。国际银行业务的扩大，使国家风险问题日益突出。国家风险形成以后，银行的催收能力十分有限，而且国家风险还有连锁效应，即一国债务危机会涉及其他国家偿还外债的能力，甚至引发全球性的金融危机。

（3）利率风险

利率风险是指银行的财务状况在利率出现不利的波动时所面临的风险。它不仅影响银行的盈利水平，也影响其资产、负债和表外金融工具的经济价值。其主要形式有重新定价风险、收入曲线风险、基准风险和期权风险。尽管这些风险是银行业的正常组成部分，但严重的利率风险会给银行的盈利水平和资本带来巨大的威胁。

拓展阅读4-1

利率风险对冲工具创设破局——商业银行中长期利率风险管理思考与实践

（4）汇率风险

汇率风险是一种典型的市场风险。汇率风险是指汇率变动特别是汇率出现与预测方向相反的大幅波动，从而给商业银行造成不利影响的可能性。无论银行发放的是何种贷款，只要收回的外币发生贬值，信贷资产都要遭受损失。

（5）流动性风险

流动性风险是指商业银行掌握的可用于即时支付的流动性资产不足以满足存款提现的要求，从而使商业银行丧失清偿能力的可能性。银行作为中介机构，资产的流动性是其信誉的根本，流动性风险对银行经营乃至生存发展都尤为重要。

（6）内部风险

内部风险又称管理风险，其产生的主要原因是内部控制及公司治理机制的失效。银行内部管理风险的表现通常有四种：战略决策失误风险、新业务开发风险、营业差错风险和贪污盗窃风险。

（7）法律风险

银行要承受不同形式的法律风险。现有法律可能无法解决某些与银行有关的法律问题，同时，不完善的法律意见和规范可能造成与预计情况相比资产价值下降或负债加大的后果。另外，影响银行和其他商业机构的法律可能发生变化，在开拓新业务时，或交易对象的法律权利未能界定时，银行容易受到影响。

（8）声誉风险

声誉风险对银行损失极大，因为银行的业务性质要求其能够维持存款人、贷款人和整个市场的信心。它主要是由于操作上的失误，或违反有关法规而产生的，如海南发展银行的倒闭。

4）商业银行风险的控制

风险控制是指在风险发生前或已经发生时采取一定的方法和手段尽可能减少风险。具体来讲，风险控制包括以下几方面内容：

（1）风险准备

风险准备是对风险设置多层次预防线的方法。银行经营安全的根本基础是保持足够的自有资本，这是重大风险冲击的最终防波堤。但是，银行的自有资本占总资产的比重很小，单靠自有资本防范风险显然不够，因此需要建立多层次的准备金。

银行抵御风险的主要措施是在资产份额中保持一定的准备金。第一线准备金指现金和在中央银行的存款，这部分准备金往往被作为宏观调控对象而法定必须保持一定比例，一般不能被商业银行当作风险防范资金来使用，因此常常需要保持部分超额准备金以备不时之需。

因为第一线准备金是不生息资产，如果保留过多，银行将付出很大代价。所以，银行应当将部分流动性较大的盈利资产作为第二、第三线准备，如短期贷款、短期政府债券等。这部分资产到时可以出售、转让或按约收回现金，灵活性较大，起到防范风险的作用。

此外，还需要一种依靠自身能力、不影响正常运行的准备手段，即专项准备金。常见的专项准备金有贷款呆账准备金和资本损失准备金。前者专门用于贷款损失的补偿，后者则用于因自然灾害、失窃、贬值等造成的资本损失的补偿。

（2）风险回避

这是一种消极、保守的控制手段，是决策者因考虑到风险的存在而主动放弃有风险隐患的收益或拒绝承担风险。主要适合于两种情形：一是某种特定风险所导致的损失频率较高和幅度较大；二是应用其他风险管理技术付出的成本大于其所产生的经济效益。但是，也应注意，风险与收益是成正比的，回避了风险，就等于失去了获取利润的机会，所以风险规避策略不宜作为风险管理的主导策略。

（3）风险抑制

这是指商业银行在风险爆发前采取种种措施防止风险的恶化或减少风险造成的损失，是控制法中最常用的一种，可以在发生风险时使损失降到最低，常用于信用放款。具体的抑制方法有：追加资产抵押；追加担保人和担保金额；派人帮助客户解决问题；停止贷款；提前收款等。

（4）风险分散

对难以回避的风险采取分散策略，是普遍应用的一种方法。其基本做法是使资产结构多样化，即尽可能选择多种多样的、彼此相关系数极小的资产进行搭配，使高风险资产的风险向低风险资产扩散，从而降低整个资产组合的风险程度。它广泛用于各种风险的防范过程。

（5）风险转移

风险转移是指商业银行利用某些合法交易方式和业务手段，将风险尽可能地转移给他人承担，这也是一种较为积极的事前控制手段。风险转移分为保险转移和非保险转移。其中非保险转移方式有：担保、（出口）押汇下的保函、提前或推迟结算结汇、调整合同契约条件、发行可转让的贷款证、浮动贷款和双重货币贷款等。

（6）风险补偿

风险是客观存在的，因此，无论采取多么有效的减少、降低、分散、转移等措施，风险还是会出现，所以对这种将有或既有的损失，需要进行风险补偿。风险补偿是指银行以多种方式弥补自己的风险损失，这是一种事后的风险控制，但对承担的风险进行价格补偿的策略性选择是在业务活动产生实质性损失之前。

首先，可考虑的补偿方法是将风险报酬打入价格，即在一般的投资报酬率和货币贬值率因素之外，再加上风险报酬率。其次，订立抵押条款或担保条款。抵押价值要略高于被抵押的资产价值，要有充足的现金担保。对于具体的风险损失，如何从抵押品或担保值中补偿，需要在契约合同中明确规定。最后，可利用法律手段对造成银行风险损失的法律责任者提出财产清理的诉讼，挽回部分损失。

（7）风险保险

风险保险是以银行的存款、贷款、证券和其他业务为对象向保险公司投保。如果在规定的有效期内银行资产发生损失，而且是在投保范围内，则可以从保险公司得到补偿。虽然这种保险只是对存款者进行补偿，但间接地也可使银行消除挤兑风潮的危险。

（8）风险消缩

如果风险不能转嫁出去，可以尽可能地在自身的经营中消除或缩小风险。可用的交易手段主要有套头交易、调换交易、期货交易和期权交易。

☑ 新闻资讯 4-1 ···

商业银行资本管理规则迎大修　构建差异化资本监管体系

2023 年，商业银行资本管理规则时隔 11 年迎来重大调整。银保监会、人民银行 2023 年 2 月 18 日起就《商业银行资本管理办法（征求意见稿）》（下称《征求意见稿》）公开征求意见。

银行业人士认为，《征求意见稿》的发布是中国银行业具有里程碑意义的重大事件。《征求意见稿》实现了中国银行业资本计量标准与国际标准的有效接轨，践行了走中国特色金融发展之路的发展理念；提高银行体系的风险抵御能力，增强其经营的稳健性；发挥资本指挥棒的导向作用，进一步提升商业银行对实体经济的支持力度。

构建差异化的资本监管体系

资本是商业银行抵御风险的屏障，资本的多少也会约束商业银行信贷投放等行为。资本管理是商业银行的基础制度和金融监管的关键抓手之一。

银监会于 2012 年发布了《商业银行资本管理办法（试行）》。但近年来，随着经济金融形势和商业银行业务模式的变化，上述文件在实施过程中遇到新问题，有必要依据新情况进行调整。

银保监会、人民银行立足于我国银行业实际情况，结合国际监管改革最新成果，对《商业银行资本管理办法（试行）》修订形成了《征求意见稿》。

《征求意见稿》由正文和 25 个附件组成，共计 40 万字。围绕构建差异化资本监管体系，《征求意见稿》修订重构第一支柱下风险加权资产计量规则，完善调整第二支柱监督检查规定，全面提升第三支柱信息披露标准和内容，具体包括以下五个方面的重点内容：

一是构建差异化资本监管体系，使资本监管与银行资产规模和业务复杂程度相匹配，降低中小银行合规成本；二是全面修订风险加权资产计量规则，包括信用风险权重法和内部评级法、市场风险标准法和内模法以及操作风险标准法，提升资本计量的风险敏感性；三是要求银行制定有效的政策、流程、制度和措施，及时、充分地掌握客户风险变化性；四是强化监督检查，优化压力测试的应用；五是提高信息披露标准，引入70余张披露模板，要求银行详细披露风险相关定性和定量信息。

降低中小银行合规成本

《征求意见稿》构建了差异化的资本监管体系，按照银行间的业务规模和风险差异，划分为三个档次的银行，匹配不同的资本监管方案。

其中，规模较大或跨境业务较多的银行，划为第一档，对标资本监管国际规则；资产规模和跨境业务规模相对较小的银行纳入第二档，实施相对简化的监管规则；第三档主要是规模小于100亿元的商业银行，进一步简化资本计量并引导聚焦服务县域和小微企业。

复旦大学金融研究院兼职研究员董希淼认为，差异化监管思路，是此次《征求意见稿》的最突出变化。《征求意见稿》结合我国实际将银行划分为三个档次，匹配不同的资本监管方案；既加强了对大中型银行的资本监管，推动银行业保持发展稳健性；又适当降低了中小银行合规成本，引导其聚焦于服务县域和小微企业。

针对风险加权资产计量规则，《征求意见稿》提高了计量的敏感性，同时限制内部模型的使用，完善内部模型，降低了内部模型的套利空间。

农业银行总行风险管理部总经理田继敏表示，《征求意见稿》对第一支柱下信用、市场、操作三大类风险加权资产计量方法进行了重构，大幅修订了信用风险权重法。在借鉴巴塞尔协议III信用风险新标准法的基础上，充分考虑我国实际，提高了计量的风险敏感性，有两个重要变化：一是调整了风险暴露分类；二是细化了风险权重的档次划分。

关于市场风险，中国银行总行风险管理部总经理史炜表示，《征求意见稿》建立了更加审慎和稳健的市场风险监管体系。市场风险计量规则的全面落地实施，将提升银行市场风险管理水平，不仅可以有效保障银行业务的健康持续发展，更强化了银行应对市场风险及外溢性风险的管理能力，对于防范系统性金融风险、维护金融稳定具有重大意义。

总体影响积极正面

"《征求意见稿》的发布是中国银行业具有里程碑意义的重大事件。"史炜认为，《征求意见稿》构建了一个多重约束的审慎监管框架，强化了跨周期性，将更加有效地引导银行统筹好当前和长远的关系、稳增长和防风险的关系，对于促进银行业实现高质量发展、提高服务实体经济质效、维护金融体系安全具有重要意义。

田继敏表示，《征求意见稿》对我国商业银行的影响总体积极正面。"结合前期测算及同业交流情况，实施新规后，预计商业银行资本充足水平将总体保持稳定。"田继敏表示，对于大型银行，比如农业银行，其风险加权资产可能有所下降。

总体看，《征求意见稿》将有利于大型银行准确计量风险并加强风险管理。商业银行应抓住新规实施契机，充分发挥资本指挥棒的导向作用，引导资金投向可持续和高质量发展的实体经济部门。

"本次修订进一步加大了对实体经济的支持力度。"浦发银行有关部门负责人表示，《征求意见稿》对原有一般公司类风险暴露下风险权重进行了细化，将进一步降低中小微企业的融资成本，鼓励商业银行加强对中小微企业的信贷支持。商业银行投资地方债是支持实体经济的重要方式，《征求意见稿》对商业银行投资地方政府一般债券给予较低的风险权重、相应的资本占用也较低。

资料来源：佚名.商业银行资本管理规则迎大修 构建差异化资本监管体系［EB/OL］.［2024-04-02］. https：//www. 360kuai. com/pc/9d1a452640e1f2d28？　cota=3&kuai_so=1&refer_scene=so_3&sign=360_da20e874

本章自测题

一、填空题

1.早期银行业的前身是_____。

2.商业银行的负债业务是形成其_____业务，资产业务即其_____业务。

3.中央银行向商业银行融资的主要途径有_____和_____。

4.商业银行业务经营的"三性原则"是指_____、_____和_____。

5.银行存款一般可分为_____、_____和_____。

6.商业银行的组织形式有_____、_____、_____和_____。

7.商业银行的资产业务主要有_____、_____和_____。

8.商业银行的负债业务主要有_____、_____和_____。

9.最基本、最能反映商业银行经营活动特征的职能是_____。

二、选择题

（一）单项选择题

1.银行在大城市设立总行，在本国和本市及国内外普遍设立分支行的制度是（　　）。

A.单一银行制　　　　　　　　　　B.分支行制

C.银行持股公司制　　　　　　　　D.连锁银行制

2.金融机构之间发生的短期临时性融资活动叫（　　）。

A.贷款业务　　　B.票据业务　　　C.同业拆借　　　D.再贴现业务

3.信用创造职能是商业银行的（　　）。

A.基本职能　　　B.特有职能　　　C.传统职能　　　D.调控职能

4.下列不是商业银行的负债项目的是（　　）。

A.同业存款　　　　　B.应收账款　　　　　C.存款　　　　　D.借入款项

5.历史上第一家股份制银行是（　　），它的出现是现代银行产生的标志。

A.德意志银行　　　　B.法兰西银行　　　　C.英格兰银行　　　　D.日本银行

6.信托与租赁属于商业银行的（　　）。

A.资产业务　　　　　B.负债业务　　　　　C.中间业务　　　　　D.表外业务

7.商业银行的投资业务是指银行从事（　　）的经营活动。

A.购买有价证券　　　B.租赁　　　　　　　C.代理买卖　　　　　D.现金管理

8.商业银行的事后风险管理策略是（　　）。

A.风险准备　　　　　B.风险抑制　　　　　C.风险转移　　　　　D.风险补偿

9.借款人的还款能力出现明显问题，完全依靠其正常营业收入无法足额偿还贷款本息，即使执行担保，也可能造成一定损失的贷款是（　　）。

A.关注贷款　　　　　B.次级贷款　　　　　C.可疑贷款　　　　　D.损失贷款

（二）多项选择题

1.下列属于商业银行资产业务的有（　　）。

A.证券投资　　　　　B.准备金　　　　　　C.工商业贷款　　　　D.担保

2.下列属于商业银行负债业务的有（　　）。

A.信托业务　　　　　　　　　　　　　B.支票存款

C.发行债券　　　　　　　　　　　　　D.在国际金融市场借款

3.下列属于单一银行制优点的有（　　）。

A.可以限制银行间的兼并和金融垄断

B.有利于缩短货币政策的传导时滞

C.有利于提高金融监管的效率和质量

D.在经营决策上拥有较强的自主性

4.下列属于商业银行表外业务的有（　　）。

A.担保业务　　　　　　　　　　　　　B.证券投资业务

C.承诺业务　　　　　　　　　　　　　D.互换业务

5.下列属于商业银行短期借款的有（　　）。

A.同业借款　　　　　　　　　　　　　B.转贴现

C.回购协议　　　　　　　　　　　　　D.发行金融债券

6.对商业银行风险的特征理解正确的有（　　）。

A.商业银行的风险造成的损失大

B.商业银行的风险涉及面广

C.银行是社会各经济主体风险的集散地

D.银行流动性风险加大

三、判断题

1.商业银行的信用中介职能并不改变货币资金的所有权，而只是把货币资金的使用权在资金盈余单位和资金短缺单位之间融通。　　　　　　　　　　（　　）

2.分支行制银行由于能在各分支行之间调动资金，所以能更好地支持地方经济。

　　　　　　　　　　　　　　　　　　　　　　　　　　　　（　　）

3.商业银行业务经营的三个原则既有联系又有矛盾。　　　　　（　　）

4.资产证券化是指商业银行的资产越来越多地流向证券投资。（　　）

5.次级贷款是指尽管借款人目前有能力偿还贷款本息，但存在一些可能对偿还产生不利影响的因素的贷款。　　　　　　　　　　　　　　　　（　　）

6.风险规避策略不宜作为风险管理的主导策略。　　　　　　（　　）

四、简答题

1.简述商业银行的性质。

2.商业银行的基本职能有哪些？

3.简述商业银行业务。

4.简述商业银行经营的原则。

5.简述商业银行的风险类型及风险控制方法。

五、实训题

实训项目：针对某家商业银行开展的中间业务与表外业务进行评价分析。

实训目的：通过对具体商业银行开展中间业务与表外业务的调研，了解我国商业银行开展此类业务的现状，将理论知识应用于实践中。

实训步骤：

（1）选择一家商业银行，搜集其相关中间业务及表外业务的资料。

（2）对商业银行中间业务及表外业务开展情况进行总结分析，说明拓展中间业务及表外业务的难点与对策。

第5章

非银行金融机构

学习目标

知识目标：掌握保险、证券和其他非银行金融机构业务的基本理论；理解非银行金融机构的含义和特点。

技能目标：熟悉保险、证券、信托和租赁等业务的基本程序及实际操作；具有熟练运用非银行金融机构金融产品的能力。

素质目标：通过对我国非银行金融机构服务经济社会发展战略的事例分析，强调我国非银行金融机构支持经济内外循环发展及其在共建"一带一路"中的作用，以及展现出的我国的大国风范。

引 例

中国外贸信托：创新金融助推乡村振兴高质量发展

　　为贯彻落实乡村振兴战略，积极构建金融服务乡村新格局，中国外贸信托以"金融为民"为引领，乡村振兴为主线，为乡村提供综合金融服务为经纬，聚焦于农业普惠与农业产业链，积极布局农业金融业务，拓展助力乡村振兴的多元模式，打通农村金融教育宣传的"最后一公里"，将金融知识传播到千家万户，不断提升广大农村群众的获得感、幸福感、安全感。

　　中国外贸信托将金融知识普及与教育、公益、慈善相结合，从源头上提高国民金融素养，助力乡村发展。消费者权益保护党员宣教团队走南闯北，下乡入户普及金融和消费者权益保护知识，北抵内蒙古自治区喀喇沁旗、南达广东省广州市开展金融知识宣传。与公益慈善相结合，开展"信诺有温度·平山公益行"活动，来到革命老区西柏坡，为教育扶贫工程实施地蛟潭庄中学的学生们带来了"金融知识课堂"；开展"致善行动，益起发光——星火慈善公益行"活动，赴贵州省黔西南布依族苗族自治州贞丰县，为鲁贡镇初级中学的学生们带来了"金融知识课堂"。"金融知识课堂"从金融及红色金融史知识、科学金融消费知识、防范诈骗小常识等多方面进行生动讲解，在学生们的心中播种下一颗颗金融的种子，帮助学生们形成科学理性的价值观，提升反诈防骗的能力。

　　中国外贸信托充分发挥金融机构在乡村振兴领域资源配置及综合服务的作用，以创新赋能农业实体经济，以金融助力乡村发展。中国外贸信托深入调研农业产业金融需求，积极对接、引入优质社会资本下乡，"中国外贸信托-湖北黄陂木兰1号现代农业服务信托"通过"社会资本+土地流转+先正达 MAP 种植+信托监管"模式，多方协同、全流程监管，实现联企、联农，推动村集体土地流转顺利实施以及社会资本引入，为农业企业提供线上线下结合的农业托管服务，切实助力当地农业产业高质量发展。面对种植户急需大量资金来填补种植过程中现金流的难题，中国外贸信托推出更贴近种植全产业链服务需求、服务流程更高效、审批放款更灵活的"种植贷"产品，从对农户提供消费贷款升级为对农户提供种植全过程的金融支持。

　　未来中国外贸信托将继续依托中国中化深厚的农业产业背景，积极助力农业高质高效、乡村宜居宜业、农民富裕富足，加强金融知识普及，将更多金融知识送到农户手中，全面助推乡村振兴高质量发展，让"金融好社会"落地生根。

　　资料来源：王珞.中国外贸信托：创新金融助推乡村振兴高质量发展［EB/OL］.［2024-03-07］.https://www.cs.com.cn/ssgs/gsxw/202308/t20230821_6362362.html.

　　这一案例表明：尽管中国的银行机构仍然在金融体系中占据主导性地位，非银行金融机构在中国金融体系中已显示出不容忽视的影响力，案例中的信托机构通过金融知识普及提高国民金融素养、赋能农业实体经济助力乡村发展、为乡村振兴领域配置资源等，以事实证明非金融机构在金融体系中的辅助作用。

5.1　保险公司

保险是以社会互助的形式，对因各种自然灾害和意外事故造成的损失进行补偿的一种方式。保险公司是指依法设立的取得保险费，建立保险基金，对发生的保险事故进行经济补偿的金融机构。

5.1.1　保险公司的职能

保险公司作为经营保险商品的金融企业，主要有以下几种职能：

1）经济补偿职能

保险的基本职能就是经济补偿。在保险活动中，保险公司作为组织者和经营者，通过与投保人订立保险合同的方式，集合众多面临同样风险威胁的被保险人，按损失分摊原则向每个投保人收取保险费，建立保险基金，用以对那些被保险人因约定保险事故发生所造成的损失给予经济补偿或给付保险金。保险公司这一分散风险、均摊损失的过程，就是其经济补偿的职能。

2）防灾减损职能

防灾是指保险公司和被保险人共同采取合同规定的措施，对投保标的不应发生的灾害进行防范；减损是指在保险标的发生灾害时，投保人和保险公司按照保险合同规定应当采取措施进行积极的施救，减少可能的损失。灾前的防灾和出灾时的积极施救与灾后补偿，是相辅相成的两个方面。保险公司可以通过业务经营来促使投保单位和个人重视防灾减损工作，在对投保财产进行检查时，如发现不安全因素，可向投保方提出消除不安全因素的合理建议，投保方应及时采取相应措施消除，否则对由此引起的保险事故而带来的损失，保险公司不负赔偿责任。此外，保险公司还可以在费率上适当区别对待，对多年无赔付的投保人可采取优惠费率，对赔付记录较多的投保人提高费率，以鼓励投保人加强防灾减损工作。

3）资金运用职能

资金运用指保险公司把累积的或暂时不用于赔付的各项准备金用于各项投资活动，实现保险资金的保值和增值。一方面，保险资金的运用是实现保险补偿职能的重要经济保证。如果保险基金不加以运用，或保险资金的运用未达到预期收益率，就难以满足保险公司未来赔偿与给付的要求，这不但会影响保险补偿职能的实现，而且也会危及保险公司的经营安全。另一方面，保险公司是经营保险商品的企业，其经营是以营利为目的，保险公司对保险资金的合理运用不但是保险经营分散风险的必要措施，也是企业谋求自身生存发展的必要手段。保险公司如果能很好地行使对保险资金运用的职能，就能有效地扩大承保能力和偿付能力，不断扩大企业效益，增强保险公司的竞争能力。

综上所述，保险公司最主要的职能有三个：经济补偿、防灾减损和资金运用职能。其中，经济补偿职能是与保险的基本职能相对应的；防灾减损职能是保险公司经营保险商品的特殊性所决定的；资金运用职能是保险公司经营的客观要求，与其他金融机构资金运用的职能也有相似之处。

5.1.2　保险的类型

现代保险业务的种类随着现代化社会生产的发展和科学技术的进步而变得十分复杂，保险业务的领域也因此不断扩大。从不同的角度，保险业务可以划分为不同的类型：

1) 按保险标的分类

（1）财产保险

财产保险是以财产以及有关的利益作为保险标的的一种保险。财产保险开办的业务险种主要有以下几个：

① 火灾保险。火灾保险简称火险，其主要保险风险是火灾，还包括雷击、爆炸、飞行物体及其他空中运行物体坠落等，承保的对象是固定财产，也就是处于静止状态的财产。所以，像汽车、船舶、飞机、运输中的货物等流动财产，一般均有相应名称的保险，不列入火险范围。目前，我国开展的企业财产保险、家庭财产保险、涉外财产保险以及各种附加保险和特约财产保险等，均属火险范畴。

② 海上保险。海上保险也称水险或海上运输保险，即保险人承保各种财产在海上运输过程中由于自然灾害和意外事故所引起的财产损失、费用损失及有关的责任。海上保险包括海上货物运输保险、船舶保险、运费保险、造船保险和海上石油开发保险等险种。海上保险被认为是一门神秘的学科，因为它是保险种类中历史最悠久的险种，远在古希腊和古罗马时代就产生了海上保险的萌芽。

③ 工程保险。工程保险是一种财产保险和责任保险的综合保险。它承保工程期间意外物质损失和第三者人身伤害与财产损失引起的赔偿责任。其中，有以各类民用、工业用和公共事业用建筑工程为保险标的的建筑工程一切险；有以各类工业、矿山的机器设备的安装工程为保险标的的安装工程一切险。

④ 锅炉及机器保险。锅炉及机器保险是以锅炉、机器为保险标的，保险人对爆炸、破裂等灾害损失负赔偿责任的保险。这种保险对损失预防极为重要，保险人要经常派技术人员免费对锅炉、机器进行检查，以预防危险事故发生，减少损失。

⑤ 货物运输保险。货物运输保险简称货运险，是以运输过程中的各种货物作为保险标的的保险。从广义上看，货物运输保险应包括陆上货运险、海上货运险、航空货运险。由于后两者都单独命名，所以货物运输保险仅指陆上货物运输保险。在我国的陆上货物运输保险条款中，一般只考虑火车和汽车，对大车、牲口驮运等不承保。

⑥ 汽车保险。汽车保险是承保各种汽车的物质损失及其第三者所造成的损失，分为车身险和第三者责任险。车身险是对汽车本身由于碰撞、自然灾害、外来原因所造成的损失提供经济补偿。第三者责任险是被保险汽车因发生保险事故而产生的被保险人对第三者的人身伤害及其财产损失依法应负的赔偿责任。

此外，还有航空保险、盗窃保险、利润损失保险和农业保险等，这里不一一介绍。

（2）人身保险

人身保险是以人的生命为保险标的，保险人对被保险人在保险期间因意外事故、疾病等原因导致死亡、伤残或者在保险期满后，根据保险条款的规定给付保险金的保险。

人身保险可分为人寿保险、人身意外伤害保险、健康保险。

① 人寿保险。人寿保险是以人的生命（生或死）作为保险标的，以死亡或生存为保险事故，在保险事故发生导致被保险人损失时，保险人向被保险人或其受益人给付保险金的一种保险。人寿保险中最基本的险种有三个：死亡保险、生存保险和两全保险。

② 人身意外伤害保险。人身意外伤害保险是一种以被保险人因意外伤害所致死亡或残废为给付保险金条件的人身保险险种，常见的有团体人身意外伤害保险、学生团体平安保险和旅客意外伤害保险。

③ 健康保险。健康保险是指当被保险人因疾病而不能从事工作或因病致残丧失工作能力时，由保险人给付保险金的保险。它一般包括疾病保险、医疗保险和生育保险。

2）按保险关系实施方式分类

（1）自愿保险

这种保险关系是通过投保人和保险公司双方在平等互利的原则基础上自愿签订保险合同的方式而产生的。在这种投保方式下，投保人对于自己的财产、人身等保险标的既有投保的权利，也有不投保的自由；保险公司也有决定承保与否的选择权。自愿保险是一种比较普遍的实施形式。

（2）法定保险

法定保险也称强制保险，是通过法律规定强制实行的保险。其特点是：只要在保险法令所规定的范围内，不管被保险人和保险公司是否愿意，都必须全部办理保险；保险金额按照国家规定的统一标准，而不是由被保险人自选确定；在权利和义务方面，对于保险人和被保险人都有一定的约束性。

3）按保险性质分类

（1）商业保险

商业保险是指以营利为目的，按照商业经营原则经营的保险。商业保险以自愿为前提，投保人和保险公司是在遵循公平互利、协商一致、自愿订立的原则下签订保险合同。商业保险的保障范围十分广泛，涉及社会经济生活的方方面面，如海上保险、货物运输保险、企业财产保险、机动车辆保险、家庭财产保险等，都属于商业保险。

（2）社会保险

社会保险是指国家通过立法形式，对社会成员在年老、疾病、残疾、伤亡、生育、失业情况下的基本生活需要给予物质帮助的一种社会保障制度。

4）按业务承保方式分类

（1）原保险

这是指投保人和保险公司直接订立保险合同，当保险标的发生该保险合同责任范围的损失时，由保险公司直接对被保险人承担经济赔偿责任的一种保险。

（2）再保险

再保险也称分保，是指保险人为了减轻自身承担的保险风险和责任而将其不愿承担或超过自身承保能力的保险风险和责任转嫁给其他保险人而形成的保险关系。

（3）共同保险

共同保险简称共保，是指有两个或两个以上保险人共同对同一保险标的物的同一风险责任承担损害赔偿责任的保险。

（4）重复保险

这是指两个或两个以上的保险人就同一保险标的与投保人分别订立若干份保险合同，以致该保险标的物的总保险金额超过其可保价值的一种保险。

5）按保障主体分类

（1）个人保险

个人保险是指以个人作为投保人、被保险人的保险，如个人养老保险、家庭财产保险等。

（2）团体保险

团体保险是指以团体或者单位为投保人，以团体或单位职工为被保险人的保险。

5.2　证券公司

5.2.1　证券公司概述

1）证券公司的定义

证券公司是指从事证券承销、证券交易、公司并购或资产重组、项目融资、风险投资、基金管理、投资顾问等多种业务的投资性金融机构。其基本特征是综合经营资本市场业务。这种机构在各国的称谓不尽相同，在美国称投资银行，在英国称商人银行，在日本称证券公司，在法国称实业银行，在新加坡称商人银行或证券银行，在泰国称金融证券公司。

2）证券公司的功能

证券公司是当今发达国家金融体系和国际金融体系最重要的组成部分之一。可以说，如果没有证券公司，就不会有今天西方国家发达的金融市场、高效的资源配置体制、精巧而富有效率的企业组织结构，也就不会有高度发达的市场经济。证券公司是连接证券市场上资金供求双方的桥梁和纽带，并为之提供恰当的金融工具，对实现一国乃至全球的资源有效配置和促进产业集中也发挥着重要作用。

（1）充当资金供求的媒介

证券公司是沟通资金盈余者和资金短缺者的桥梁。它一方面使资金盈余者能够充分利用多余资金来获取收益，另一方面又帮助资金短缺者获得所需资金以求发展。证券公司在充当资金供求的媒介时，与商业银行的运作方式存在较大的区别。一般把商业银行充当资金供求媒介的活动称为间接融资方式，而把证券公司充当资金供求媒介的活动称为直接融资方式。

（2）优化资源配置

证券公司作为金融体系的重要机构，同其他金融机构一样，通过其自身的经营活动来融通、调节资金，实现社会资源的有效配置。

证券公司通过发行股票和债券等方式引导社会剩余资金流向效益好的产业和企业，促进企业生产规模的扩大，引导产业的集中，促进生产社会化向更高层次发展，通过资源的合理配置来提高国家整体的经济效益。同时，证券公司帮助企业发行股票和债券，不仅使企业获得了发展和壮大所需的资金，而且将企业的经营管理置于广大股东和债权人的监督之下。这样有利于整个社会经济建立科学的激励机制和约束机制，从而促进经济效益的提高，推动企业的发展，进而实现社会资源的优化配置。

（3）维系证券市场的有序发展

证券市场由证券发行人、证券投资者、证券交易所、管理组织者、证券公司和服务机构组成。其中，证券公司起着联系不同主体、构造证券市场的重要作用。

在证券市场上，上市公司的质量是市场发展的基石。而证券公司作为上市公司的保荐人，如何把高质量的上市公司推荐给投资者，从根本上影响市场发展的秩序。同时，证券公司以自营商、经纪商、做市商等身份参与交易市场，对提高交易效率、维持场内秩序、稳定证券价格、保障交易活动的顺利进行都发挥着重要作用。

5.2.2　证券公司的业务

1）证券承销业务

证券承销是指在公募发行条件下证券公司以承销商身份依照协议包销或分销发行人的股票、债券等有价证券的业务活动。所谓公募发行是指在证券市场，由发行者向非指定的广大投资者公开销售证券。对公募证券办理承销，是证券公司的基本业务。在公募发行的发起和销售的全过程中，证券公司始终是一个关键角色。证券承销的方式有三种：一是全额包销，即由证券公司按议定价格购入全部拟发行的证券，而后转售给投资者。发行者可迅速获得预定筹资款，证券公司可从中获取差价，但同时也要承担证券销售和价格变动的全部风险。二是代理推销，即券商只作为发行人的销售代理人，而不承担按规定价格购进证券的义务。券商尽力推销证券，从中收取手续费，但最终不能出手的证券将返还给发行人，因此，它并不承担市场风险。三是余额包销或助销，即券商在发行人的实际发行额达不到预定发行额时，对不足部分承担包销责任。为了增强销售力量，在证券承销中往往还需有分销的过程。一般做法是由作为主承销商的券商负责组织规模庞大的销售团，其成员不仅包括承销团成员，也包括非承销团成员。这些非承销团成员从承销团成员那里购得证券，而后向投资者销售，从销售额中计提手续费。

2）证券经纪业务

证券经纪业务是指证券公司通过其设立的证券营业部，接受客户委托，按照客户要求，代理客户买卖证券的业务。在证券经纪业务中，证券公司不垫付资金，不赚差价，只收取一定比例的佣金作为业务收入。证券经纪业务可分为柜台代理买卖和证券交易所代理买卖两种。从我国证券经纪业务的内容来看，柜台代理买卖比较少。因此，我国证券经纪业务目前主要是指证券公司按照客户的委托，代理其在证券交易所买卖证券的业务。

在证券代理买卖业务中，证券公司作为券商发挥着重要作用。证券交易方式的特殊性、交易规则的严密性和操作程序的复杂性，决定了广大投资者不能直接进入证券交易所买卖证券，而只能由经过批准并具备一定条件的证券经纪商进入证券交易所进行交易，投资者则须委托证券经纪商代理买卖来完成交易。

3) 证券自营业务

证券自营业务是指经中国证监会批准经营证券自营业务的证券公司利用自有资金和依法筹集的资金，用以自己名义开设的证券账户买卖有价证券、获取盈利的行为。

证券自营买卖的对象主要有两大类：一类是上市证券；另一类是非上市证券。另外，证券公司在证券承销过程中也可能有证券自营买入。例如，在股票承销中采用包销方式发行股票时，由于种种原因未能全额售出，按照协议，余额部分由证券公司买入。同样，在配股过程中，投资者未配部分，如协议中要求包销，也必须由证券公司购入。

证券自营业务与证券经纪业务相比较，具有以下特点：①决策的自主性；②交易的风险性；③收益的不稳定性。

4) 资产管理业务

资产管理业务是指证券公司作为资产管理人，依照有关法律法规与客户签订资产管理合同，根据资产管理合同约定的方式、条件、要求及限制，对客户资产进行经营运作，为客户提供证券及其他金融产品的投资管理服务的行为。

资产管理业务是境外投资银行的主要业务，国内证券公司都把资产管理业务作为重点发展的领域。资产管理业务主要有三种：

（1）为单一客户办理定向资产管理业务

这种业务的特点是：第一，证券公司与客户必须是"一对一"的；第二，具体投资方向应在资产管理合同中约定；第三，必须在单一客户的账户中经营运作。

（2）为多个客户办理集合资产管理业务

证券公司通过设立集合资产管理计划，与客户签订集合资产管理合同，将客户资产交由具有客户交易结算资金法人存管业务资格的商业银行或者中国证监会认可的其他机构进行托管，通过专门账户为客户提供资产管理服务的一种业务。

（3）为客户办理特定目的的专项资产管理业务

证券公司与客户签订专项资产管理合同，针对客户的特殊要求和资产的具体情况，设定特定投资目标，通过专门账户为客户提供资产管理服务的一种业务。

5) 收购与兼并

收购与兼并是证券公司一项极为重要的业务。在企业兼并、收购过程中，证券公司扮演了极为重要的角色。证券公司可以通过多种方式参与企业的并购活动：①寻找兼并与收购的对象；②向猎手公司和猎物公司提供有关买卖价格或非价格条款的咨询，或者帮助猎物公司采取行动，抵御恶意吞并企图；③帮助猎手公司筹集必要的资金，以实现购买计划。

在兼并与收购过程中，证券公司收取的酬金（咨询费或聘请费）根据兼并与收购交易的金额大小、交易的复杂程度、证券公司提供的服务水平等决定。

6）基金管理

证券公司业务与基金业务有密切关系。第一，证券公司可以作为基金的发起人，发起和建立基金（基金的投资者可能是个人，也可能是机构投资者）；第二，证券公司可作为基金管理者管理自己发行的基金；第三，证券公司还可以作为基金的承销人，帮助其他基金发行人向投资者发售受益凭证，募集投资者的资金（这一过程与证券的承销过程很相似）；第四，证券公司还常常接受基金发起人的委托，作为基金的管理人帮助其管理基金，并据此获得一定的佣金。基金管理的关键是在分散和降低风险的基础上获得较高的收益，因此，证券组合投资就显得极为重要。证券公司拥有高水平的金融投资专家、迅捷的信息渠道、先进的金融技术、广泛的金融业务网络，因此在基金管理上具有得天独厚的优势。

拓展阅读 5-2

东北证券多措并举，让金融助力"沉下去"、乡村振兴"活起来"

7）咨询服务

由于证券公司拥有高水平的金融投资专家、理财专家，又拥有迅捷的信息渠道和先进的风险控制技术和工具，因此，证券公司能为客户提供有关财务管理、风险管理、流动性管理、招标、投标、策划、投资组合设计等许多方面的咨询服务。

咨询服务的收费有多种方式，有时按咨询内容所涉及资金额的一定比例收取，有时根据该项目所花费的人工决定。

5.3 其他非银行金融机构

5.3.1 政策性金融机构

1）政策性金融机构的含义与特征

所谓政策性金融机构是指那些由政府创立、参股或保证的，不以利润最大化为经营目的，在特定的业务领域内从事政策性融资活动，以贯彻和配合政府的社会经济政策或意图的金融机构。

政策性金融机构是各国金融体系中与商业性金融机构并存、互补而又与之对立的另一种类型的金融机构，它与商业性金融机构在许多方面均有不同，具有鲜明的特征：

（1）组织与设立的政府控制性

政策性金融机构创建时的资本多来自政府拨款，在经营过程中由政府提供信用保证。

（2）经营目标的非营利性

政策性金融机构的经营活动，是专门为贯彻和配合政府的社会经济政策或意图的，其业务经营或服务的内容多为商业性金融机构所不愿承担的，是无利可图或只有微薄收益的，这从根本上决定了政策性金融机构的非营利性特征。但是，许多政策性金融机构在经营过程中并非不讲求效益，也并非没有盈利，只是说这些机构并不是以追求利益最大化为其经营目的。在满足政府的政策要求和获取自身盈利的选择面前，政策性金融机构只能选择前者。

（3）业务范围的确定性

这类机构的业务领域主要是农业、住房业、中小企业、进出口贸易及经济开发等行业部门。这些行业部门直接关系到国民经济的健康、稳定、协调发展，它们的共同特点在于很难从商业性金融机构获得资金支援，客观上需要政府设立专门信贷机构予以特殊的资金支持。同时，政府对这些金融机构的业务范围进行严格限定，以避免与商业性金融机构出现交叉。

（4）融资机制的特殊性

政策性金融机构的融资机制既不同于商业性金融机构，也不同于政府财政。它的资金来源除了国家拨付资金外，主要通过发行债券、借款和吸收长期性存款获得，是高成本负债，而它的资金运用则主要是长期低息贷款，通常都是商业性金融机构所不愿或无法经营的，这样的负债和资产结构安排是通过由国家进行利息补贴、承担部分不良债权或相关风险等来实现的。但是，政策性金融机构的融资又明显不同于财政，它的基本运作方式是信贷，通常情况下要保证资金的安全运营和金融机构的自我发展能力。因此，在符合国家宏观经济发展和产业政策要求的前提下，政策性金融机构行使自主的信贷决策权，独立地进行贷款项目可行性评价和贷款审批，可以保证贷款的安全和取得预期的社会经济效益。

2）政策性金融机构的主要类型

政策性金融机构可从不同角度进行分类：按活动范围不同可分为国内机构和国际机构，国际机构如国际复兴开发银行、国际开发协会、亚洲开发银行、泛美开发银行、欧洲复兴开发银行、非洲开发银行等，国内机构又可分为全国性机构和地方性机构两大类；按组织结构中有无分支机构可分为单一型和多层型两类机构；按业务领域和服务对象的特征不同可分为经济开发、农业、进出口、住房、环境保护、存款保险、中小企业、国民福利等各种类型政策性金融机构；按业务的单一性和综合性可分为专业性机构和综合性机构等。最多见的是按业务领域和服务对象划分的类型，主要有如下几种：

（1）开发性政策性金融机构

这是指那些专门为经济开发提供长期投资或贷款的金融机构。这种金融机构多叫作"开发银行""复兴银行""开发金融公司""开发投资公司"等，如日本开发银行、德国复兴信贷银行、美国复兴金融公司、加拿大联邦实业开发银行、意大利工业复兴公司、新加坡开发银行、印度工业开发银行、巴基斯坦工业开发银行、国际复兴开发银行、亚洲开发银行、中国国家开发银行等。这些金融机构多以促进工业化，配合国家经济发展振兴计划或以产业振兴战略为目的而设立，其贷款和投资多以基础设施、基础产业、支柱产业的大中型基本建设项目和重点企业为对象。中国国家开发银行成立于1994年3月，注册资本500亿元人民币，总部设在北京，在国内若干城市设有分行或代表处。

（2）农业政策性金融机构

这是指专门为农业提供中长期低息贷款，以贯彻和配合国家农业扶持和保护政策的政策性金融机构。美国农民家计局、英国农业信贷公司、法国农业信贷银行、德国农业抵押银行、日本农林渔业金融公库、印度国家农业及农村开发银行、巴基斯坦农业开发银行、国际农业发展基金、国际农业信贷联合会、亚洲太平洋地区农业信贷协会、中国农业发展银行等都属于这类金融机构。这些金融机构多以推进农业现代化进程、贯彻和配合国家振兴农业计划和农业保护政策为目的而设立。其资金多来源于政府拨款、发行以政府为担保的债券、吸收特定存款和向国内外市场借款。贷款和投资多用于满足农业生产经营者的资金需要、改善农业结构、兴建农业基础设施、支持农产品价格、稳定和提高农民收入等。中国农业发展银行成立于1994年11月，总部设在北京，在全国各省、自治区、直辖市广泛设立分支机构。

（3）进出口政策性金融机构

进出口政策性金融机构是一国为促进进出口贸易，促进国际收支平衡，尤其是支持和推动出口的政策性金融机构。美国进出口银行、加拿大出口发展公司、英国出口信贷担保局、法国外贸银行、德国复兴信贷银行、日本进出口银行、印度进出口银行、新加坡出口信贷保险公司、非洲进出口银行、拉丁美洲出口银行、中国进出口银行等都属于这类金融机构。这些金融机构，有的为单纯的信贷机构，有的为单纯的担保和保险机构，有的则为既提供信贷，又提供贷款担保和保险的综合性机构，其宗旨都是为贯彻和配合政府的进出口政策，支持和推动本国出口。这些机构在经营过程中，以国家财力为后盾，由政府提供必要的营运资金和补贴，承担经营风险。中国进出口银行成立于1994年，注册资本33.8亿元人民币，总部设在北京，在国内若干城市和个别国家设有代表处。

（4）住房政策性金融机构

这是指专门扶持住房消费，尤其是扶持低收入者进入住房消费市场，以贯彻和配合政府的住房发展政策和房地产市场调控政策的政策性金融机构。美国联邦住房贷款银行、美国联邦住房贷款抵押公司、美国联邦全国抵押贷款协会、美国政府国民抵押贷款协会、加拿大抵押贷款和住房公司、法国房地产信贷银行、挪威国家住房银行、德国住房储蓄银行、日本住宅金融公库、印度住房开发金融公司、泰国政府住房银行、新西兰住房贷款公司、韩国住房银行等都属于这类金融机构。这些机构一般通过政府出资、发行债券、吸收储蓄存款或强制性储蓄等方式集中资金，再以住房消费贷款和相关贷款、投资和保险等形式将资金用于支持住房消费和房地产开发资金的流动，以达到刺激房地产业发展，改善低收入者住房消费水平，贯彻实施国家住房政策的目的。中国目前在一些城市已成立了经政府批准的商品住宅基金会或住房合作基金会，以满足住房基地开发、建设和流通周转性资金的需要，推动住房商品化和房产市场的建立和发展。

5.3.2　信用合作社
1）信用合作社概述

信用合作社是一种普遍存在的互助性金融组织，由个人集资联合组成，以互助为主要宗旨。其基本的经营目标是以简便的手续和较低的利率，向社员提供信贷服务，帮助经济力量薄弱的个人解决资金困难。

信用合作社一般规模不大，资金主要来源于合作社成员交纳的股金、公积金和吸收的存款。贷款主要用于解决其成员的资金需要，起初主要发放短期生产贷款，后来开始为生产设备更新、改造技术等提供中长期贷款，并逐步采取以不动产或有价证券为担保的抵押贷款方式。

2）信用合作社的分类

（1）按照地域的不同，信用合作社可分为农村信用合作社和城市信用合作社

农村信用合作社作为农村集体金融组织，其特点集中体现在由农民入股、由社员民主管理、主要为入股社员服务三个方面。其主要业务活动是经营农村个人储蓄以及农户、个体经济户的存款、贷款和结算等。

城市信用合作社作为城市集体金融组织，是为城市集体企业、个体工商户以及城市居民服务的金融企业，是实行独立核算、自主经营、自负盈亏、民主管理的经济实体。

（2）以经营制度为标准可分为专营信用合作社和兼营信用合作社

专营信用合作社专职经营信用业务及有关信用的附属业务，不涉及其他合作业务。

兼营信用合作社除了经营信用业务外，还兼营其他各种合作业务，如生产、消费、运输等。

（3）以组织性质为标准可分为区域性信用合作社和职业性信用合作社

区域性信用合作社是凡属某个区域内居民只要符合规定均可参加的组织。

职业性信用合作社以机关团体职员为限，并非人人都可参加。

（4）以组织成员为标准可分为基层信用合作社和信用合作联社

基层信用合作社即基层组织单位，主要成员是自然人，一些不以营利为目的的法人也可申请加入成为法人社员。

信用合作联社是构成完整的信用合作社组织系统，其成员是单位社员。

（5）以社员和信用社的权责关系为标准可分为有限责任信用合作社、保证责任信用合作社和无限责任信用合作社

有限责任信用合作社，社员所负责任仅以其所认股份额为限。

保证责任信用合作社，社员所负责任以其所认股份额及保证金额为限。

无限责任信用合作社，社员以其所拥有的全部财产对合作社的债权负责任。

3）我国的信用合作社

我国的信用合作社分为农村信用合作社和城市信用合作社。

农村信用合作社普遍建于20世纪50年代，在几十年发展过程中，一度作为中国农业银行的基层机构存在，并由中国农业银行管理，在相当大的程度上丧失了合作性质。1996年农村信用合作社进行了改革：一是农村信用合作社与中国农业银行脱离行政隶属关系，转而由县级联社负责其业务管理；二是按照合作制原则重新规范农村信用合作社，使其绝大部分恢复合作制性质。2001年11月12日，江苏省江阴市、张家港市、常熟市三家农村商业银行的成立，标志着我国农村金融体制的重大变革和我国金融体制改革的重大突破。我国农村信用社经历几年改革，已建立起新的农村信用合作社经营管理体制框架。

城市信用合作社是为城市集体企业、个体工商户以及城市居民服务的金融企业，实行独立核算、自主经营、自负盈亏、民主管理。经营业务涉及办理城市集体企业和个体

工商户的存、放、汇业务；办理城市个人储蓄存款业务；代办保险及其他代收代付业务和中国人民银行批准的其他业务等。我国城市信用合作社自20世纪90年代初期开始，逐步改组为城市商业银行，没有条件建立城市信用合作社的小城镇，其城市信用合作社转归信用合作联社统一管理。

5.3.3　信托投资公司

1) 信托投资公司概述

信托投资公司也称信托公司，是以资金及其他财产为信托标的，根据委托者的意愿，以受托人的身份管理及运用信托资财的金融机构。信托是指委托人基于对受托人的信任，将其财产权委托给受托人，由受托人按委托人的意愿，为受益人的利益或者特定目的进行管理或者处置的行为。

一个典型的信托行为要涉及三方关系人，即委托人、受托人和受益人。

委托人是主动提出设立信托关系的一方关系人，其条件是必须拥有作为信托财产的所有权或具有委托代办经济事务的合法权利。委托人的权利除了设立信托时的授予权外，在信托关系存续期间，还有权对受托者管理不当或违反信托目的的行为提出异议，并要求弥补损失；有权查阅有关处理信托事务的文件和询问信托事务；有权准许受托者辞职或要求法院免去其职权；当信托关系结束而又找不到信托财产的归属者时，有权得到信托财产等。

受托人是接受委托人的授权，并按约定的信托条件对信托财产进行管理或处理的信托关系人。受托人必须具有受托行为能力，即必须有执管产权，并管理、运用和处理财产的能力。受托人可以是个人或法人。当受托人为法人时必须拥有一定的资本金，并须经政府主管部门审核批准后取得信托经营权。受托人的权利主要有两项：一是根据信托契约具有合法地对信托财产进行独立管理和处理的权利；二是具有收取报酬、获得收益的权利和收取费用要求补偿（非自己主观过失造成的）损失的权利。受托人的基本义务主要有：忠于职守，妥善管理和处理受托财产；在因管理不善或处理不当，或逾越信托权限致使信托财产遭受损失时，有弥补损失的义务；受托人必须将自有财产和信托财产分别管理，对不同委托人的财产也要分别管理。

受益人是指享受信托利益的人。各国法律对受益人一般没有特别的条件限制，除根据法律规定为禁止享有财产权者外，其他人均可成为信托受益人。受益人最首要的权利是索取按信托合同规定的信托财产及其所产生的利益，此外受益人还拥有许多与委托人相同的权利，如具有在一定条件下要求受托人弥补损失或取消处理的权利，有权查阅、过问信托事务处理的有关资料和情况等等。当然，一般来说，受益人在信托期间对信托财产只享有利益权而无财产的物权，即无权处理、转移、抵押、分割信托财产或实施其他损害信托财产的行为。

从上述三方关系人的权利义务来看，信托最突出的特征是对信托财产所有权的分割。在信托关系成立后，受托人以所有人身份管理、处理信托财产。以自己的名义对外与第三人进行有关信托财产的交易并承担相应的民事责任，但必须是为了受益人的利益管理、处理信托财产，信托财产在法律上不能看作受托人的自有财产。因此，信托的实质是将责任和利益分开，承担财产管理责任的人即受托人并不享受利益，而享受财产利益的人却不承担管理责任。信托的这一特征使它特别适合于由于时间、精力和能力等因素限制而不能亲自管理财产的人进行理财安排，信托因此也成为现代社会中一种广受欢迎的财产管理制度。

2）信托投资公司的业务

（1）个人信托投资业务

个人信托投资业务是指以个人作为委托人，以信托投资机构为受托人而办理的各种业务。个人信托投资业务可根据信托生效时期分为生前信托和身后信托。①生前信托，是指委托人与信托机构签订信托契约，委托信托机构在委托人在世时就开始办理有关的事项。②身后信托，指信托机构受托办理委托人去世后的各项事务，主要包括执行遗嘱信托、管理遗产信托、未成年人监护信托。

（2）法人信托业务

法人信托业务是指以具有法人资格的企业、公司、社团等作为委托人而设立的信托。在商品经济发达的国家，这类业务是信托公司的支柱业务，往往与法人自身的经营活动有着密切关系。从当前主要市场经济国家信托业务发展的情况看，信托品种主要有：①公司债信托，又称抵押公司债信托，即信托公司为协助企业发行债券，提供发行便利和担保事务而设立的一种信托形式。如果企业要向社会募集资金，必须以等额价值的物品为抵押，信托机构为了保障债权人即债券购买者的利益，将债务人即发行公司的特定财产作为债务偿还的抵押。但作为担保的财产不能分割，由各持券人分别保管，这种对债券担保品的保管未定就会产生发行债券的困难，因此，委托信托机构作为公司债担保品的保管人，即形成公司债信托，如果举债企业将来无力还本付息，信托机构可处理担保品以作抵偿。②动产信托，又称作设备信托，是指以动产的管理、处理为目的的信托。动产的含义极为广泛，在财产中除了土地及固定物以外的都叫动产。动产信托中的信托标的物，一般是价格昂贵的产品，如飞机、轮船、海上运输用的集装箱等，单个企业很难筹措到整笔资金购买此类动产，信托机构可通过发行"信托证券"或"信托受益权证书"，向社会发行取得资金。③雇员受益信托，是指雇主为雇员提供各种利益的信托。近年来这种信托业务发展很快。雇员受益信托的业务主要有养老金信托、财产积累信托和职工持股信托等形式。养老金信托，是信托机构受托对委托人定期缴纳的养老金进行管理和运用，并在雇员退休后以年金形式支付的一种信托；财产积累信托，是把职工的财产积累储蓄委托给信托机构管理运作，以便将来形成一项财产（如住房）的一种指定金钱信托业务；职工持股信托，是指将职工买入的本公司股票委托给信托机构管理和运作，职工退休后享受信托收益的信托安排。④商务管理信托，又称表决权信托，是由公司股东与信托机构缔结表决权信托契约，各股东将股票过户给受托人，注明"表决权"字样，受托人签发"表决权信托证书"给股东。在这种情况下，受托人成为公司名义上的股东，行使契约中规定的表决权。表决权信托证书与股票相似，持有人享有股东可以享有的除了表决权外的一切权利，并可以流通转让。

（3）通用信托业务

通用信托业务是指那些既可以由个人作委托人，也可以由法人作委托人的信托业务。通用信托自产生以来发展较快，逐渐超过信托机构的其他业务。目前主要有：①信托投资基金，又称契约型投资基金，即集合众多不特定的投资者，将资金集中起来设立投资基金，委托具有专门知识和经验的投资专家经营操作，共同分享投资收益的一种信托形式。随着投资信托的变迁及各国法律制度的演变，出现公司形式的投资基金等多种形式。②不动产信托，是指以不动产作为信托财产的信托业务。委托人与信托机构签订不动产信托契约委托管理和处理的业务，是信托机构重要的传统业务，任何个人和法人组织，凡是涉及房地产的建设和开发、买卖租赁或其他有关房地产的业务，都可以采用不动产信托进行管理。③公益信托业务，是指出于公共利益目的，为将来不特定的多数受益人而设立的信托业务。下列信托均属于公益信托：救济贫困；救助灾民；扶助残疾人；发展教育、科技、文化、艺术、体育事业；发展医疗卫生事业；发展环境保护事业，维护生态环境；发展其他社会公益事业等。

5.3.4　租赁公司

1）租赁公司的概念

租赁公司是指专门经营融资租赁业务的机构。一般来说，融资租赁是指企业需要添置某些技术设备而又缺乏资金时，由出租人代其购进或租进所需设备，然后将它租给承租人在一定期限内有偿使用的一种租赁方式。

融资租赁是以"融物"的方式达到资金融通的目的。它是以融通资金为目的，以技术设备、办公设备等动产为租赁对象，以经济法人——企事业单位为承租人的新型的金融业务。

2）融资租赁的特点

（1）所有权与使用权分离

融资租赁作为一种信用方式，是在使用价值和价值同时让渡的基础上出现的所有权与使用权的分离。在整个租赁合同期间，租赁资产的所有权属于出租人，承租人在租期内以租金为代价，只获得租赁资产的使用权。

（2）融资与融物相结合

融资租赁是借钱与借物融合在一起的信用活动，具有资金运动与物资运动相结合的特征。出租人在将租赁资产出租的同时，相应地解决了承租人增置生产设备的资金需求，具有信用和贸易的两重性。

（3）租金的分期归流

融资租赁同其他信用形式一样，也要求到期后偿还本息；所不同的是融资租赁偿付的是租金，而且租金是按照契约的规定分次交付的，到租赁期满，租金的累计数应相当于租赁资产价款和该项资金在租赁期内的利息。

（4）融资租赁至少涉及三个方面的关系，包括两个或两个以上的合同

三个方面的关系，即出租方、承租方和供货方之间的关系。出租方根据承租方的需求，出资或筹资向供货方购买租赁资产，同时将所购买的租赁资产向承租方出租，承租方根据合同规定定期支付租金。合同一般有两个：一个是出租方与承租方订立的租赁合同，规定双方的权利和义务；另一个是出租方与供货方订立的合同，保证货物的供应与购买。

3）融资租赁业务的种类

租赁公司根据承租人的不同要求及其本身的融资、融物能力，采取相应的融资租赁形式，常用的融资租赁形式主要有以下几种：

（1）直接租赁

直接租赁又称自营租赁，做法是购进租出。这是融资租赁业务中比较普遍的一种形式。租赁公司根据承租人的要求，自行筹资并购进承租人所需设备，租给承租人使用。租期一般定在 3 年以上。租赁期内租赁设备所有权完全归属出租人；租赁期满，承租方有廉价购买其租赁设备的特权，承租人用租入设备所新增的利润支付租金，租赁设备的维修、保养及保险由承租人负担。

（2）转租赁

转租赁是租进租出的做法，即出租人从制造商或另一家租赁公司租进设备，然后转租给用户。转租赁是租赁公司兼有承租人和出租人双重身份的一种租赁形式。这种租赁形式至少涉及三方面关系、两份租赁合同，实际上是一个项目两笔租赁，其租金一般比直接租赁高。中间租赁公司作为承租人向出租公司支付租金，又以出租人身份向用户收取租金。设备所有者与使用者之间没有直接的经济或法律关系。

（3）回租租赁

回租租赁是当企业急需生产周转资金或新设备投资资金而又告贷无门时，可以先将自己拥有的设备按现值卖给租赁公司，再作为承租人向租赁公司租回原设备继续使用，并按期向租赁公司交付租金。回租租赁是一种紧急的融资方式，适合资产流动性差的企业。作为租赁物体的设备就是企业的在用设备，未作任何转移，其销售只是一种形式。承租人既保持了原有设备的使用权，又能使这些设备所占用的资金转化为企业急需的周转资金和投资资金，使企业固定资产流动化，提高资金利用率。

（4）杠杆租赁

杠杆租赁也称平衡租赁，它是融资租赁的一种特殊形式。这种形式是设备购置成本的小部分由出租人承担，大部分由银行等金融机构提供贷款补足。其做法是：一家租赁公司（出租人）先出小部分资金（一般占租赁设备价款的 20%～40%），其余的通过租赁设备作抵押，以转让收取租金权利作附加担保，联合若干家其他金融机构共同提供一项租赁融资，形成较大的资金规模，以购买大型资金密集型设备，如飞机、船舶、勘探和开采设备等，提供给承租人使用。设备出租后，承租人要向贷款人支付租金，替出租人偿还借款债务。由于这种租赁的出租人自筹资金只占少量，而主要依靠抵押贷款的杠杆作用来获取高于一般租赁的投资报酬，因此称为杠杆租赁。

杠杆租赁业务一般涉及多个当事人或若干个协议。在杠杆租赁交易的许多业务谈判中，常有几个机构或组织同时参加，每项主要交易都涉及供货人、贷款人、承租人和出租人之间的谈判，因而杠杆租赁是法律关系最复杂、操作程序最烦琐的一种租赁形式。

✓ **新闻资讯 5-1** --

绿色租赁业务投放呈爆发式增长

近日，全国首笔标准化绿色租赁业务在天津落地：华能天成融资租赁有限公司提交的风电设备直租项目绿色评价申请，经天津东疆综保区管委会委托的第三方绿色评价机构联合赤道环境评价股份有限公司评价认定后，获得该机构出具的绿色融资租赁项目认定表。这是东疆综保区在全国率先出台融资租赁绿色评价机制后，按照该机制认定评价的首个绿色融资租赁项目，对融资租赁行业绿色发展具有积极示范意义。

该项目由华能天成租赁以直租方式操作，租赁物为风机、塔筒和相关电气设备，将应用于甘肃某风力发电项目，能够产生显著的环境效益，估算可节约标煤153.8万吨，减排二氧化碳当量397.5万吨。

据悉，2022年以来，全国各金融租赁公司持续加快绿色租赁产品开发和业务拓展，在风电、光伏、生物质发电、污水处理、绿色公交等领域开展业务，积极促进循环经济、清洁能源等新兴产业发展，推进能源绿色转型和结构优化。

中国银行业协会发布的数据显示，2022年金融租赁公司的绿色租赁业务累计投放约3 267亿元，较2021年增加2 023.60亿元，同比增长163.75%，业务投放呈爆发式增长。截至2022年底，绿色租赁业务资产规模达7 560亿元，同比增长36.09%，占行业总资产规模的20%。

据了解，绿色租赁是指租赁机构为支持环境改善、应对气候变化和资源节约高效利用等经济活动所提供的租赁产品及服务。因绿色产业相关项目业务期限长、设备投资金额较大、技术更迭速度快、设备损耗较高等特点，以"融资与融物结合""使用权与所有权分离"模式为主导的融资租赁应运而生，成为该类绿色产业发展的重要资金支撑手段和多元化绿色金融体系中的新兴金融产品代表。

绿色融资租赁根据企业融资能力、项目业务特征等承租方融资特质和需求，通过灵活性调整还款方式、业务期限等产品属性，定制化打造适合承租方的绿色融资租赁产品，可有效缓解企业由于缺乏抵质押物或传统企业投资额大而导致的融资困难等问题，帮助企业进行绿色低碳转型。

2018年以来，融资租赁行业参与公司数量及合同余额稳步发展。天眼查数据显示，仅天津地区目前就有融资租赁相关企业3 840余家，2023年1—7月新增注册企业200余家，同比增长11.2%。2021年，随着"十四五"规划明确指出应加快发展方式绿色转型、大力发展绿色金融的顶层设计，金融租赁公司积极响应国家碳达峰、碳中和战略，依靠自身灵活的业务模式、产融结合的专业优势和高度的市场敏感性，发挥"融资+融物"的特色优势，在发展过程中注入"绿色基因"。目前，该行业主要覆盖清洁能源、交通、绿色建筑、生态旅游等业务领域。

据有关专家介绍，当前，多地已将绿色融资租赁纳入各地绿色金融发展政策体系中，但我国暂未出台针对绿色融资租赁领域的专项制度。该专家建议，在政策端口方面，完善绿色融资租赁标准体系，加快构建监管考核体系，建立健全信息依法披露制度，推动投资者利益保障体系搭建，为绿色产业转型升级提供高质量服务供给，推动行业健康稳定运行。

资料来源：张玺.绿色租赁业务投放呈爆发式增长［EB/OL］.［2024-03-28］.http://www.news.cn/fortune/2023-08/22/c_1129815543.htm.

知识链接 5-1

六类非银行金融机构

六类非银行金融机构分别是信托公司、金融资产管理公司、金融租赁公司、汽车金融公司、保险公司、保险资产管理公司。

非银行金融机构（non-bank financial intermediaries）是以发行股票和债券、接受信用委托、提供保险等形式筹集资金，并将所筹资金运用于长期性投资的金融机构。非银行金融机构与银行的区别在于信用业务形式不同，其业务活动范围的划分取决于国家金融法规的规定。非银行金融机构在社会资金流动过程中所发挥的作用是：从最终借款人那里买进初级证券，并为最终贷款人持有资产而发行间接债券。通过非银行金融机构的这种中介活动，可以降低投资的单位成本；可以通过多样化降低投资风险，调整期限结构以最大限度地缩小流动性危机的可能性；可以正常地预测偿付要求的情况，即使流动性比较小的资产结构也可以应付自如。

本章自测题

一、填空题

1. 1994 年，为了适应经济发展的需要，我国相继成立了_____、_____、_____三家政策性银行。

2. _____是指由个人集资联合组成，以互助为主要宗旨的合作金融组织。

3. 按保险标的划分，保险可分为_____和_____。

4. _____是指出租人在自己营运资金不足或某些设备不能直接购买的情况下，作为中介人从第三方以租赁融资后购买或承租设备，再转租给承租人使用的金融租赁。

5. 证券公司自营业务的特点有_____、_____和收益的不稳定性。

6. 政策性金融机构是由_____创立、参股或保证的，不以_____最大化为经营目的，在特定的业务领域内从事政策性融资活动，以贯彻和配合政府的社会经济政策或意图的金融机构。

7. 一个典型的信托行为主要涉及三方关系人，即_____、_____和_____。

8. 租赁公司采取的租赁形式通常有直接租赁、_____、_____、_____和杠杆租赁。

9. 第三者责任险是_____而产生的保险人对_____依法应负的赔偿责任。

10. 一般把商业银行充当资金供求媒介的活动称为_____方式，而把证券公司充当资金供求媒介的活动称为_____方式。

二、选择题

（一）单项选择题

1. 各国除银行外，最重要的非银行金融机构是（　　）。

A.信用合作社　　　　B.保险公司　　　　C.养老基金　　　　D.政策性银行

2.以营利为目的，按照商业经营原则经营的保险是（　　　）。

A.商业保险　　　　　B.人身保险　　　　C.财产保险　　　　D.责任保险

3.不属于存款型金融机构的是（　　　）。

A.商业银行　　　　　B.储蓄银行　　　　C.信用合作社　　　　D.投资基金

4.不属于我国政策性银行的是（　　　）。

A.中国人民银行　　　　　　　　　　B.中国进出口银行

C.中国农业发展银行　　　　　　　　D.国家开发银行

5.证券公司通过其设立的证券营业部，接受客户委托，按照客户要求，代理客户买卖证券的业务是（　　　）。

A.证券自营业务　　　　　　　　　　B.证券承销业务

C.咨询服务　　　　　　　　　　　　D.证券经纪业务

6.专门为经济开发提供长期投资或贷款的金融机构为（　　　）。

A.开发性政策性金融机构　　　　　　B.农业政策性金融机构

C.进出口政策性金融机构　　　　　　D.住房政策性金融机构

7.证券公司的功能不包括（　　　）。

A.充当资金供求的媒介　　　　　　　B.实现社会资源的有效配置

C.帮助上市公司筹措资金　　　　　　D.维系证券市场的有序发展

8.政策性金融机构创建时的资本多来自政府拨款，在经营过程中由政府提供信用保证体现了政策性金融机构的（　　　）。

A.经营目标的非营利性　　　　　　　B.业务范围的确定性

C.融资机制的特殊性　　　　　　　　D.组织与设立的政府控制性

（二）多项选择题

1.我国现阶段政策性银行主要有（　　　）。

A.国家开发银行　　　　　　　　　　B.中国农业发展银行

C.中国进出口银行　　　　　　　　　D.中国人民银行

2.我国现行的非银行金融机构主要有（　　　）。

A.中国人民保险公司　　　　　　　　B.中国国际信托投资公司

C.信用合作社　　　　　　　　　　　D.邮政储蓄银行

3.保险的职能包括（　　　）。

A.经济补偿职能　　　　　　　　　　B.防灾减损职能

C.资金运用职能　　　　　　　　　　D.最大诚信职能

4.一般情况下，政策性银行具有的基本特征有（　　　）。

A.行为目标的非营利性　　　　　　　B.业务领域的专业性

C.信用创造的差别性　　　　　　　　D.组织方式上的政府控制性

5.关于融资租赁的表述，正确的有（　　　）。

A.设备的所有权和使用权相分离

B.融资和融物相结合

C.至少涉及两个合同

D.以分期付款租金形式获取租赁物

6.按保险关系实施方式分类的保险种类有（　　　）。

A.自愿保险　　　　　B.法定保险　　　　　C.再保险　　　　　D.商业保险

7.信用合作社主要资金来源于（　　　）。

A.吸收的存款　　　　　　　　　　B.公积金

C.发行的金融债券　　　　　　　　D.社成员交纳的股金

8.人身保险划分的种类包括（　　　）。

A.第三者责任保险　　　　　　　　B.人寿保险

C.人身意外伤害保险　　　　　　　D.健康保险

三、判断题

1.再保险是指保险人将所承包的业务的一部分或全部，分给一个或几个保险人承担。　　　　　　　　　　　　　　　　　　　　　　　　　　　　　　（　　　）

2.中央银行与政策性银行都不以营利为目的。　　　　　　　　　　　（　　　）

3.信用合作社的资金主要来源于其成员交纳的股金和吸收存款，贷款主要用于解决其成员的资金需要。　　　　　　　　　　　　　　　　　　　　　　　（　　　）

4.政策性银行通常不具有派生存款和增加货币供给的功能。　　　　　（　　　）

5.在信托关系中，托管财产的财产权即财产的所有、管理、经营和处理权，从委托人转移到受托人。　　　　　　　　　　　　　　　　　　　　　　　　（　　　）

四、简答题

1.简述保险业务的种类。

2.证券公司具备哪些功能？

3.什么是政策性金融机构？政策性金融机构与商业性金融机构有何区别？

4.简述信托投资公司的业务。

5.什么是融资租赁？融资租赁可以采取哪些形式？

五、实训题

实训项目：非银行金融机构的产品及功能分析。

实训目的：熟悉非银行金融机构的产品及功能，并能够在现实中加以应用。

实训步骤：

（1）学生可选择一类非银行金融机构。

（2）搜集相关产品资料。

（3）根据产品功能进一步分析该类非银行金融机构的功能。

（4）总结分析结果，得出结论。

第6章

中央银行与货币政策

学习目标

知识目标：掌握中央银行的性质、职能，货币政策的概念，货币政策目标的内涵，货币政策工具的含义与作用过程，货币政策中介指标。

技能目标：能区分各类货币政策工具，并熟练分析各类货币政策工具的运用对货币供给产生的影响；能够解读我国的货币政策，深刻理解中央银行在金融体系甚至宏观经济运行中的核心作用。

素质目标：通过分析解读适时的中央银行金融政策的训练，养成理论与实践相结合的学习习惯，提高眼界和视野。

央行发布 2023 年第二季度中国货币政策执行报告

据央行官网 2023 年 8 月 17 日消息，央行发布《2023 年第二季度中国货币政策执行报告》。2023 年以来，我国经济持续恢复、总体回升向好。2023 年上半年国内生产总值（GDP）同比增长 5.5%，为实现全年经济社会发展目标打下了良好基础；居民消费价格指数（CPI）同比上涨 0.7%，物价总体保持平稳。

一是保持货币信贷合理增长。综合运用降准、再贷款再贴现、中期借贷便利、公开市场操作等多种方式投放流动性，保持流动性合理充裕，引导金融机构稳固信贷支持实体经济的力度，增强贷款总量增长的稳定性和可持续性。二是推动实体经济融资成本稳中有降。发挥政策利率引导作用，6 月、8 月公开市场逆回购操作和中期借贷便利中标利率分别合计下行 20 个和 25 个基点，持续释放贷款市场报价利率（LPR）改革效能，推动企业融资和居民信贷成本稳中有降。发挥好存款利率市场化调整机制重要作用。继续落实首套房贷利率政策动态调整机制。三是持续发挥结构性政策工具作用。在用好现有结构性政策工具的基础上，增加支农支小再贷款、再贴现额度，延续实施普惠小微贷款支持工具等多项阶段性工具，延长房地产"金融 16 条"有关政策适用期限，并推动房企纾困专项再贷款和租赁住房贷款支持计划落地生效。四是兼顾内外均衡。深化汇率市场化改革，坚持市场在人民币汇率形成中起决定性作用，发挥汇率调节宏观经济和国际收支自动稳定器功能。五是强化风险防范化解。坚持市场化法治化原则处置风险，构建分级分段的银行风险监测、预警和硬约束早期纠正工作框架，牢牢守住不发生系统性金融风险的底线。

总体看，2023 年以来货币政策保持前瞻性、有效性、可持续性，根据形势变化合理把握节奏和力度，为经济回升向好创造了良好的货币金融环境。货币信贷保持合理增长，2023 年上半年新增人民币贷款 15.7 万亿元，同比多增 2.0 万亿元；6 月末人民币贷款、广义货币（M2）、社会融资规模存量同比分别增长 11.3%、11.3% 和 9.0%。信贷结构持续优化，6 月末普惠小微贷款和制造业中长期贷款余额同比分别增长 26.1% 和 40.3%。贷款利率明显下行，6 月新发放企业贷款、个人住房贷款加权平均利率分别为 3.95%、4.11%，较 2022 年同期分别低 0.21 个、0.51 个百分点，处于历史低位。人民币汇率双向浮动，人民币对美元汇率 5 月贬破 7 元，7 月份又升值 1.3%，结售汇行为理性有序，市场预期基本稳定。

当前我国经济已恢复常态化运行，高质量发展扎实推进。也要看到，国际政治经济形势复杂严峻，发达经济体快速加息的累积效应继续显现，全球经济复苏动能减弱，国内经济运行面临需求不足、一些企业经营困难、重点领域风险隐患较多等挑战。我国经济具有巨大的发展韧性和潜力，长期向好的基本面没有改变，有利条件和积极因素不断积蓄，要保持战略定力，增强发展信心。下阶段，中国人民银行将坚持以习近平新时代中国特色社会主义思想为指导，全面贯彻落实党的二十大和中央经济工作会议精神，坚持稳中求进工作总基调，完整、准确、全面贯彻新发展理念，加快构建新发展格局，全面深化改革开放，把实施扩大内需战略同深化供给侧结构性改革结合起来，加大宏观政策调控力度，建设现代中央银行制度，充分发挥货币信贷效能，不断推动经济运行持续好转、内生动力持续增强、社会预期持续改善、风险隐患持续化解，推动经济实现质的有效提升和量的合理增长。

稳健的货币政策要精准有力，更好发挥货币政策工具的总量和结构双重功能，稳固支持实体经济恢复发展。综合运用多种货币政策工具，保持流动性合理充裕，保持货币供应量和社会融资规模增速同名义经济增速基本匹配。继续深化利率市场化改革，完善央行政策利率体系，持续发挥贷款市场报价利率改革和存款利率市场化调整机制的重要作用，促进企业融资和居民信贷成本稳中有降。结构性货币政策工具"聚焦重点、合理适度、有进有退"，继续实施好存续工具，对结构性矛盾突出领域延续实施期限，持续加大对小微企业、科技创新、绿色发展等支持力度。适应房地产市场供求关系发生重大变化的新形势，适时调整优化房地产政策，促进房地产市场平稳健康发展。发挥好金融在促消费、稳投资、扩内需中的积极作用，保持物价水平基本稳定。坚持以市场供求为基础、参考一篮子货币进行调节、有管理的浮动汇率制度，综合施策、稳定预期，保持人民币汇率在合理均衡水平上的基本稳定，坚决防范汇率超调风险。切实防范化解重点领域金融风险，统筹协调金融支持地方债务风险化解工作，稳步推动中小金融机构改革化险，守住不发生系统性金融风险的底线。

资料来源：孙艳. 央行发布 2023 年第二季度中国货币政策执行报告［EB/OL］.［2024-04-11］. https：//www.rmzxb.com.cn/c/2023-08-18/3395338.shtml.

这一案例表明：中央银行稳健的货币政策为经济回升创造了良好的货币金融环境。但是，鉴于国际政治经济形势的复杂严峻，国内经济运行和实体经济面临的压力，中央银行还要更好发挥货币政策工具的总量和结构双重功能，稳固支持实体经济恢复发展，同时要统筹协调金融支持地方债务风险化解工作，稳步推动中小金融机构改革化险，守住不发生系统性金融风险的底线。新形势下中央银行将要面临严峻的考验。

6.1　中央银行的产生、发展与类型

6.1.1　中央银行的产生与发展

所谓中央银行，是指在一国金融体系中居于主导地位，负责制定和执行国家的金融政策，调节货币流通和信用活动，管理国内金融体系和金融活动，并在国际金融活动中代表国家的金融核心机构。中央银行从萌芽到形成是在 17 世纪中叶到 19 世纪中叶。作为一个国家金融体系的中心环节，中央银行在银行业发展到一定阶段时才产生，并随着商品经济、信用制度和银行业的发展而不断发展。

1）中央银行产生的必要性

中央银行的产生源于商品经济的发展，是货币信用业发展的需要。中央银行建立的必要性主要有以下几方面：

（1）政府对货币财富和银行进行控制的必要

资本主义商品经济的迅速发展，客观上要求建立相应的货币制度和信用制度。资产阶级政府为了开辟更广泛的市场，也需要有巨大的货币财富作后盾。政府的这种强烈欲望，早在资本主义工场手工业发展阶段就已萌生，但由于当时政府没有控制大银行而未能如愿。在英国，政府为了筹备费用而不得不向高利贷者求借。英王查理二世曾以20%～30%的巨额高利贷利息和贴水向"金匠"借款，同时还以国家的税收和议会通过的拨款作抵押。为了适应资本主义商品经济的进一步发展，应对私人银行经营业的不断扩大，促使政府以国家的名义建立资产阶级大银行，1694年创立的英格兰银行取得了半国家机构的地位。它作为一个受国家保护并被赋予国家特权的公共机构，不仅获得了较大的资本权力，同时还获得了巨大的利润，终于形成了代表"国家银行"的资本主义初期信用制度。它不仅为国家财政服务，而且为国家积累了巨额的储备。

（2）银行券统一发行的必要

银行券是替代商业票据的银行票据，是商业银行为弥补金属货币量的不足而发行的。由于众多商业银行纷纷发行自己的银行券，致使银行券种类繁多。市场不断扩大，而分割开来的银行券的流通与日益扩大的商品生产和流通的要求出现矛盾。小银行破产倒闭增多，其发行的银行券的兑现已不可能，并且这些银行券已失去了流通的条件，致使信用纠纷增多，由此引发大范围的信用危机。另外，小银行的信用活动领域有着地区的限制，它们发行的银行券只能在国内有限地区流通。随着资本主义经济的发展，要求有更加稳定的货币，也要求银行券只能由信誉卓著、信用活动具有全国意义的大银行集中发行。因此，客观上要求银行券的发行集中于中央银行。

（3）全国统一清算系统建立的必要

随着银行业的不断发展，银行经营必然日趋扩大，银行每天收受票据的数量增多，各家银行之间的债权债务关系复杂化，由各家银行自行轧差进行当日清算已发生困难。这种状况不仅表现为异地结算矛盾突出，即使同城结算也成问题。因此，客观上要求建立一个全国统一的、有权威的、公正的清算系统，这一系统非中央银行莫属。

（4）银行最后贷款者建立的必要

在经济发展过程中，特别是经济周期中的衰退和萧条阶段，商业银行往往陷于资金调度不灵的困境，有时因支付能力不足而破产。商业银行缺乏稳定的信用关系，不利于社会经济的发展，也不利于社会的稳定，因而客观上需要一个统一的金融机构为其他银行作后盾，在必要时为其提供资金支持。

（5）金融管理、监督的必要

为鼓励银行间的正当竞争，避免银行间的不正当竞争给社会经济带来不利影响，一国需要有一个代表政府意志的专门机构从事金融业的管理、监督和协调工作。

2）中央银行历史演变与发展

中央银行走过了几百年的发展历程，从历史发展的脉络分析，它有一个产生、发展和完善的过程，学术界将其划分为以下三个不同的时期：

（1）初创时期

如果从1656年最早成立的中央银行——瑞典银行算起，到1913年美国建立联邦储备体系为止，中央银行的创立经历了257年的曲折历程。据不完全统计，这一时期世界上设立的中央银行有29家，其中，欧洲19家，美洲5家，亚洲4家，非洲1家。在初创时期成立的中央银行中，具有典型代表意义的是英格兰银行。

英格兰银行成立于1694年，是现代中央银行的鼻祖，它在中央银行的发展史上是一个重要的里程碑。英格兰银行成立之初，具有一般商业银行的性质，如存款、贷款和贴现等，所不同的是，英格兰银行享有一般银行不能享有的特权，它接受政府存款并向政府提供贷款，获准以政府债券作为抵押，并发行等值银行券。

1825年，英国爆发了资本主义世界的第一次经济危机。这场由生产过剩引发的危机很快波及货币信用领域，出现货币匮乏，信用中断。在一年多的时间里，有100多家银行相继倒闭，银行以及银行券的信誉大减，公众对银行及银行券失去了信心。危机过后，英国政府认为必须从货币信用方面寻求避免危机的措施，并展开了关于银行券发行保证的争论。1844年，英国通过了《英格兰银行条例》（也称为《比尔条例》），条例明确规定英格兰银行发行银行券必须有充足的黄金储备，以政府证券作准备的信用发行额不得超过1 400万英镑。之后又规定新设的银行和改组的银行没有银行券的发行权，英格兰银行可以增发相当于这些银行券减少额2/3的银行券。

英格兰银行基本垄断银行券发行是在1844年，即英格兰银行成立的150年以后。但1844年，英国还有280家银行可以发行银行券，但其他银行发行数量已大大下降。1854年，英格兰银行成为英国银行业的票据交换中心；1872年，英格兰银行对其他银行在运转困难时提供资金支持，而成为其他银行的"最后贷款者"。到1910年，除英格兰银行外，英国还有60家银行可以发行银行券，但这60家银行只能发行100万英镑银行券，而英格兰银行发行的银行券已经达到3 000万英镑。到1928年，随着银行业的发展，英格兰银行完全垄断了英国银行券的发行，成为英国唯一的银行券发行银行。

美国国会在1913年12月通过了《联邦储备法案》，将中央管理与地方管理、自愿参加与强制参加、政府所有与私人所有、政府管理与私人管理巧妙地结合和协调起来。根据《联邦储备法案》，美国建立了联邦储备体系，创建了中央银行制度。

（2）普遍推行时期

从20世纪初至20世纪中叶是中央银行制度的普遍推行时期。第一次世界大战爆发后，各主要资本主义国家先后放弃了金本位，普遍发生了恶性通货膨胀。金融领域发生了剧烈的波动，各国中央银行纷纷宣布停止或限制兑现、提高贴现率以及禁止黄金输出等措施，从而造成外汇行市下跌，各金融中心的交易所也相继停市，货币制度极端混乱。由此，各国政府当局和金融界人士深切感到必须加强中央银行的地位和对货币信用的管制。于是，1920年在比利时的布鲁塞尔召开国际金融会议，会议提出：凡未设中央银行的国家应尽快建立中央银行，中央银行应摆脱各国政府政治上的控制，实行稳定的金融政策。布鲁塞尔会议大大推进了各国中央银行的普遍建立。

中央银行制度的普遍推行，还有一些不可忽视的其他原因：一是第一次世界大战之后，产生了一些新的国家，为解决国内经济金融问题，这些新的国家先后建立了中央银行。二是第一次世界大战后普遍出现恶性通货膨胀，各国为稳定货币，迫切需要重建币制，统一和独立货币发行，建立比例准备制度。这些政策措施的实施必须寄希望于中央银行。三是一批老中央银行为新的中央银行的建立提供了借鉴，加上国际联盟的援助等，也为中央银行的普遍化提供了条件。

从第一次世界大战后的 1921 年起，到第二次世界大战期间的 1942 年止，世界各国改组或设立的中央银行有 43 家，其中，欧洲 16 家，美洲 15 家，亚洲 8 家，非洲 2 家，大洋洲 2 家。

（3）强化时期

这一时期从 20 世纪中叶到现在。第二次世界大战后，世界政治形势发生了重大变化，世界范围内的民族解放运动风起云涌，并取得了斗争的胜利。继苏联以后，在东欧出现了十多个社会主义国家，在亚洲、非洲和美洲也陆续出现了一些新独立的国家。各国为了稳定货币、筹集资金，都以货币信用政策作为干预再生产过程和调节国民经济生活的主要杠杆。在此背景下，负有制定和执行货币政策重要职责的中央银行也随之发生了深刻的变化。

① 由一般货币发行向国家垄断发行转化。为解决银行券分散发行对信用控制和组织货币流通带来的困难，一般由国家出面帮助私人以股份公司的形式创立中央银行，少数国家的中央银行也收归国有，银行券也逐渐由分散发行过渡到代理政府集中发行。第二次世界大战后，各国对中央银行的认识有所深化，从而强化了对它的控制。这大大加快了中央银行的国有化进程，由此实现了中央银行由一般的发行银行向国家垄断发行，即真正的发行银行转化。

② 由代理政府国库款项收支向政府的银行转化。当中央银行成为真正的发行银行后，一方面，随着银行券与金属货币停止兑换，中央银行所发行的纸币，从本质上说是政府通过法律强制通行的；另一方面，发行银行一般也独占国库收支代理业务。这种将货币发行和国库收支捆在一起的做法，使中央银行的活动顺应和体现政府的施政方针和政策意向，从而使其不仅代理政府国库款项，而且也在实质上具备了政府代理人的资格，实现了中央银行向政府银行的转化。

③ 由集中保管准备金向银行的银行转化。在 19 世纪 30 年代的经济大危机中，由于金融机构的倒闭和破产对社会经济造成震荡，人们认识到集中储备制度和严格准备金制度的重要性，这两种制度也成了中央银行管理金融的重要手段。进入 20 世纪中叶，中央银行在整个金融体系中的地位日趋提高，它逐步放弃了对企业的信用关系，改变了商业银行及国家政府发生的信用关系。因为商业银行都在发行银行有存款，所以各商业银行之间的清算业务也通过发行银行来办理。同时，各商业银行在资金短缺时，可以在发行银行取得信用支持，使中央银行成为最终的信用支持者。中央银行不与普通商业银行争利益，行使管理一般银行的职能并成为金融体系的中心机构，这标志着它向银行的银行转化。

④ 由货币政策的一般运用向综合配套运用转化。制定货币政策和运用货币政策工具保证货币政策得以实施，是各国中央银行适应经济和社会发展的重要职责。这一时期货币政策的三大工具已经法令化、制度化，并且随着国家干预的加强和信用制度的变化，又出现了一些选择性工具，货币政策的最终目标也发展到四大目标。总之，中央银

行的货币政策已离不开一个国家经济发展的总目标，在具体运用中必须大大加强并注重其综合功能的发挥，即由过去的一般运用向综合配套运用转化。

6.1.2　中央银行的类型

各国的中央银行制度大致可归纳为四种类型：单一型、复合型、跨国型及准中央银行型。

1）单一制中央银行制度

单一制中央银行制度是指国家单独建立中央银行机构，使之全面、纯粹行使中央银行职能的制度。单一中央银行制度中又有以下两种具体情形：

（1）一元式

这种体制是在一个国家内只建立一家统一的中央银行，机构设置一般采取总分行制。目前世界上绝大部分国家的中央银行都实行这种体制，我国也是如此。

（2）二元式

这种体制是在一国国内建立中央和地方两级中央银行机构，中央级机构是最高权力机构，地方级机构也有其独立的权力。根据规定，中央和地方两级中央银行分别行使职权。它是一种带有联邦式特点的中央银行制度。属于这种类型的国家有美国、德国等。例如，美国的联邦储备体系就是将全国划分为12个联邦储备区，每个区设立一家联邦储备银行为该地区的中央银行，它们在各自辖区内的一些重要城市设立分行。这些联邦储备银行均不受州政府和地方政府的管辖，它们各有自己的理事会，有权发行联邦储备券和根据本地区实际情况执行中央银行的特殊信用业务。在各联邦储备银行之上设立联邦储备委员会，进行领导和管理，制定全国的货币信用政策。同时在联邦储备体系内还设有联邦公开市场委员会和联邦顾问委员会等平行管理机构。联邦储备委员会是整个体系的最高决策机构，是实际上的美国中央银行总行，直接对国会负责。

2）复合的中央银行制度

复合的中央银行制度是指一个国家没有设专司中央银行职能的银行，而是由一家大银行集中中央银行职能和一般存款货币银行的经营职能于一身的银行体制。这种复合制度主要存在于苏联和东欧等国，我国在1983年以前也实行这一中央银行制度。

3）跨国的中央银行制度

跨国的中央银行制度是由参加某一货币联盟的所有成员国联合组成的中央银行制度。第二次世界大战后，地域相邻的一些欠发达国家建立了货币联盟，并在联盟内成立参加国共同拥有的统一的中央银行。这种跨国的中央银行发行共同的货币和为成员国制定金融政策，成立的宗旨在于推进联盟各国经济的发展及避免通货膨胀。

4）准中央银行制

准中央银行制是指有些国家或地区只设置类似中央银行的机构，或由政府授权某个或几个商业银行，行使部分中央银行职能的体制。新加坡、中国的香港特别行政区属于这种体制。

知识链接 6-1

跨国中央银行制度解析

　　跨国中央银行的主要职能是：发行货币、为成员国政府服务、执行共同的货币政策及其有关成员国政府一致决定授权的事项。其显著特点是跨国界行使中央银行的职能，一般来说它与一定的货币联盟相联系。

　　第二次世界大战后，一些地域相邻的欠发达国家建立了货币联盟，并在联盟内成立了由参加国共同拥有的中央银行。这种跨国的中央银行为成员国发行共同使用的货币和制定统一的货币金融政策，监督各成员国的金融机构及金融市场，对成员国的政府进行融资，办理成员国共同商定并授权的金融事项等。实行跨国中央银行制度的国家主要在非洲和东加勒比海地区，西非货币联盟、中非货币联盟、东加勒比海货币区属于跨国中央银行的组织形式。

　　随着欧洲联盟成员国经济金融一体化进程的加快，一种具有新的性质和特点的区域性货币联盟已经诞生。1998 年 7 月 1 日欧洲中央银行（European Central Bank）正式成立，1999 年 1 月 1 日欧元正式启动。欧洲中央银行的成立和欧元的正式启动，标志着现代中央银行制度又有了新的内容并进入了一个新的发展阶段。

6.2　中央银行的性质与职能

6.2.1　中央银行的性质

　　中央银行的性质集中表现在作为代表国家管理金融的特殊机关，处于一国金融业的核心和领导地位，是一国制定实施金融政策、调控监管经济金融的专门机构。

1) 中央银行是一国信用活动的组织者、调节者，是一国信用制度的枢纽

　　银行信用是一国信用制度的基础，而中央银行处于整个银行体系的核心，它可以根据经济发展的客观需要，运用货币政策工具来影响商业银行的信用活动，控制社会信用规模，调节信用结构；另外，中央银行还通过对金融市场参与和管理，同时作为商业银行的最后贷款人，引导信用活动按中央银行的政策意向来进行。

2) 中央银行是国家管理金融的机关，是一国政府的组成部分

　　中央银行是一国金融业的最高管理机构，是政府在金融领域的代理人，代表国家制定和执行各种金融法规及政策，代表国家管理金融市场，代表国家参与国际金融活动。因此，中央银行应被视为政府的一个部门，或政府控制下的一个金融管理机构。中央银行作为国家管理金融的机关，主要表现在：

　　① 中央银行代表国家制定和执行统一的货币政策，监管全国金融机构的业务活动。

　　② 中央银行的主要任务是代表国家运用货币政策对经济生活进行直接或间接的干预。

③ 中央银行代表国家参加国际金融组织和国际金融活动。

3）中央银行是特殊的金融机构

中央银行作为金融机构，是不同于商业银行、投资银行、保险公司、信托公司、租赁公司等金融企业的特殊金融机构。中央银行的特殊性主要表现在以下四个方面：

① 中央银行是国家宏观金融和经济调控的主体，而商业银行等一般金融企业则是宏观金融调控的对象。中央银行可以根据国家经济发展的情况，相应地制定和执行货币政策，控制货币供应总量，并调节信贷的投向和流量，把国家宏观经济决策和宏观经济调节的信息向各银行和金融机构以及国民经济的各部门、各单位传递。

② 商业银行等一般金融企业的经营目标是利润最大化，而中央银行不以营利为目的。中央银行以金融调控为己任，以稳定货币、促进经济发展为宗旨。虽然中央银行在业务活动中也会取得利润，但营利不是目的。如果中央银行以营利为目的，将会与商业银行等金融企业处于不平等的竞争地位，势必导致为追求利润而忽略甚至背弃宏观金融管理和调控的主旨。

③ 中央银行作为特殊的金融机构，一般不经营商业银行和其他金融机构的普通金融业务。商业银行和其他金融机构的业务经营对象是工、商、农业企业及其他单位、城乡居民个人等，而中央银行在一般情况下不与这些对象发生直接的业务关系。中央银行通常只与政府和商业银行等金融机构发生资金往来关系。

④ 中央银行享有货币发行的特权，商业银行和其他金融机构则没有这种特权。中央银行虽然也吸收存款，但其吸收存款的目的不同于商业银行等金融机构，即不是为了扩大信贷业务规模，而是为了在全国范围内有效地调控信贷规模，调节货币供应量。

6.2.2 中央银行的职能

1）传统的三大职能

从传统意义上说，也就是从中央银行的性质与地位分析来看，中央银行具有如下功能：

（1）中央银行是发行的银行

在纸币本位制下，中央银行是唯一由国家授权发行货币的银行。所谓"发行的银行"，主要具有两个方面的含义：其一，中央银行占有本国货币发行的垄断权；其二，中央银行必须以维护本国货币的正常流通与币值稳定为宗旨。

货币由中央银行集中发行，能从根本上杜绝因分散发行而引起的通货庞杂和货币制度混乱现象，同时也为控制与调节市场货币流通量创造有利条件。中央银行通过发行货币的特权并灵活运用货币政策工具，能将货币量和信贷规模控制在适当的水平，使经济和金融能在稳定的环境中发展。

（2）中央银行是银行的银行

所谓"银行的银行"主要具有两个方面的含义：其一，是指中央银行从事"存、放、汇"银行业务的对象是商业银行和其他金融机构；其二，中央银行通过"存、放、汇"业务对商业银行和其他金融机构的业务经营活动施以有效影响，以充分发挥金融管理职能。具体表现在以下几方面：

① 集中存款准备金。法律规定，商业银行和其他金融机构所吸收的存款必须按法定比例提交存款准备金，存款准备金集中于中央银行的"法定存款准备金"账户，成为中央银行的资金来源，并由中央银行集中统一管理。中央银行集中存款准备金，一方面，能保证存款机构的清偿能力，进而保障存款人的资金安全以及商业银行等存款机构本身的安全；另一方面，中央银行有权根据宏观调控的需要，变更、调整存款准备金的上缴比率，从而有利于调节信用规模和控制货币供应量。

② 充当最终的贷款人。当商业银行和其他金融机构出现资金短缺而通过其他渠道又难以融通资金，或通过再贴现或再贷款的方式向中央银行融通资金时，中央银行成为整个社会信用的"最终贷款人"。最终贷款人的角色确立了中央银行在整个金融体系中的主导地位。

③ 组织全国清算。由于商业银行等金融机构都依法在中央银行设有法定存款准备金账户和超额准备金账户，各银行之间发生的资金往来或应收、应付款项，都要通过中央银行划拨转账，中央银行遂成为全国的清算中心。同城或同地区银行间的资金清算主要在票据交换所进行，最后由中央银行集中清算交换的差额；而异地银行间的远距离划拨则完全由中央银行统一办理。

（3）中央银行是国家的银行

中央银行作为国家的银行，除了代表国家制定并执行有关金融法规，代表国家监督管理和干预各项有关经济和金融活动外，还为国家提供多种金融服务，其主要内容有：

① 代理国库。各国政府的收入和支出，一般都通过财政部在中央银行开立的各种账户进行，具体包括协助财政税收部门收缴各项库款，收受国库存款，并根据财政支付命令向经费单位划拨资金，代理国库办理各种收付和清算业务。

② 代理发行政府债券。各国政府为了筹措资金，经常需要发行债券，但国债的发行、推销以及发行后的还本付息等事宜，一般都由中央银行管理。

③ 给国家以信贷支持。这种信贷支持应当严格限制在解决财政因先支后收而产生的暂时性资金短缺范围内。中央银行一般不承担向财政提供长期贷款的责任，也不宜在一级市场上承购政府债券。

④ 保管外汇、黄金储备。世界各国的外汇、黄金储备一般都由中央银行集中保管。中央银行可以根据国际、国内的实际情况，适时、适量地购进或抛售某种外汇或黄金，可以起到稳定币值和汇率、调节国际收支、实现国际收支平衡的作用。

⑤ 充当政府金融政策的顾问和参谋。中央银行是一国最高的金融管理机构，它掌握货币供应情况，参与国民经济的调节。当政府制定金融政策时，中央银行就当然地成为政府金融政策的顾问和参谋，为政府制定金融政策提供信息资料和供选择的方案及建议。

2）中央银行的各职责所体现的职能

从中央银行业务与职责角度分析，中央银行有以下职能：

（1）制定和执行货币金融政策

中央银行作为一国货币政策的制定和执行者，通过对金融政策的制定和执行，运用金融手段，对全国货币、信用活动进行有目的的调控，影响和干预国家宏观经济，实现其预期货币金融政策的目标和职能。

中央银行调节的主要对象是全社会信用总量，它不仅包括货币供应量，还包括信贷总规模。由于中央银行是独享货币发行权的银行，无论是流通中的现金还是各企业单位在银行的存款货币都与中央银行的货币供应有直接关系，因此，通过中央银行收缩与扩张货币供应量，可以调节社会总需求与总供给的关系。此外，在市场经济条件下，经济的运转离不开货币资金，尤其是当前无论企业财务资金还是国家财政资金，都与银行信贷资金有着密切的内在联系，因此，中央银行可通过调节银行的信贷资金而比较主动、积极地调节社会总供给和总需求，为国民经济的健康发展创造条件。除了依靠货币政策进行总量调节外，中央银行还要通过行政、法令等金融政策手段实施金融改革，促进金融发展，维持金融稳定。

（2）金融监管

中央银行作为全国的金融行政管理机关，为了维护全国金融体系的稳定，防止金融混乱对社会经济的发展造成不良影响，对商业银行和其他金融机构以及全国金融市场的设置、业务活动和经济情况进行监督、指导、管理和控制。其主要包括：①制定有关金融政策、法令、条例等，并对各银行和金融机构的贯彻执行情况进行检查监督。②对各银行和金融机构实施金融行政管理，包括金融机构的设立、变更、终止，各银行和金融机构业务范围的审批，主要负责人任职条件的审查，以及业务网点的设置和撤销等。③检查监督银行及其他金融机构的业务活动，对业务活动质量及违规、违法行为进行评估、仲裁和处罚。④调查、统计和分析各银行和金融机构的业务数据，以监控整个社会的信用状况。

（3）提供支付清算服务

现代市场经济活动是在特定的货币信用体系框架中进行的，交易中所涉及的商品与劳务的转移，必须得到一个清算支付体系的支持。市场活动越发达，对债务清算安排的要求就越高，而一国支付体系的构造特别是中央银行在支付体系中所发挥的作用如何，又直接影响一国经济运行的效率。

6.2.3　我国中央银行的性质与职能

在2003年12月修改后的《中华人民共和国中国人民银行法》的第一章第二条中对中国人民银行的性质是这样明确的："中国人民银行在国务院领导下，制定和执行货币政策，防范和化解金融风险，维护金融稳定。"这是对我国中央银行的性质的科学表述。

在《中华人民共和国中国人民银行法》的第一章第四条中列出中国人民银行有如下职责：

① 发布与履行其职责有关的命令和规章；

② 依法制定和执行货币政策；

③ 发行人民币，管理人民币流通；

④ 监督管理银行间同业拆借市场和银行间债券市场;

⑤ 实施外汇管理,监督管理银行间外汇市场;

⑥ 监督管理黄金市场;

⑦ 持有、管理、经营国家外汇储备、黄金储备;

⑧ 经理国库;

⑨ 维护支付、清算系统的正常运行;

⑩ 指导、部署金融业反洗钱工作,负责反洗钱的资金监测;

⑪ 负责金融业的统计、调查、分析和预测;

⑫ 作为国家的中央银行,从事有关的国际金融活动;

⑬ 国务院规定的其他职责。

上述的 13 项职责可以从不同角度概括中国人民银行职能。

6.3　中央银行货币政策

6.3.1　货币政策的概念和目标

1) 货币政策的概念

货币政策是指中央银行为实现宏观经济目标而用来影响货币供应量的各种措施的总称。因此,货币政策包括三方面的内容:第一,政策目标;第二,实现目标所运用的政策工具;第三,政策的具体执行所达到的政策效果。

2) 中央银行的货币政策目标

(1) 稳定币值

稳定币值就是维持本国货币价值的稳定。在现代信用货币和纸币流通条件下,币值就是指货币在一定价格水平下购买商品和劳务的能力,即货币购买力。因此币值的稳定与否是用单位货币购买力稳定与否来衡量的,而单位货币的购买力与物价水平呈负相关,即物价水平上升,货币购买力相应下降,也就意味着货币贬值,所以稳定币值与稳定物价含义是一样的,一些国家货币政策往往用稳定物价代替稳定币值的表述。

所谓"稳定物价的货币政策目标",一般是指通过实行适当的货币政策,保持一般物价水平的相对稳定,以避免出现通货膨胀或通货紧缩。所以,在货币政策的实践中,中央银行将在通货膨胀时期实行相对紧缩的货币政策,以减少货币流通量,从而遏制通货膨胀。反之,中央银行将采取相对宽松的货币政策。

(2) 充分就业

充分就业是指任何愿意工作并有能力工作的人都能在比较合理的条件下随时找到合适的工作。严格意义上的充分就业是指一国所有的资源都可以达到充分合理的利用状态。但通常人们所说的充分就业仅指劳动力而言,对充分就业的衡量是通过失业率来反映的。所谓失业,应把摩擦性失业和自愿失业排除在外,其真正含义是指非自愿失业,即劳动者愿意接受现行的工资水平和工作条件但仍然找不到工作,这种因对劳动力需求的不足所造成的失业才是真正的失业。摩擦性失业是由于短期内劳动力供求调整而造成的失业，这种失业属于生产技术等一切技术上的问题，与其制度无关；自愿失业是工人不愿接受现行的工资水平或工作条件所造成的失业，这种失业是劳动者自愿的，而非社会经济所造成的。正因如此，两者皆不是真正失业，充分就业就是要减少或消除经济中存在的非自愿失业，而并不意味着将失业率降为零，而是将失业率降至较合理范围内，或者说是公众所能接受的程度内。

（3）经济增长

在西方经济学中，对于经济增长有两种观点：一种观点认为，经济增长是指国民生产总值的增加，即一国在一定时期内所生产的商品与劳务的总量增加；另一种观点认为，经济增长是指一国在一定时期内所生产的商品与劳务的能力的增长。两种观点各有优缺点，因此，对于如何准确衡量一国的经济增长状况，特别是以何种指标来衡量一国经济的增长速度，仍是一个有争议的问题。但是，目前世界上大多数国家都以人均实际国民生产总值或人均实际国民收入作为衡量经济增长速度的指标。

（4）国际收支平衡

国际收支是指一定时期内一国居民与非居民之间所发生的全部经济交易的货币价值。作为货币政策的一个目标，所谓"国际收支平衡"是指一个国家对其他国家的全部货币收入与全部货币支出保持基本平衡。所以，略有顺差或逆差都可视为实现了国际收支平衡。

保持国际收支平衡是保证国民经济持续稳定增长和国家安全稳定的重要条件。巨额的国际收支逆差可能导致外汇市场波动，资本大量外流，外汇储备急剧下降，本币大幅贬值，并导致严重的货币金融危机。而长期巨额国际收支顺差，往往使大量外汇储备闲置，不得不购买大量外汇而增发本国货币，可能导致或加剧国内通货膨胀。运用货币政策调节国际收支的主要目标是通过利率和汇率等因素的变动来实现本外币政策协调和国际收支平衡。

3）我国的货币政策目标

根据我国的具体情况，《中华人民共和国中国人民银行法》明确规定，中国人民银行的货币政策目标是"保持货币币值稳定，并以此促进经济增长"。很显然，该法把保持币值稳定作为货币政策的首要目标，强调了只有保持货币币值的稳定，才能使国民经济持续、稳定、快速、健康地发展。同时，它也规定了中国人民银行稳定货币的目的是促进经济的增长。

中国同大多数发展中国家一样，面临着加快经济发展、摆脱经济落后的艰巨任务。因此，在币值稳定的前提下，应保持经济有一个合适的增长速度，而且经济发展了，商品增多了，更有利于币值的稳定，有利于中国经济体制改革的深入发展。

6.3.2　中央银行的货币政策工具

1）一般性货币政策工具

一般性货币政策工具是指各国中央银行普遍运用或经常运用的货币政策工具。一般性货币政策工具包括以下三种：一是存款准备金政策，二是再贴现政策，三是公开市场业务。下面分别加以介绍：

（1）存款准备金政策

存款准备金政策是指中央银行通过规定和调整存款准备金比率，控制商业银行的信用创造，从而间接调节控制货币供应量，影响国民经济活动的政策手段。各类金融机构按所接受存款的一定比率，提存一定数额的存款准备金，这种提存的比率由中央银行确定，并以法律形式固定下来，称为法定存款准备金率。根据法定存款准备金率计算出来的金额为法定存款准备金。

法定存款准备金制度最初是为防止商业银行盲目发放贷款，保证其清偿能力，保护存款者利益和银行本身安全而设立的。但1935年美国联邦储备法规定了会员银行的最低存款准备限额，由此，调整法定存款准备率就逐渐成为各国中央银行控制信用与货币供应量的一项重要工具。存款准备金政策对货币供应量的调控机制是：如果中央银行降低法定存款准备金率，一方面会减少商业银行向中央银行缴存的法定准备金，商业银行超额准备金同时增加，从而加强了商业银行信用扩张的基础；另一方面法定存款准备金下降，会使货币乘数扩大，从而增加商业银行信用扩张的倍数。这两方面的作用，会对货币供应量的收缩产生强有力的影响。

调整准备金率不仅会影响商业银行的超额准备金，并且会影响货币乘数，所以准备金率的微小变动都会使货币供应发生重大改变，政策效果十分明显，收效极其迅速，而且由于中央银行对其运用有绝对的控制权，所以存款准备金政策成为中央银行货币政策的有力工具。

但是，存款准备金政策也有明显的局限性：①容易导致商业银行资金严重周转不灵，陷于经营困境。因为，银行一般只保留少量的超额准备金，只要法定准备金率略有提高，就会使原有的超额准备金一笔勾销，银行为了迅速调整准备金以符合法定要求及流动性需要，就不得不大幅度缩减贷款，或者大量抛售有价证券。这就使银行的盈利能力大大下降，甚至有可能导致资金周转上的困难。②冲击力太大。法定准备金率稍有变动，就会导致货币供给量的剧烈变动，甚至可能成为经济波动的诱因。③存款准备金对各类银行和不同种类存款的影响不一致，因而货币政策实现的效果可能因这些复杂情况的存在而不易把握。因此，总的说来，存款准备金政策是一种威力强大但不宜作为日常调节货币供应量的工具。

☑ **新闻资讯 6-1** ························

中国人民银行决定于 2023 年 9 月 15 日下调金融机构存款准备金率

中国人民银行官网消息称，当前，我国经济运行持续恢复，内生动力持续增强，社会预期持续改善。为巩固经济回升向好基础，保持流动性合理充裕，中国人民银行决定于 2023 年 9 月 15 日下调金融机构存款准备金率 0.25 个百分点（不含已执行 5% 存款准备金率的金融机构）。本次下调后，金融机构加权平均存款准备金率约为 7.4%。

中国人民银行表示，将精准有力实施好稳健货币政策，保持流动性合理充裕，保持信贷合理增长，保持货币供应量和社会融资规模增速同名义经济增速基本匹配，更好地支持重点领域和薄弱环节，兼顾内外平衡，保持汇率基本稳定，稳固支持实体经济持续恢复向好，推动经济实现质的有效提升和量的合理增长。

资料来源：佚名.中国人民银行决定于 2023 年 9 月 15 日下调金融机构存款准备金率［EB/OL］.［2024-03-16］.http://www.news.cn/fortune/2023-09/14/c_1129863351.htm.

（2）再贴现政策

再贴现政策就是中央银行通过提高或降低再贴现率来影响商业银行的信贷规模和市场利率，以实现货币政策目标的一种手段。如前所述，中央银行是银行的银行，当商业银行发生资金短缺，或因扩大信贷规模而需要补充资金时，商业银行可凭借其贴现业务中取得的未到期的商业票据向中央银行再贴现，其再贴现率由中央银行根据当时的经济形势和货币政策的最终目标决定。

再贴现政策工具的运用对一国的信贷规模、货币供给和市场利率都将产生一定的影响。当中央银行提高再贴现率，使再贴现率高于市场利率时，商业银行向中央银行借款或贴现的资金成本上升，就会减少向中央银行借款或贴现，商业银行的超额准备金相应缩减；如果商业银行不能从其他渠道取得资金，就只有收回贷款和投资，从而使市场货币供给量缩减。随着市场供给量的缩减，市场利率相应上升，整个社会的投资需求相应减少，从而使经济收缩。当中央银行降低再贴现率，使再贴现率低于市场利率时，商业银行向中央银行借款或贴现的成本下降，商业银行就会增加向中央银行的借款和贴现，并扩大对客户的贷款和投资规模，从而导致市场货币供给量的增加。随着市场货币供应量的增加，市场利率相应降低，整个社会的投资需求也会相应增加，从而使经济扩张。另外，再贴现率的制定或调整，在一定程度上反映了中央银行的政策意向，会产生"告示效应"，如再贴现率升高，意味着国家判断市场过热，有紧缩的意向；反之，则意味着有扩张意向。这种"告示效应"会影响商业银行及社会公众的预期，并按中央银行意向，调整自己的经济行为，从而使中央银行货币政策目标顺利实现。

作为一种一般性的货币政策工具，再贴现政策对一国经济的影响是比较和缓的，它有利于一国经济的相对稳定。但是，在利用这一工具时，中央银行处于被动地位。也就是说，中央银行虽然能够自主、灵活地做出提高或降低再贴现率的决策，但是中央银行做出这种决策后能否取得预期的效果，将取决于商业银行或其他金融机构对该决策的反应。

（3）公开市场业务

公开市场业务是指中央银行在金融市场上公开买卖有价证券，以投放或回笼基础货币来控制货币供应量，并影响市场利率的一种行为。中央银行买卖的有价证券主要是政府公债、国库券和银行承兑汇票等。

公开市场业务的调控机制是：中央银行要在公开市场上买进证券，一般可向商业银行或社会公众买进。这两种买进都将引起基础货币的投放，从而扩大商业银行的信贷规模，并通过货币乘数作用使货币供给量成倍扩张。例如，中央银行向商业银行买进政府短期证券，其总额为 3 000 万元，则在其他情况一定时，中央银行和商业银行的资产负债表发生的变化见表6-1和表6-2：

表6-1 　　　　　　　　　　　中央银行资产负债表的变化 　　　　　　　　　　单位：万元

资产		负债	
政府证券	+3 000	商业银行存款	+3 000

表6-2 　　　　　　　　　　　商业银行资产负债表的变化 　　　　　　　　　　单位：万元

资产		负债
政府证券	-3 000	
在中央银行存款	+3 000	

如表6-1和表6-2所示，中央银行向商业银行买进一定数量的政府证券，使商业银行的资产结构发生了调整。这种调整表现为其原来持有的政府证券减少了3 000万元，而与此同时，其在中央银行的存款增加了3 000万元。这种资产结构的调整使商业银行增加了3 000万元的准备金，因为在一般情况下，商业银行持有的政府证券不能作为准备金，但它在中央银行的存款却可作为准备金。如果该商业银行原来持有的准备金已经足以支持其持有的存款总额，则它通过出售政府证券所得的3 000万元准备金就全部是超额准备金。如果商业银行不留超额准备金，则在它增加3 000万元准备金后，即可贷款3 000万元。通过整个银行体系的连锁反应，货币供给量将会成倍地增加。所以中央银行买进有价证券，将使其基础货币（在此例中是商业银行准备金）等额增加，从而使整个货币供给量成倍扩张。

当中央银行在公开市场上卖出有价证券，基础货币将收缩，货币供给量将大幅紧缩。

公开市场业务与其他一般性的货币政策工具比较，具有以下优点：①公开市场业务是按照中央银行的主观意愿进行的，它不像再贴现政策那样，处于被动地位，从而间接影响货币供给；②公开市场业务的规模可大可小，交易方法和步骤随意安排，中央银行可根据市场情况随时进行操作，不至于对经济产生过于猛烈的冲击；③公开市场业务可以经常性、连续性操作，不会导致人们产生预期心理，使货币政策易于达到理想的效果。

虽然公开市场业务具备许多优点，但并不是所有国家的中央银行都可以采用这一货币政策工具。开展公开市场业务必须具备以下条件：首先，中央银行必须是强大的，具有调控整个金融市场的力量；其次，金融市场发达，证券种类特别是债券种类齐全并达到一定的规模；最后，必须有其他政策工具配合。

2）选择性货币政策工具

选择性货币政策工具也称特殊的政策工具，它是有选择地为某些特殊领域的信用而采取的策略措施。选择性政策工具大多是20世纪30年代以后逐步发展起来的，多数有浓厚的行政色彩，它们的运行机制主要是依靠国家授予中央银行的权力来推动的。选择性货币政策工具有以下几种：

（1）消费信用控制

消费信用控制是指中央银行对不动产以外的各种耐用消费品的销售融资予以控制。主要内容包括：①规定分期付款购买耐用消费品时第一次付款的最低比例；②规定消费信贷的最长期限；③规定可用消费信贷购买的耐用消费品的种类，不同种类消费品取得消费信贷的条件等。

（2）不动产信用控制

不动产信用控制是指中央银行对金融机构在房地产方面放款的限制性措施，以抑制或刺激房地产生产和消费。主要内容包括：①规定金融机构房地产贷款的最高限额；②规定房地产贷款的最长期限；③规定用不动产信用购买房地产的第一次付款的最低比例及分摊还款期限等。

（3）证券市场信用控制

证券市场信用控制是指中央银行对有价证券交易的各种贷款进行限制，目的是抑制证券交易中的过度投机。主要内容包括：①规定以贷款方式购买证券时必须以现金支付的最低限额；②规定用于购买有价证券的最高贷款限额等。

（4）优惠利率

优惠利率是指中央银行对国家重点扶植的产业和部门贷款，采取低于一般利率的优惠措施，借以优化资源配置，调整产业结构。

（5）预缴进口保证金

预缴进口保证金是指中央银行要求进口商预缴相当于进口商品总值一定比例的存款，以抑制进口的过快增长。预缴进口保证金多为国际收支经常出现赤字的国家所采用。

3）其他货币政策工具

（1）直接信用工具

直接信用工具是指中央银行从质和量两个方面以行政命令或其他方式对商业银行等金融机构的信用活动进行直接控制，如规定利率最高限额、信用配额、流动性比率和进行直接干预等。

（2）间接信用管制

间接信用管制是指中央银行采用的非强制性的影响商业银行信用活动的各种措施的总称，包括道义劝告、窗口指导及金融检查等。

① 道义劝告是指中央银行凭借自己在金融体系中的特殊地位和威望，通过对商业银行和其他金融机构发布通告或与这些金融机构的负责人进行面谈等方式，来影响其放款的数量和投资的方向，从而达到控制信用的目的。

② 窗口指导是指中央银行根据产业行情、物价趋势和金融市场动向，规定商业银行贷款重点投向和贷款变动数量等。

③ 金融检查是指政府赋予中央银行的监督职能，对商业银行等金融机构的业务活动进行合法、合规性的多方面检查，并针对检查情况采取必要的措施。

4）我国的货币政策工具

在建立社会主义市场经济体制的过程中，中国人民银行的货币政策工具发生了很大的变化，市场经济发达国家中央银行运用成熟的三大货币政策工具已经被我国中央银行采用，并取得了一定的进展。

（1）存款准备金政策

我国于1984年建立并实行法定存款准备金制度，标志着存款准备金政策成为中国人民银行的货币政策工具之一。当时存款准备金的主要内容有：①准备金的计提以商业银行或其他金融机构的旬末存款余额为基础，方法是"按旬计算，见五上缴"；②各类存款均实行统一的准备金比率，各分支机构需层层缴付准备金；③商业银行无权动用在中央银行账户上的法定存款准备金，即不可以此作为应付清算资金；④中国人民银行对存入的法定存款准备金支付较高利息。

1998 年，我国对存款准备金制度进行了重大改革，使之更加完善。改革的目标是将法定存款准备金的主要目的从集中资金转向控制货币供应量，其主要内容有：第一，将法定存款准备金和备付金两个账户合二为一；第二，法定存款准备金率由 13% 降至 8%，准备金存款利率也随之大幅下调；第三，法定存款准备金按法人机构统一缴纳；第四，计算方式仍按期末余额为基数计提。

（2）再贴现政策

1994 年，中国人民银行重新开始了商业票据再贴现业务，用于解决专业银行因办理票据贴现业务引起的资金不足。经过几年的实践后，中国初步具备了发展再贴现的票据市场的基础，商业汇票已成为企业和商业银行普遍采用的结算方式和融资手段。票据承兑、贴现和再贴现业务在一定程度上缓解了商品交易中的货款拖欠现象，加速了社会资金周转，节约了资金占用，也有利于商业银行调整信贷结构和中央银行引导信贷资金流向。但由于中国社会信用机制不健全，票据业务不广泛，商业票据贴现和转贴现市场不成熟，再贴现始终未形成可观的规模，使再贴现政策尚不能成为主要的政策工具。1998 年 3 月，央行改进和完善票据再贴现率和贴现利率形成机制，实行单一再贴现利率，再贴现率作为一种基准利率，与同期再贷款利率脱钩；贴现利率由再贴现利率加点生成，与同期贷款利率脱钩，浮动幅度加大。此后，金融机构间的票据转贴现由交易双方参照再贴现率自主商定价格水平，票据贴现则由交易双方在再贴现基础上依据票据当事人的资信状况、票据的风险度及其供求状况，商定贴现利率。央行基本建立了通过调整再贴现率，间接引导贴现利率、转贴现利率走势的票据市场价格形成机制。票据贴现、转贴现利率率先市场化，票据市场交易量迅猛扩张，对加快利率市场化改革产生了积极的作用。近年来，国内票据市场发展势头迅猛，票据承兑、票据贴现业务连年实现高速增长，但再贴现余额一直保持在 1 000 亿~1 300 亿元，对支持"三农"、小微企业及中小金融机构发挥了一定的作用，但对于 10 万亿元人民币贷款余额、5 万亿元贴现余额而言可谓杯水车薪。

（3）公开市场业务政策

中国人民银行的公开市场业务起步于 1994 年的外汇体制改革。1994 年，中国人民银行总行成立了公开市场业务操作室，从 4 月起正式进入全国联网的银行间外汇市场运作，改变了历年来基础货币单一地由信贷计划分配的格局，为中央银行公开市场业务积累了经验。1996 年，中央银行又启动了国债公开市场业务，1998 年以来，由中央银行公开市场操作投放的基础货币占全年基础货币投放的比例不断上升。公开市场业务在基础货币的投放乃至社会货币供应量调控中的作用不断加强。当然，要使公开市场业务成为中国占主导地位的货币政策工具，还需要进一步完善市场经济体制，加速短期货币市场和证券市场的发展，改革利率和汇率制度，实现利率市场化，增加市场工具的种类和数量，为公开市场业务操作创造更好的市场环境和活动空间。

知识链接 6-2

中央银行票据

中央银行票据（以下简称央行票据），是中央银行为调节商业银行超额准备金而向商业银行发行的短期债务凭证，其实质是中央银行债券，之所以称之为"央行票据"，是为了突出其短期性特点。

央行票据由中国人民银行在银行间市场通过中国人民银行债券发行系统发行，发行对象是公开市场业务的一级交易商。2003年4月22日以来，央行共发行票据34期，发行量达到4 450亿元，加上未到期的正回购转换的19期央行票据，央行共发行票据53期，累计发行额达到6 387.5亿元。央行票据采用价格招标的方式贴现发行，在已发行的53期央行票据中，有19期除了竞争性招标之外，还同时向中国工商银行、中国农业银行、中国银行和中国建设银行等九家双边报价商以非竞争性招标方式配售。由于央行票据的发行不设分销商，其他投资者只能在二级市场上进行投资。

和在银行间债券市场上发行的其他债券品种一样，央行票据发行后也可以在银行间债券市场上流通，银行间市场投资者均可像投资其他债券品种一样参与央行票据的交易。央行票据由于其流动性的优势受到了投资者的普遍欢迎，从二级市场的交易情况来看，在银行间市场7月份的现券交易中，央行票据成交量达到2 260.04亿元，占当月现券总成交量的48.38%，接近国债现券交易量的半壁江山。

（4）创新型货币政策工具

① 短期流动性调节工具（SLO）：中国人民银行在2013年初创设的政策工具，作为公开市场常规操作的必要补充，在银行体系流动性出现临时性波动时相机使用。

② 常备借贷便利（SLF）：中国人民银行在2013年初创设的中央银行借贷便利类工具，最长期限为3个月，利率水平根据货币调控需要、发放方式等综合确定。

③ 抵押补充贷款（PSL）：由中国人民银行于2014年4月创设，PSL期限相对较长，操作对象主要为政策性银行。

④ 中期借贷便利（MLF）：由中国人民银行于2014年9月创设，是央行提供中期基础货币的货币政策工具，对象为符合宏观审慎管理要求的商业银行、政策性银行，采取质押方式发放，并需提供国债、央行票据、政策性金融债、高等级信用债等优质债券作为合格质押品。

⑤ 临时流动性便利（TLF）：由中国人民银行于2017年1月20日创设，向现金投放中占比高的几家大型商业银行提供临时流动性支持，以满足春节前后现金投放的集中需求。

除了上述创新的工具外，近几年来我国也灵活运用一般政策工具，如定向降准和定向降息。定向降准是相对于全面降准而言的，降准指的是降低金融机构的法定存款准备金率，而定向降准则指的是针对特定领域的金融机构降低其法定存款准备金率。2017年以来我国已经实施了四次定向降准。定向降息与定向降准类似，定向降息也是相对于全面降息而言，指的是央行针对特定领域下调存贷款基准利率。央行也曾专门针对农业、房贷等领域调整过贷款基准利率。

6.3.3 货币政策的传导

货币政策并不直接作用于最终目标，它必须借助于货币政策工具，货币政策工具只能直接作用于金融变量，通过金融变量来影响最终目标的实现。在中央银行运用货币政策工具，影响金融变量和实现最终目标的过程中存在许多的不确定因素，为了及时发现问题、及时调整，以确保最终目标的实现，避免偏差干扰，中央银行根据其可能使用的货币政策工具所作用的金融变量，制定短期、量化、能够观测、便于日常操作的金融指标，适时适度地进行微调。所谓金融指标就是作为短期目标的具有确定数值的金融变量，这些金融指标就是货币政策的中间目标，是中央银行货币政策的最终目标得以实现的不可或缺的中介和桥梁。

视频 6-1

我国货币政策创新

1) 货币政策的中介指标

货币政策的中介指标是指中央银行货币政策工具到货币政策的最终目标之间的传导性金融变量。货币政策的最终目标仅是中央银行制定货币政策的指导思想，它是长期的非数量化指标；而中介指标则是实现最终目标的桥梁和纽带，它是短期的、数量化的并能用于操作的指标。各国中央银行选择的中介指标不尽相同，主要有货币供应量、长期利率、基础货币、存款准备金。

（1）货币供应量

以货币供应量作为货币政策的中介目标，其优势在于：①货币供应量有明确的内涵和外延的规定，其增减变动能够为中央银行所直接控制。货币供应量是基础货币和货币乘数的乘积。基础货币基本上可以由中央银行控制，货币乘数虽不能完全由中央银行控制，但中央银行可以对它发挥重要的影响。②货币供应量与最终目标的相关性是直接明确的，不论作为经济变量还是政策变量，其变动与经济周期均是顺循环。货币供应量作为内生的经济变量，在经济增长较快时，银行体系会自动减少超额准备金，增加贷款规模，从而使货币供应量增加；反之，在经济不景气时，银行体系为了资金的安全，会增加超额准备金，缩减贷款规模，使货币供应量减少。货币供应量作为政策变量，与社会总需求正相关。③货币供应量的变动与货币政策有着紧密的联系，能直接反映货币政策的导向。货币供应量增加时，表示货币政策宽松；反之，则表示货币政策紧缩。

（2）长期利率

以长期利率作为货币政策的中介指标，其优点在于：①关于利率的资料易于获得并能够经常汇集，中央银行在任何时候都可以观察到资本市场上的利率水平和结构，并及时进行分析。②中央银行对利率有着直接的或间接的调控权。中央银行只要借助公开市场业务的作用来影响商业银行准备金数量及商业银行的信用创造，便可自动地影响短期利率，并引起长期利率的追随性变动，以达到对长期利率的控制。③利率不但能够反映货币与信用的供给状况，而且能够反映供给与需求的相对变化。利率的变化与经济周期变化有着密切关系，当经济处于萧条阶段时，利率呈下降趋势；当经济转向复苏乃至高涨时，利率则趋于上升。因此，利率可作为观测经济波动状况的一个尺度。但由于利率自身既是一个经济变量，也是一个政策变量，以利率作为中介目标常使政策性效果与非政策性效果混杂在一起，难以分辨，从而使中央银行无法确定政策是否奏效，并容易造成错误的判断，因此，利率也不是一个完全理想的中介目标。

（3）基础货币

由银行体系的准备金和流通中的现金构成的基础货币是货币供给量倍数扩张或大幅收缩的基础。基础货币可以作为货币政策中间目标，这是因为：首先，中央银行是基础货币的提供者，又是银行体系上缴准备金的保管者，所以，基础货币和银行体系准备金的变动都是容易测量和能够控制的，特别是对于基础货币的变动，中央银行完全可以通过公开市场操作和贴现贷款进行直接控制。其次，基础货币的变动会引起货币供给总量的变动，进而影响到货币政策最终目标的实现。当然，由此产生的连锁变化的数量关系不是确定的。

（4）存款准备金

由银行体系的库存现金与其在中央银行的准备金存款组成的存款准备金，也可以用作货币政策中间目标，因为存款准备金的变动一般较易被中央银行测度、控制，并对货币政策最终目标的实现产生影响。

拓展阅读6-1

央行：始终保持货币政策稳健性 有效防范化解重点领域金融风险

各国中央银行通常从国情出发，根据自己的经验，选择适宜的货币政策中间目标。但是要想使选择的中间变量能有效地反映货币政策效果，必须使选择的金融变量符合可测性、可控性和相关性特点。

2）货币政策的传导机制

（1）货币政策传导机制的含义

所谓货币政策传导机制是指货币管理当局确定货币政策后，选择一定的货币政策工具进行操作，直至实现货币政策最终目标所经过的各种中间环节相互之间的有机联系及因果关系总和。货币政策的具体作用过程究竟是怎样发生的，也就是说，货币政策工具的运用怎样影响货币政策的中介目标，而中介目标的变动又如何影响到实际的经济活动，从而达到货币政策的最终目标，则是货币政策的传导机制问题。

（2）货币政策传导机制的基本原理

一般来说，中央银行通过各种货币政策工具的运用，将对商业银行的准备金和基础货币等经济变量产生比较直接的影响，而这些经济变量的变动将影响到货币供应量和利率，货币政策操作不当，则其效果就不能达到预期的货币政策最终目标。例如，可从前述货币政策工具作用机制分析中得知，中央银行在公开市场上买进有价证券，将导致货币供应量增加，而且还将导致利率下降，最终影响总需求增加，引起投资规模扩大，其最终结果是物价上涨、就业增加和经济增长。这个过程是中央银行货币政策的实施过程，同时体现了货币政策各要素间的相互作用关系，实现了货币政策最终目标。货币政策的传导机制可用图6-1表示。

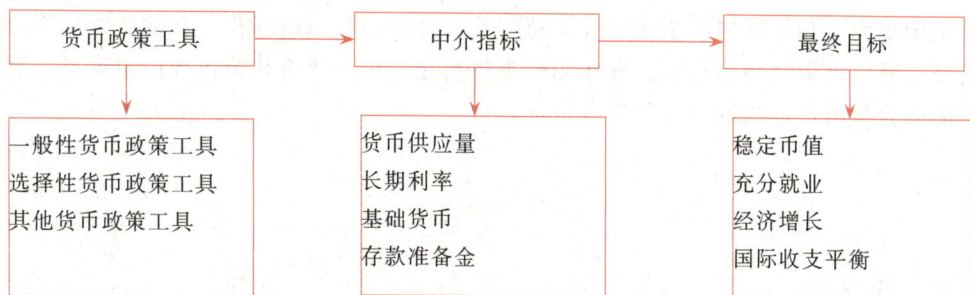

货币政策工具	→	中介指标	→	最终目标

一般性货币政策工具 选择性货币政策工具 其他货币政策工具	货币供应量 长期利率 基础货币 存款准备金	稳定币值 充分就业 经济增长 国际收支平衡

图6-1　货币政策的传导机制

3）我国货币政策的中介指标

（1）货币供应量

1995年，中国人民银行首次将货币供应量列为货币政策的控制目标之一，其具体操作指标是现金和存款准备金。

① 现金控制。由于中国目前的信用经济尚处于初始阶段，信用形式及信用流通工具比较单一，货币乘数意义较小（即商业银行派生存款货币的能力不如西方国家的商业银行），现金在基础货币中所占的比重较大，所以中国人民银行的现金发行和管理使用指令性计划。由于现金的可控性较差，流通中现金的变化并不能完全反映一般货币流通的变化，因此还需要对其他指标进行监控。

② 存款控制。中国人民银行对存款控制的重点是活期存款（M1）。由于活期存款主要是企业在银行的结算账户存款和机关团体存款，是生产资料市场购买力的主要媒介手段。因此，活期存款水平的高低与生产资料价格水平密切相关，控制住 M1，就能相对控制生产资料价格，并对消费资料价格水平施加影响。随着中国人民银行间接调控机制的完善和调控手段的健全，目前我国中央银行开始加强对 M1 的控制，这样有利于中长期货币政策的制定。

（2）信贷规模

信贷规模是指中央银行对银行信贷经营的能力进行数量的规定，它由中央银行根据各银行存款规模、国家经济发展需要、地区平衡等因素权衡，以指令性计划的方式来下达。随着我国银行商业化进程的加快，自我约束能力的提高，银行间竞争的加剧，以及企业融资渠道的多元化，特别是金融市场的日益健全、间接融资比重的不断下降和直接融资成本的不断降低，银行信贷对整个金融市场的反映状况越来越不全面，银行信贷传导作用越来越小。2011年，央行创设了一个新的宏观调控指标即社会融资规模指标，从金融机构的资产端而非负债端出发，度量金融机构向实体经济投放的各类资金的规模，目前已经成为政府、央行和金融市场上非常重视的金融指标，对于判断实体经济的信用扩张情况具有非常好的指导意义。

拓展阅读6-2

2024年我国
货币政策与金
融市场展望

（3）利率

在我国计划经济时代，利率水平的变动不是直接由借贷资金的供求决定的，而是由中央银行的利率政策决定的，它不可能成为间接调节中有效的中介指标。自 1998 年以来，中国加大了利率体制改革的步伐，总体目标是实现利率市场化。目前我国利率市场化进程已经向纵深发展，利率传导作用越来越明显，成为货币政策传导的主渠道，利率也逐渐成为我国货币政策的主要传导目标。

本章自测题

一、填空题

1. 中央银行走过了几百年的发展历程，从历史发展的脉络分析，它有一个产生、发展和完善的过程，学术界将其划分为_____、_____、_____三个不同的时期。

2. 就各国的中央银行制度来看，大致可归纳为四种类型：_____、_____、_____、_____。

3. _____是现代中央银行的鼻祖，它在中央银行的发展史上是一个重要的里程碑。

4. 货币政策包括三方面的内容：_____、_____、_____。

5. 中央银行的货币政策目标包括：_____、_____、_____、_____。

6. 根据我国的具体情况，1995 年 3 月 18 日，《中华人民共和国中国人民银行法》明确规定，中国人民银行的货币政策目标是_____。

7. 一般性的货币政策工具是指各国中央银行普遍运用或经常运用的货币政策工具。一般性的货币政策工具包括以下三种：一是_____，二是_____，三是_____。

8. 中央银行传统的三大职能是_____、_____、_____。

9. 各国中央银行选择的中介指标不尽相同，主要有_____、_____、_____、_____。

10. 1958 年，英国著名经济学家在说明物价稳定与充分就业之间关系时，运用了一条两者替代关系的经验曲线，即著名的_____。

二、选择题

（一）单项选择题

1. 菲利普斯曲线说明的是（　　）此消彼长的关系。

A. 物价稳定与经济增长之间　　　　B. 物价稳定与国际收支之间

C. 经济增长与国际收支之间　　　　D. 物价稳定与充分就业之间

2. 中央银行集中保管准备金是其（　　）职能的体现。

A. "银行的银行"　　　　　　　　B. "政府的银行"

C. "发行的银行"　　　　　　　　D. "全能的银行"

3. 被西方经济学家喻为"更像巨斧而不像小刀"的一般性政策工具是（　　）。

A. 再贴现政策　　　　　　　　　B. 公开市场业务

C. 存款准备金政策　　　　　　　D. 再贷款政策

4. 具有告示效应的政策工具是（　　）。

A.再贴现政策   B.公开市场业务

C.存款准备金政策   D.再贷款政策

5.在中央银行的三大职能中，代理国库是中央银行（   ）职能的体现。

A."发行的银行"   B."政府的银行"

C."银行的银行"   D."贷款的银行"

6.下列工具中，不是总量调控工具的是（   ）。

A.再贴现政策   B.公开市场业务

C.存款准备金政策   D.不动产信用控制

7.中央银行制度的强化时期是（   ）

A.1656年至1844年   B.中央银行产生至1914年

C.1914年至第二次世界大战结束   D.第二次世界大战结束后至今

8.最富有弹性的一般性货币政策工具是（   ）

A.法定准备金制度   B.再贴现政策

C.公开市场业务   D.不动产信用控制

（二）多项选择题

1.下列货币政策工具中，属于选择性货币政策工具的有（   ）。

A.优惠利率   B.不动产信用控制

C.消费信用控制   D.利率控制

2.可作为货币政策的中介指标的金融变量有（   ）。

A.利率   B.货币供应量

C.基础货币   D.超额准备金

3.下列属于央行"政府的银行"职能体现的有（   ）。

A.最后贷款人   B.为政府融通资金

C.集中保管黄金、外汇   D.清算业务

4.下列属于中央银行的直接调控工具的有（   ）。

A.利率最高限   B.优惠利率

C.信用配额   D.流动性管理

5.在中央银行的下列行为中，可导致基础货币增加的有（   ）。

A.在公开市场上买进有价证券   B.降低再贴现利率

C.提高法定存款准备金率   D.买进外汇

6.导致货币供应量缩减的政策手段有（   ）。

A.提高法定存款准备金率   B.降低再贴现率

C.中央银行卖出有价证券   D.中央银行买入外汇

7.对一般性货币政策理解正确的有（   ）。

A.法定准备金政策对经济的冲击力太大

B.利用再贴现政策工具时，中央银行往往处于被动地位

C.当中央银行在公开市场上卖出有价证券，基础货币将等额增加

D.公开市场业务可以经常性、连续性操作

三、判断题

1. 稳定物价即指将物价指数控制在1%。   （   ）
2. 因为任何国家都会存在多种原因的失业，所以充分就业是不可能的。   （   ）
3. 中央银行是宏观调控主体，也是追求利益的主体，但在与商业银行有利益冲突时应退让。   （   ）
4. 中央银行在公开市场上卖出证券，可导致基础货币减少。   （   ）
5. 当大量货币进入不动产市场而引发房地产价格上涨时，中央银行应通过调高法定存款准备金率控制过多的货币供给。   （   ）
6. 当金融市场资金过剩时，中央银行可以通过公开市场操作买进有价证券，减少基础货币供给而实现紧缩货币供给的政策目的。   （   ）

四、简答题

1. 简述中央银行的性质。
2. 简述中央银行强化时期的特征。
3. 简述中央银行的功能。
4. 简述中央银行一般性政策工具及作用过程。
5. 简述中央银行的选择性货币政策工具。

五、案例分析

央行下调存款准备金率

中国人民银行在2020年1月1日发布公告，决定于2020年1月6日下调金融机构存款准备金率0.5个百分点。意味着从2020年1月6日起，央行存款准备金率将下调为：大型金融机构12.50%、中小金融机构10.50%。

问题：央行下调存款准备金率对经济有哪些影响？

分析提示：运用存款准备金政策对货币供应量作用关系进行分析。

六、实训题

实训项目：我国中央银行存款准备金政策实践。

实训目的：通过实训，将存款准备金政策理论学习与我国宏观调控实践结合起来，进一步掌握存款准备金政策的基本原理。

实训步骤：

（1）根据前面给出的2015年以来我国法定存款准备金率变动表中数据，分析每次调整的目的。

（2）根据经济运行实践分析评价2015年以来法定存款准备金政策的调控效果。

第 7 章
货币供求均衡与通货问题

学习目标

知识目标： 掌握货币需求的含义与影响因素；了解货币需求函数与不同的货币需求理论；掌握货币供应量的含义与影响因素，货币层次的含义及划分的意义，货币供求均衡的内涵，货币供求失衡的治理措施，通货膨胀的含义、产生的原因、对经济的影响及治理，通货紧缩的概念、特征、产生的原因、对经济的影响及治理。

技能目标： 能够分析货币供给主体的业务活动对货币供给的影响，分析货币供求是否平衡；能根据对经济运行数据的敏感性，分析货币供求是否均衡并判断通货是否正常；针对具体的通货膨胀与通货紧缩现象提出解决对策；深入理解货币对宏观经济变量的影响。

素质目标： 结合货币均衡与通货问题的理论阐述和完成调研任务，引导学生关注宏观经济形势，增加对经济问题的敏感度，从而培养学生严谨求学、心系国家的态度和情怀。

央行：稳健的货币政策要更加灵活适度、精准导向

中国人民银行货币政策委员会 2020 年第三季度（总第 90 次）例会于 9 月 25 日在北京召开。会议指出，稳健的货币政策要更加灵活适度、精准导向，综合运用并创新多种货币政策工具，保持流动性合理充裕。

会议要求，有效发挥结构性货币政策工具的精准滴灌作用，提高政策"直达性"，继续用好 1 万亿元普惠性再贷款再贴现额度，落实好两项直达实体货币政策工具，确保普惠小微贷款应延尽延，切实提高普惠小微信用贷款发放比例。深化金融供给侧结构性改革，引导大银行服务重心下沉，推动中小银行聚焦主责主业，健全具有高度适应性、竞争力、普惠性的现代金融体系。

会议提出，着力打通货币传导的多种堵点，继续释放改革促进降低贷款利率的潜力，综合施策推动综合融资成本明显下降，引导金融机构加大对实体经济的支持力度，补短板、锻长板，确保新增融资重点流向制造业、中小微企业，努力做到金融对民营企业的支持与民营企业对经济社会发展的贡献相适应，推动供给体系、需求体系和金融体系形成相互支持的三角框架，加快形成以国内大循环为主体、国内国际双循环相互促进的新发展格局。进一步扩大金融高水平双向开放，提高开放条件下经济金融管理能力和防控风险能力。

会议认为，2020 年以来统筹疫情防控和经济社会发展工作取得重大成果，经济稳步恢复。稳健的货币政策体现了前瞻性、精准性和时效性，大力支持疫情防控、复工复产和实体经济发展，金融风险有效防控，金融服务实体经济的质量和效率逐步提升。存量浮动利率贷款定价基准转换顺利完成，贷款市场报价利率改革红利持续释放，货币传导效率增强，贷款利率明显下降，人民币汇率总体稳定，双向浮动弹性提升，发挥了宏观经济稳定器功能。

会议指出，当前境外疫情和世界经济形势依然复杂严峻，要加强对国际经济形势的研判分析，加强国际宏观经济政策协调，集中精力办好自己的事，完善跨周期设计和调节，支持经济高质量发展。

会议强调，扎实做好"六稳"工作，全面落实"六保"任务。深化利率市场化改革，引导贷款利率继续下行，保持人民币汇率在合理均衡水平上的基本稳定。打好防范化解重大金融风险攻坚战，守住不发生系统性金融风险的底线，实现稳增长和防风险长期均衡。

资料来源：佚名.中国人民银行货币政策委员会召开 2020 年第三季度例会 [EB/OL].[2024-03-28]. https://www.thepaper.cn/newsDetail_forward_9383141.

这一案例表明：稳健货币政策灵活适度、精准需要良好的传导机制，中央银行实现稳健货币政策的有效性不仅要利用好政策工具，还要着重发挥货币政策的传导作用。

7.1　货币需求

建立货币理论的起点是研究货币需求理论，而研究货币需求理论要解决三个问题：什么是货币需求？货币需求的决定因素是什么？货币需求与经济活动的关系是什么？

7.1.1　货币需求的含义

所谓货币需求，是指在一定时期内，在一定经济条件下，整个社会（个人、企业单位、政府）愿以货币形式持有资产的需要，或社会各阶层对执行流通手段、支付手段和价值贮藏手段的货币的需求。

货币需求包括三层意思：第一，货币需求指的是有效需求，即指既有需求货币的愿望，又有获得或持有货币的能力；第二，货币需求是受一定的经济条件制约的；第三，货币需求是对货币量的需求。

7.1.2　影响货币需求的因素

从实际情况看，影响货币需求量的主要因素有以下几个方面：

1）收入水平

在经济生活中，微观经济主体的收入大多以货币的形式获得，支出也是以货币支付。收入越多，对商品、劳务交易媒介的货币需求越大，因此货币需求量与收入水平成正比关系。

2）价格水平

在商品和劳务量既定的情况下，价格越高，社会商品流转额越大，用于交易和周转的货币需求量增加，因此，价格与货币需求量之间成正比关系。

3）利率水平

在市场经济中，利率作为一种资金价格，正常情况下是与货币需求成反比的。利率上升，持有货币的机会成本会增加，人们会减少对货币的持有，货币需求减少；利率下降，持有货币的机会成本会降低，人们会增加对货币的持有，货币需求增加。

4）货币流通速度

在商品与交易额一定的前提下，货币流通速度越快，对货币需求量越小，反之，对货币需求量越大，因此，货币流通速度与货币需求成反比。

5）信用的发达程度

一般来说，信用制度健全，信用比较发达集中，货币需求量较少；如果没有发达的信用制度，没有完善的金融市场，人们将持有更多的货币，所以信用的发达程度与货币的需求量呈负相关关系。

6）人们的预期

人们的心理活动对货币需求的影响较复杂。第一，预期市场利率上升，货币需求增加，反之货币需求减少；第二，预测物价水平上升，货币需求减少，反之货币需求增加；第三，预测投资收益上升，货币需求减少，反之货币需求增加。

7.2　货币供给

在现代经济学中，经济学家们通常用函数方式或方程式来表达一定的经济理论。为了分析货币需求量的决定及其变动规律，许多经济学家建立了货币需求函数，即将决定或影响货币需求的各种因素作为自变量，将货币需求本身作为因变量而建立起来的数量变化关系，我们将其称为货币需求理论。

货币需求理论的产生要比货币供给理论早，从重商主义时代到现代形成了不同的流派和观点，著名的有美国经济学家欧文·费雪古典货币数量论、以马歇尔为代表提出的剑桥方程式、英国著名的经济学家凯恩斯的货币需求理论，以及20世纪60年代美国芝加哥大学教授弗里德曼的现代货币数量论。

马克思和恩格斯在分析批判传统货币数量论基础上，以劳动价值论为基础建立了货币需求理论，即货币必要量理论：

执行流通手段的货币必要量=待实现的商品价格总额÷单位货币的流通速度

货币执行支付手段时，货币流通规律增加了新内容，流通中货币必要量公式为：

流通中货币必要量=（商品价格总额－赊销商品价格总额+到期应支付的总额）÷货币流通速度

马克思货币需要量公式的重要理论意义在于，它反映了商品流通决定货币流通的基本原理。货币是适应商品交换需求而产生的，因商品的交换进入流通，并因交换的需要变换自身的数量。

马克思在阐述了金属货币流通规律后，科学论述了纸币流通规律，简单地说是纸币的发行量限于它所代表的金属（金或银）的实际数量。用公式表示为：

单位纸币的价值=流通中所必需的金属货币量÷流通中的纸币总量

纸币流通规律的实质是纸币与金属货币间的比例关系。一个国家固然可以把任意数量的纸币强制投入流通，但是纸币发行过多必然引起纸币贬值，最终引发通货膨胀。

不同的货币需求理论作用可以概括为三个方面：

第一，分析各种因素对货币需求的不同影响，既包括影响的方向，也包括影响的程度。其具体方法是：通过货币需求函数求出货币需求对某一决定因素的一阶导数，根据导数的符号来判断该决定因素对货币需求究竟有正的影响还是有负的影响。同时，以上述导数为基础，计算出货币需求的各种弹性，如货币需求的收入弹性、货币需求的利率弹性等，以弹性系数的大小来反映各个因素对货币需求的影响程度。

第二，通过计量研究来验证货币需求理论的某一结论。为了进行计量研究，人们首先必须建立相应的货币需求函数，然后，利用历史数据加以实证研究。如果实证研究的结果与理论分析的结论是一致的，则说明该理论是正确的；反之，则说明该理论是不正确的。

第三，在取得相关资料的基础上，利用货币需求函数来测算一定时期内全社会的货币需求量，以此作为制定货币政策、控制货币供给的根据。

7.2.1　货币供给与货币供给量

货币供给与货币供给量是两个有联系而又不同的概念。货币供给是指银行体系通过自身业务向社会提供货币的过程。货币供应量则指的是在一个时点上，一个国家政府、企事业单位和居民所持有的现金和银行存款的总和。

研究货币供给包括动态的货币供给和静态的货币供给。

7.2.2　货币供给层次

货币供给层次实际上是不同的货币计量范围。为了保证中央银行宏观调控的效果，各国根据自身的特点和需要划分货币层次。划分货币层次的目的包括：第一，保证货币流通与商品流通的总量平衡；第二，保证货币流通与商品流通的结构。科学地划分货币层次意义重大。然而，世界各国的银行业务不尽相同，国情不同，在货币层次的划分上有一定差异。

（1）美国现行货币供给层次

M1包括：①处于国库、联邦储备系统和存款机构以外的现金；②非银行发行的旅行支票；③商业银行的活期存款（支票存款），其中不包括存款机构、美国政府、外国银行和官方机构在商业银行的存款；④其他各种与商业银行活期存款性质相近的存款，如NOW、ATS等。

M2等于M1加以下各项：①存款机构发行的隔夜回购协议和美国银行在世界上的分支机构向美国居民发行的隔夜欧洲美元；②货币市场存款账户（MMDA）；③储蓄和小额定期存款；④货币市场互助基金（MMMF）等。

M3等于M2加以下各项：①大额定期存款；②长于隔夜的限期回购协议和欧洲美元等。

L等于M3加非银行公众持有的储蓄券、短期国库券等。

（2）日本现行货币供给层次

M1=现金+活期存款

现金指银行券发行额和辅币之和减去金融机构库存现金后的余额；活期存款包括企业支票活期存款、活期储蓄存款、通知即付存款、特别存款和纳税准备金存款。

M2+CD=M1+准货币+可转让存单

其中，准货币指活期存款以外的一切公私存款；CD是指可转让存单。

M3+CD=M2+CD+邮政、农协、渔协、信用合作和劳动金库的存款以及货币信托和贷放信托存款

此外还有"广义流动性"，等于M3+CD+回购协议债券、金融债券、国家债券、投资信托和外国债券。

（3）我国的货币供给层次

M0=现金流通量

M1=M0+企业活期存款+机关团体存款+农村存款+其他存款

M2=M1+城乡储蓄存款+企业机关定期存款+单位其他存款+证券公司客户保证金

拓展阅读7-1

央行：十年来
广义货币供应
量（M2）年
均增速
10.8%，与名
义GDP年均
增速基本匹配

7.2.3　货币供给主体在货币供给中的作用

在市场经济条件下，货币是通过中央银行发行，再通过商业银行的存款创造机制形成一定的货币供应量，可以明确的是中央银行和商业银行是控制并形成货币供应量的两大主体。

知识链接 7-1

认识数字货币

数字货币是一种比较特殊的虚拟货币。其实所有的电子货币都是虚拟货币，如 Q 币就是大家耳熟能详的虚拟货币，但是 Q 币并不是数字加密货币，只是一种简单的代币。数字货币的代表是现在最热门的比特币。一般认为比特币是最可能取代法定货币地位或大大延伸法定货币应用领域的数字货币。

数字货币的第一个尝试并不是比特币，但数字货币的概念首次以排山倒海之势闯入人类的视野正是因为比特币。2009 年 1 月 3 日，比特币网络诞生，中本聪本人发布了开源的第 1 版比特币客户端——Bitcoind，世界上第一个比特币区块链诞生，世界上首批 50 个比特币被创造出来。比特币的诞生是数字货币崛起的首个也是最重要的里程碑。鉴于比特币的这一伟大贡献，数字货币的通用标识中直接嵌入了比特币的货币符号，这也标志着比特币（Bitcoin）已被视为世界上第一种广泛接受及最主要的数字加密货币。

数字货币发展至今，已有数千个币种。而其大类通常被分为三种：比特币、竞争币和数字资产币（asset-backed tokens）。竞争币一般是指在 Blockchain2.0 之前，仿照比特币技术创建的数字货币，国内也常称之为山寨币。数字资产币则常常局限使用于各个区块链项目内。之所以把它也视为数字货币，是因为和比特币及竞争币一样，它是区块链行业普遍应用的代币（token，所有数字货币本质上都是 token），它们还往往是其区块链项目里唯一可用的支付币种，并且其交易也同样采用加密技术记录在区块链里，也就是说它们完全符合数字货币的定义和应用场景。

资料来源：作者根据相关资料整理所得。

1）商业银行与货币供给

商业银行的活期存款是现代信用货币经济中最主要的货币形式。存款货币的创造过程在很大程度上反映了现代经济中货币供给量的决定过程。在商业银行的货币供给分析上，我们将先通过对几个重要概念的解释入手，推导出一个经过简化的存款乘数模型，以说明存款货币多倍扩张与大幅收缩的基本原理和基本过程。

（1）几个重要的概念

①原始存款。原始存款是指客户以现金的形式存入银行的款项。这部分存款不会引起货币供给总量的变化，仅仅是流通中的现金变成了银行的活期存款。存款的增加正好抵消了流通中现金的减少。原始存款也可以充作商业银行存款准备金的存款，因为它流通性最强，随时可以应付客户提存的需要。商业银行面对众多的客户，其存款总是有进有出，甲存乙取，乙取丙存，丙取丁存……有存有取，川流不息。除在经济动乱或金融危机时会出现挤提现象外，正常情况下，客户不会同时向银行提款。因此，商业银行获得存款后，除去按法定存款准备金率缴存一部分准备金外，其余部分可用于发放贷款或购买有价证券。在支票流通的情况下，商业银行的贷款和证券投资等资产业务又会形成

新的存款，这种新的存款就是派生存款。可见，原始存款是商业银行信用扩张、创造派生存款的基础。

②派生存款。派生存款是商业银行吸收客户的存款后，除按法定存款准备金率所要求保留部分法定准备金外（这部分准备金通常存放在中央银行），其余部分可以用于发放贷款或购买证券，从而获取投资利润。在支票流通的情况下，现金结算比重很小，这样客户取得贷款或证券价款后，不用或很少提取现金，可将全部或大部分贷款或价款存入自己的存款账户，以便开支票进行支付，这就使整个银行系统在原有的原始存款之外，又出现了一笔新存款。接受这笔新存款的商业银行，除保留部分法定准备金外，剩余部分又可以用来发放贷款或购买证券，取得贷款或证券价款的客户将这部分收入再存入银行，又形成新的存款。取得这笔存款的商业银行，除保留部分法定准备金外，又将剩余部分用于贷款和投资……上述过程依次持续下去，众多的商业银行通过自己的资产业务（贷款、投资），连续地运用原始存款，从而创造出数倍于原始存款的派生存款。因此，派生存款是由原始存款经过不同的商业银行的资产运用而创造出来的，它是原始存款的派生和扩大。

派生存款扩大的倍数同存款准备金率的高低成反比。准备金率越高，派生存款的倍数越小；准备金率越低，则派生存款的倍数越大。根据上述关系，我们可以得出派生存款的计算公式：

派生存款=原始存款×（1÷法定存款准备金率－1）

如以 D 表示存款总额，R 表示商业银行的存款准备金（准备金来源于原始存款），r 表示中央银行所规定的法定存款准备金比率，则存款货币的多倍扩张可用下列公式来表示：

$D=R/r=R \cdot 1/r$

原始存款和派生存款的共同之处在于两者都是客户在商业银行的存款。区别原始与派生的目的在于考察商业银行扩张信用、创造派生存款货币的能力。原始存款与派生存款的区别有以下两点：第一，原始存款是中央银行创造的货币（现金转化而成的存款货币）；而派生存款则是商业银行创造的货币（贷款和投资转化而成的存款货币）。第二，现金转化为原始存款时，只是货币形式发生变化，货币供应量不会增加；而贷款和投资转化为存款，亦即派生存款创造时，会使货币供应量增加。

③存款准备金与存款准备金比率。存款准备金原是商业银行在吸收存款后，以库存现金或在中央银行存款的形式保留的、用于应付存款人随时提现的那部分流动资产储备，它是银行所吸收的存款总量的一部分。存款准备金比率就是存款准备金占银行吸收存款总量的比例。需要指出的是，对于商业银行来说，根据中央银行规定的存款准备金比率保留的存款准备金，是必须保留的法定准备金。而当商业银行根据中央银行规定的比率缴足了法定准备金之后，是否保留超额准备金，或者保留多少超额准备金，则完全可由商业银行自主决定。

（2）创造存款货币必须具备的条件

存款创造必须具备的基本条件有两个：

① 实行部分准备金制度。实行部分准备金制度是指商业银行在经营活动中，只需要按存款的一定比例保留准备金，包括库存现金和中央银行存款，其余部分可以发放

贷款或投资等。在实行部分准备金制度的情况下，商业银行才有可能动用客户存款进行贷款的发放，才可能有存款创造的过程。如果实行全部准备金制度，则银行根本不可能利用所吸收的资金去发放贷款。例如，假设某企业存入 10 000 元，则银行的负债增加 10 000 元，同时其资产方的现金准备必须等量增加，银行不把这笔资金贷放出去，就没有存款创造的过程。

② 采用转账结算的方式。在转账结算的方式下，企业通过银行完成交易活动款项的支付与收取。这样，一方面，商业银行的负债凭证——存款货币如同法定货币——现金一样发挥流通手段和支付手段作用；另一方面，收款单位将资金存入银行，银行提留法定准备金之后，发放贷款给企业。这样循环往复下去，商业银行的资产与负债规模都得到扩大，也使货币供给量增加。如果不通过银行结算，资金游离在银行系统之外，银行能吸引到的资金减少，限制了贷款的发放，存款创造的能力也受到影响。如果企业在获得贷款后全部提现，并持有这部分现金，而不存入银行，没有新的存款生成，银行也就不能扩大贷款的规模，存款创造的过程就会因此受到影响。

（3）存款货币的创造和收缩过程

① 商业银行的存款派生。

商业银行创造多倍的派生存款，不是一家银行能单独完成的，单一银行仅能创造等于其超额储备的存款，作为整体的银行体系却能够进行多倍存款扩张。具体来讲，商业银行创造派生存款必须具备上面提到的条件。

我们可以借助案例来分析存款的多倍扩张过程。假设某客户在 A 银行存入 10 000 元支票存款，A 银行在中央银行的储备增加了 10 000 元，我们假设储备存款没有利息收入，故银行不愿持有超额储备。分析 A 银行的账户发现，A 银行在中央银行的储备增加了 10 000 元，支票存款也增加了 10 000 元。A 银行的账户变化见表 7-1。

表 7-1　　　　　　　　　　　A 银行的账户变化（一）

资产		负债	
储备	+10 000	支票存款	+10 000

如果法定准备金率是 10%，则 A 银行发现法定储备增加 1 000 元，超额储备为 9 000 元。由于 A 银行不愿持有超额储备，因而全额贷出，A 银行的贷款和支票存款增加 9 000 元，但当借款人动用其 9 000 元存款时，则 A 银行的支票存款和储备将降低 9 000 元，A 银行的账户变化见表 7-2。

表 7-2　　　　　　　　　　　A 银行的账户变化（二）

资产		负债	
储备	+1 000	支票存款	+10 000
贷款	+9 000		

如果借款人动用该笔支票存款是将其存入 B 银行，则 B 银行的账户变化见表 7-3。

表7-3　　　　　　　　　　　　B银行的账户变化（一）

资产		负债	
储备	+9 000	支票存款	+9 000

同样的道理，B银行会进一步调整其资产负债。9 000元中的10%（900元）作为法定储备，剩余的8 100元是B银行的超额准备，B银行将这一金额贷出，由于借款人支用这一款项，使得B银行的账户变化见表7-4。

表7-4　　　　　　　　　　　　B银行的账户变化（二）

资产		负债	
储备	+9 00	支票存款	+9 000
贷款	+8 100		

从B银行借款的人再将8 100元存入另一银行，比如C银行。到此阶段，银行体系最初的10 000元，在此时已合计为27 100元（10 000+9 000+8 100）。这一过程继续下去，情况就如表7-5所示，在最初10 000元存款的基础上，通过银行发放贷款，整个银行体系的存款总额增加到100 000元，增加了10倍，正好是法定准备金率的倒数。银行体系存款货币创造过程见表7-5。

表7-5　　　　　　　　　银行体系存款货币创造过程　　　　　　（假设法定准备金率为10%）

银行	存款增加（元）	贷款增加（元）	储备增加（元）
A	10 000	9 000	1 000
B	9 000	8 100	900
C	8 100	7 290	810
D	7 290	6 561	729
E	6 561	5 905	656.10
⋮	⋮	⋮	⋮
所有银行合计	100 000	90 000	10 000

②存款的大幅收缩。

商业银行存款创造的原理在反方向上也适用，也就是说，如果客户从银行提取存款，引起银行体系原始存款的减少，在银行体系无超额准备金的前提下，也必然引起存款总额的大幅减少。

假设某家银行发现其储备减少了10 000元，由于它一直未持有超额储备，所以其储备低于法定要求10 000元。该银行可以通过出售10 000元债券或收回10 000元贷款的方式来弥补所需储备。当它出售债券时，购买者支付给它一张从其他银行（如A银行）账户签发的支票，类似地，客户归还贷款也将通过从其他银行账户中签发的支票来实现。这两种情况下，向其签发支票的A银行将损失10 000元的支票存款和10 000元的储备。A银行的账户变化见表7-6。

表7-6 A银行的账户变化（三）

资产		负债	
储备	-10 000	支票存款	-10 000

此时，A银行发现自身无法达到法定储备的要求，因为存款减少10 000元，在法定准备金率为10%的条件下，储备相应只能减少1 000元，其储备短缺额为9 000元。同样，A银行为弥补这一短缺额会减少它拥有的9 000元贷款或债券，其账户变化见表7-7。

表7-7 A银行的账户变化（四）

资产		负债	
储备	-1 000	支票存款	-10 000
贷款或债券	-9 000		

A银行减少贷款或债券，因而会收到还款者或债券购买者从B银行的存款账户中签发的支票，从而引起B银行的资产负债的调整，调整后的账户变化见表7-8。

表7-8 B银行的账户变化（三）

资产		负债	
储备	-900	支票存款	-9 000
贷款或债券	-8 100		

B银行为弥补短缺的储备8 100元将消减同样金额的贷款或证券，从而使另一银行（C银行）的支票存款减少8 100元，这一过程继续下去，直到银行体系的支票存款水平变为：

$$(-1 000) + (-9 000) + (-8 100) + (-7 290) + (-6 561) + \cdots = -100 000（元）$$

可见，存款的大幅收缩过程和存款多倍扩张过程是相对应的。

（4）存款货币创造的制约因素

在以上介绍的存款创造过程中，我们假设银行不愿意持有超额准备，只保留法定准备金，其余的全部贷出或购买债券，并且客户将全部收入存入银行不提取现金。在这些假设前提下，商业银行创造存款能力的大小基本上取决于法定存款准备金率的高低，并与之成反比例关系。

除了法定存款准备金率这个最主要的基础因素外，影响商业银行创造存款能力的还有诸如超额准备金、现金漏损率等因素。

① 法定存款准备金率。现代银行体系普遍实行部分准备制，即各家商业银行均需按一定比率将其存款的一部分转存于中央银行，目的就在于限制商业银行创造存款的能力。例如，在法定存款准备金率为20%的条件下，商业银行如果拥有100万元的活期存款，则必须至少保持20万元的法定准备金，其他部分才可能用于放款。存款准备金率越高，商业银行创造存款的能力越小；存款准备金率越低，商业银行创造存款的能力越大。

② 现金漏损率。在存款扩大过程中，有些得到支票的人很可能不把这些款项存入银行，而是通过提现将之存放于银行体系之外，出现所谓的现金漏损。现金漏损的出现使银行可用于放款的资金减少，因而削弱了银行创造存款的能力。

③ 超额准备率。为了安全和应对存款的变现和机动放款的需要，银行实际保留的准备金总是大于法定准备金，超出的部分称为超额准备金。银行的超额准备金同存款总额的比称为超额准备率。在银行体系中，超额准备率的变化对于信用的伸缩影响，同法定准备率及现金漏损率具有同等作用。如果超额准备率高，则银行信用扩张的能力缩小；如果超额准备率低，则银行信用扩张的能力扩大。

④ 贷款的需要额或者银行是否同意发放贷款。银行是通过发放贷款来增加存款的，如果没有人向银行借款，银行就不能发放贷款，也就谈不上存款的创造。银行找不到投资机会的情况也一样。反之，借款需要额很大，但银行认为条件、时机不成熟，不愿贷款，也无法创造存款。

所以，以上银行创造存款的派生倍数只能看作扩大存款的理论极限，在实际存款扩张过程中，有许多因素共同作用。因此，存款的增加一般不会达到这个理论上的极限。

2）中央银行与货币供给

现代信用制度下，货币供给是通过中央银行提供基础货币，在货币乘数的作用下经过商业银行的信用创造完成的。由货币供给的基本公式 Ms（货币供给量）=m·B（m 和 B 分别代表货币乘数和基础货币）可知，货币供给量取决于基础货币 B 和货币乘数 m 这两个因素，并且是这两个因素的乘积。

（1）基础货币

① 基础货币的概念。

基础货币又称"高能货币"或"强力货币"，是指具有使货币总量倍数扩张或收缩能力的货币，表现为中央银行的负债。

$$基础货币 = \left(\begin{matrix}流通中 \\ 的现金\end{matrix}\begin{matrix}包括公众和商业 \\ 银行持有的现金\end{matrix}\right) + \begin{matrix}商业银行在中央银行的存款准备金 \\ （包括法定准备金和超额准备金）\end{matrix}$$

② 基础货币的形成。

基础货币是整个货币供给量中最基本的部分，是银行系统向社会供给货币的基础。基础货币是中央银行直接控制的。目前各国一般把各商业银行在中央银行的准备金和社会公众手持现金之和视为基础货币。中央银行投放基础货币的渠道有中央银行向商业银行提供贷款和办理再贴现、中央银行收兑外汇、中央银行对财政透支、中央银行通过公开市场买进有价证券。

③ 影响基础货币投放的因素。

其一，外汇、黄金储备对基础货币决定的影响。中央银行通过收购金银外汇，增加外汇储备，形成中央银行的资产。如果是向居民、企业直接收购，则要么是通货投放增加，要么是居民或企业在商业银行的存款增加，从而使商业银行在中央银行的存款准备金增多；如果直接向商业银行收购外汇黄金则会直接引起商业银行的准备存款增加，以上各种情况都意味着基础货币的增加。相反，如果中央银行出售黄金、外汇使此项资产减少，则会引起基础货币相应减少。

其二，财政收支对基础货币决定的影响。无论是中央银行直接对财政贷款或直接贴现国债，还是通过公开市场业务使持有的国债资产增大，都是中央银行扩大了对财政的资产业务，并同时使财政存款相应增加。财政存款是要支用的，其支付方式是向应取得款项者签发支票或类似的支付命令；取得财政付款凭证的单位或个人则委托自己的开户行收款。于是中央银行的财政存款减少，商业银行的准备存款相应增加，最终使基础货币增加。也就是说，中央银行对财政的资产业务成为商业银行存款准备增加的来源，并最终影响着基础货币的增减变化。

其三，贴现及放款对基础货币决定的影响。中央银行的资产业务对基础货币产生影响的主要形式是票据再贴现和放款。在再贴现业务中，中央银行增加了其资产负债表中以票据形式持有的资产，同时相应增加了其负债——商业银行在中央银行的准备存款，从而基础货币等额增加。若中央银行收回贷款或减少对商业银行的票据再贴现，则会导致基础货币相应缩减。

（2）货币乘数

所谓货币乘数是货币供给量相对于基础货币的倍数。货币供给之所以数倍于基础货币，是由于商业银行信用扩张或派生存款的缘故。之前，我们已经讨论了商业银行存款创造的过程，并给出了存款创造的倍数，即 $1/r$，但是，商业银行存款创造的过程，除了要受法定准备率高低的制约，还要受到其他因素的影响。其实，影响商业银行存款创造的其他因素正是货币乘数的影响因素。

①法定存款准备率。上面已经分析过，存款准备率越高，商业银行创造存款的能力越小；存款准备率越低，商业银行创造存款的能力越大。如前所述，如果舍掉其他影响存款创造倍数的因素，设 m 为银行体系存款派生倍数，则 $m=1/r$。可见，整个商业银行创造存款货币的数量会受法定存款准备率的限制，其倍数同存款准备率呈现一种倒数关系。

②现金漏损率（c）。由于社会经济中现金的数量同存款的数量之间在一定时期大致存在某种比率关系，故我们可用这种比率来表示现金在存款派生过程中的漏损率，这种现金漏损对于银行扩张信用的限制与法定存款准备率具有同等的影响，因而把现金漏损问题考虑进去后，银行体系创造存款的派生倍数公式应修正为：

$m=1/(r+c)$

③超额准备率（e）。为了安全和应对存款变现以及机动放款的需要，银行实际保留的准备金总是大于法定准备金，超出的部分即为超额准备金。银行的超额准备金同存款总额的比称为超额准备率（e）。当我们把超额准备金的因素考虑进去时，银行体系创造存款的派生倍数应为：

$m=1/(r+c+e)$

④定期存款准备金。银行吸收的存款按其与银行的契约关系可分为活期存款和定期存款。以上的分析都未作此划分，而当对活期存款和定期存款规定不同的准备率时，会对存款派生倍数 m 产生影响。定期存款（Dt）同活期存款总额（D）之间也会保有一定的比例关系，记作 t，活期存款、定期存款的法定准备率分别记作 rd 和 rt，由于按 rt·t 所提存的准备金是用于支持定期存款所需要的，尽管它仍保留在银行手中，包括在实有准

备金之中，但它却不能支持活期存款（D）的进一步创造，故这部分 rt·t 对存款的派生倍数 m 的影响，便可视同法定准备率的进一步提高：

m=1/（r+c+e+rt·t）

7.3　货币供求均衡

7.3.1　货币供求均衡的含义

货币供求均衡简称货币均衡，是货币供给与货币需求的一种对比关系，是从供求的总体上研究货币运行状态变动的规律。货币供求均衡的含义包括以下几点：

其一，货币供求均衡是货币供需作用的一种状态，是货币供给与货币需求的大体一致，而非数量上的完全相等，货币供需完全相等只是一种偶然的现象。若以 Md 表示货币需求，以 Ms 表示货币供给，则货币供求均衡可以表示为：

Md=Ms

其二，货币供求均衡是一个动态过程，它并不要求在某一具体时间上货币供给与货币需求的完全相等，它允许短期内货币供需间的可接受的不一致状态，但在长期内是大体一致的。

其三，在现代经济运行中，货币供求均衡在一定程度上反映了国民经济的总体均衡状况。这是因为：货币不仅仅是现代经济中商品交易的媒介，而且其本身还是国民经济发展的内在要求；货币供需的相互作用制约并反映了国民经济运行的全过程，并且将国民经济运行与货币供需的相互作用有机地联系在一起。在所分析的时期内，国民经济的运行状况势必要通过货币供求均衡与否的状况反映出来。

7.3.2　货币供求均衡与社会总供求均衡

1）社会总供求的含义

社会总供求是社会总供给和社会总需求的合称。社会总需求通常是指在一定时期内，一国的社会各方面实际占用或使用的全部产品之和（社会各阶层所有需求之和）。它通常包括消费需求、投资需求、政府需求和净出口需求。社会总需求是一定时期社会的全部购买支出。社会总供给，通常是指在一定时期内，一国生产部门按一定价格提供给市场的全部产品和劳务的价值之和，以及在市场上出售的其他金融资产总量。由于这些商品都是在市场上实现其价值的，因此，社会总供给也就是一定时期内社会的全部收入或总收入。

2）货币供求与社会总供求的关系

（1）货币供给量决定社会总需求

在现代商品经济条件下，任何需求都表现为有货币支付的需求。如果没有货币的支付，没有实际的购买，社会基本的消费需求和投资需求就不能实现。因此，在一定时期内，社会的货币收支流量就构成了当期的社会总需求。货币供给量形成有支付能力的购买总额，从而影响社会总需求；调节货币供给量的规模就能影响社会总需求的扩张水平。因此，货币供给量是否合理决定着社会总需求是否合理，从而决定着社会总供求能否达到均衡。

（2）社会总供给决定货币需求

由于任何商品（包括劳务）都需要用货币来度量其价值并通过与货币的交换实现其价值，因此，商品市场上的商品供给由此决定了一定时期货币市场上的货币需求，有多大规模的商品供给就有多大规模与此相对应的货币需求。

7.3.3　货币供求失衡及其调整措施

1）货币供求失衡

在现实经济生活中，绝对货币供求均衡是不常见的，货币供求失衡反而是一种常见的经济现象。当货币供给量与客观经济对货币的需求不一致时，就出现了货币失衡现象。货币失衡有三种情况：货币供给过多、货币供给不足以及货币结构性失衡。

① 货币供给过多即货币供给量大于货币需求量的经济状态，一般表现为物价上涨和强迫储蓄。假设货币市场原本处于均衡状态，若货币供给量超出了经济运行对货币的客观需要，则均衡会被打破。

② 货币供给不足即货币供给不足以满足客观经济运行对货币的需求，其表现是在生产过程中出现过多的存货或其他资源闲置。

③ 货币供求的结构性失衡。以上两种货币失衡状况是货币供求总量上的失衡，这里的货币供求结构性失衡是指在货币供给与需求总量大体一致的条件下，货币供给结构和与之相对应的货币需求结构不相适应。这种结构性货币失衡往往变形为短缺与滞存同时存在，经济运行中的部分商品和生产要素供过于求，另一部分商品和生产要素又供不应求。

2）货币供求失衡的调整措施

从货币失衡到均衡有两种调整方式：一是自动调整；二是政策调整。自动调整指中央银行执行既定的货币政策的前提下靠市场本身的力量和货币供求的内在机制使货币失衡恢复到货币均衡，但是时间过长，代价较大，所以一般一国的政府都运用一定的政策予以调整。

（1）供应型调节

供应型调节是指在货币供求失衡时，从压缩货币供给量入手，使之适应货币需求量。这包括以下几个层次的措施：

① 中央银行实施紧缩的货币政策，如借助三大政策工具减少货币供给量。

② 商业银行紧缩作用。一是停止对客户发放新贷款；二是到期的贷款不再展期，坚决收回；三是提前收回部分贷款。

③ 财政上实施紧缩财政政策。一是减少对有关部门的拨款；二是增发政府债券，直接减少社会各单位和个人手中持有的货币量。

（2）需求型调节

需求型调节是指在货币供求失衡时，从调整需求入手，使货币需求量适应既定的货币供给量。由于货币需求量主要还是一个独立于银行之外的内生变量，因此，对货币需求量调节的措施更多地在银行之外推行。这包括以下几条措施：

① 增加商品供给。一是财政部门出资金，国家物资部门动用后备物资，商业部门

动用商品储备，以此增加商品供应量；二是中央银行运用黄金储备和外汇储备，外贸部门组织国内急需的生产资料的进口，以此扩大国内市场上的商品供应量。

②国家物价管理部门（受命于国务院）提高商品价格，通过增加货币需求量来吸收过度的货币供给。例如，提高零售商品价格就可以很快地得到效果，因为商业部门的商品零售额吸收了居民可支配收入的绝大部分。因此，任何时候提高商品零售价格都是增加货币需求量，吸收过剩购买力的强有力手段。

（3）混合型调节

混合型调节是指面对货币供给量大于货币需求量的失衡局面，不是单纯地压缩货币供给量，也不是单纯地增大货币需求量，而是双管齐下，既搞供应型调节，也搞需求型调节，以尽快实现货币均衡而又不给经济带来太大波动。反之，在货币供给量小于货币需求量的货币供需失衡状态时，中央银行在增大货币供给量的同时，压缩相应的货币需求量，从而快速而有效地实现货币供需的均衡。

（4）逆向型调整

逆向型调整是当出现货币供给量大于货币需求量的货币供需失衡状态时，中央银行并不是通过压缩货币供给量，而是通过增加货币供给量的途径来促进货币供需全面均衡。其具体内涵是：若货币供给量大于货币需求量，同时现实经济运行中又存在着尚未充分利用的生产要素，而且也存在着某些供不应求的短缺产品，社会经济运行对此需求量很大，而可供能力又相对有限，那么可以通过对这类产业追加投资和发放贷款，以促进供给的增加，并以此来消化过多的货币供给，实现货币供需由失衡到均衡的调整。

新闻资讯 7-1

2023 年上半年金融统计数据报告

一、广义货币增长 11.3%

6月末，广义货币（M2）余额287.3万亿元，同比增长11.3%，增速分别比上月末和上年同期低0.3个和0.1个百分点；狭义货币（M1）余额69.56万亿元，同比增长3.1%，增速分别比上月末和上年同期低1.6个和2.7个百分点；流通中货币（M0）余额10.54万亿元，同比增长9.8%。上半年净投放现金789亿元。

二、上半年人民币贷款增加 15.73 万亿元

6月末，本外币贷款余额235.73万亿元，同比增长10.6%。月末人民币贷款余额230.58万亿元，同比增长11.3%，增速比上月末低0.1个百分点，与上年同期持平。

上半年人民币贷款增加15.73万亿元，同比多增2.02万亿元。分部门看，住户贷款增加2.8万亿元，其中，短期贷款增加1.33万亿元，中长期贷款增加1.46万亿元；企（事）业单位贷款增加12.81万亿元，其中，短期贷款增加3.84万亿元，中长期贷款增加9.71万亿元，票据融资减少8 924亿元；非银行业金融机构贷款减少15亿元。6月份，人民币贷款增加3.05万亿元，同比多增2 296亿元。

6月末，外币贷款余额7 129亿美元，同比下降20.1%。上半年外币贷款减少287亿美元，同比多减86亿美元。6月份，外币贷款减少86亿美元，同比少减87亿美元。

三、上半年人民币存款增加 20.1 万亿元

6月末，本外币存款余额 284.67 万亿元，同比增长 10.5%。月末人民币存款余额 278.62 万亿元，同比增长 11%，增速比上月末低 0.6 个百分点，比上年同期高 0.2 个百分点。

上半年人民币存款增加 20.1 万亿元，同比多增 1.3 万亿元。其中，住户存款增加 11.91 万亿元，非金融企业存款增加 4.96 万亿元，财政性存款减少 125 亿元，非银行业金融机构存款增加 1.08 万亿元。6月份，人民币存款增加 3.71 万亿元，同比少增 1.12 万亿元。

6月末，外币存款余额 8 374 亿美元，同比下降 15.1%。上半年外币存款减少 166 亿美元，同比多减 63 亿美元。6月份，外币存款减少 144 亿美元，同比多减 166 亿美元。

四、6月份银行间人民币市场同业拆借月加权平均利率为 1.57%，质押式债券回购月加权平均利率为 1.67%

上半年银行间人民币市场以拆借、现券和回购方式合计成交 1 014.23 万亿元，日均成交 8.25 万亿元，日均成交同比增长 22.4%。其中，同业拆借日均成交同比增长 9.2%，现券日均成交同比增长 14.6%，质押式回购日均成交同比增长 25.5%。

6月份同业拆借加权平均利率为 1.57%，分别比上月和上年同期高 0.07 个和 0.01 个百分点；质押式回购加权平均利率为 1.67%，分别比上月和上年同期高 0.12 个和 0.1 个百分点。

五、国家外汇储备余额 3.19 万亿美元

6月末，国家外汇储备余额为 3.19 万亿美元。6月末，人民币汇率为 1 美元对 7.2258 元人民币。

六、上半年经常项下跨境人民币结算金额为 6.3 万亿元，直接投资跨境人民币结算金额为 3.53 万亿元

上半年，经常项下跨境人民币结算金额为 6.3 万亿元，其中货物贸易、服务贸易及其他经常项目分别为 4.84 万亿元、1.46 万亿元；直接投资跨境人民币结算金额为 3.53 万亿元，其中对外直接投资、外商直接投资分别为 1.19 万亿元、2.34 万亿元。

资料来源：佚名.2023 年上半年金融统计数据报告［EB/OL］.［2024-04-05］.http://www.pbc.gov.cn/goutongjiaoliu/113456/113469/4988947/index.html.

7.4 通货膨胀与通货紧缩

7.4.1 通货膨胀
1) 通货膨胀的定义及原因
（1）通货膨胀的定义

通货膨胀这一经济现象虽然存在的历史比较长，但迄今为止，国际国内经济学界，对通货膨胀的定义并没有取得一致的看法。当前经济学家对通货膨胀的定义的侧重点各不相同，通过综合比较，我们把通货膨胀定义为：在纸币流通的条件下，纸币发行量超

过流通中的实际需求量所引起的物价持续上涨和货币贬值的经济现象。对它的正确理解应包括以下几方面的内容：

① 货币的发行量超过了商品流通中的实际需求量。这一般存在于纸币制度中。

② 货币的超发必然会导致货币的贬值，或货币购买力下降。在自由市场经济中货币的超发表现为物价上涨。

③ 这里的"物价上涨"是指一般物价水平普遍、持续地上升。少数商品价格上涨及物价水平起伏波动或间歇性上涨，一般不视为通货膨胀。

（2）通货膨胀的原因

通货膨胀的直接原因是货币供应量超过了客观的需求量，但对于深层原因，一直存在着不同的见解，由此也形成了不同的关于通货膨胀的理论。在众多的通货膨胀成因理论中，较为流行的有以下四种：

① 需求拉上学说。这一学说是解释通货膨胀成因的早期学说，认为由于流通中的货币都是有支付能力的有效需求，在经济发展过程中社会总需求大于总供给，就意味着较多的货币追逐相对较少的商品，需求过多拉动一般物价水平持续上升，诱发通货膨胀。社会总需求大于商品和劳务总供给的部分（即通货膨胀性缺口）并不是任何货币量的增加都能够引起的，而是在经济达到充分就业和生产能力已被充分利用时，货币数量的增加才会引发通货膨胀。因为，在经济尚未达到充分就业和生产能力尚未被充分利用时，由货币数量增加而导致的总需求增加，只会促使就业增加和产量增加，当生产资源和要素已接近充分就业，或达到充分就业时，商品供给和劳务供给的增加受到了限制，或没能随有效需求的增长而相应地增长，也就是说，社会总需求超出了由劳动力、资本及资源所构成的生产能力界限时，总供给无法增加，这就形成了总需求大于总供给的膨胀性缺口。只要存在这一缺口，物价就必然上涨，导致通货膨胀的发生。

② 成本推进学说。这一学说是从供给方面寻找通货膨胀的成因。该学说认为，通货膨胀的根源在于产品成本的提高，因而推动着物价上涨。成本提高的主要原因是存在着强大的、对市场价格具有操纵力量的压力团体（如工会、垄断大公司等）。根据成本各组成部分在刺激物价上涨过程中的作用，具体可分为：其一，工资成本推动。它是指由于工人工资的增加超过了劳动生产率的提高而引起产品成本增加，雇主通过提高产品价格的方法以保持利润水平，导致物价普遍上涨。而在物价上涨后，工人的实际工资下降，就会又要求提高工资，再度引起物价上涨，形成工资—物价的"螺旋上升"。其二，间接成本推进。企业为加强竞争，占领市场，必须增加技术改进、广告费等间接成本支出，这种增加的间接成本费用会转嫁到商品价格上，从而引起物价上涨。其三，垄断价格推动。垄断企业为了获得垄断利润，人为提高商品价格，从而带动其他商品价格的提高，引起物价普遍上涨。其四，进口成本推动。在开放经济条件下，一国进口产品价格上升，会使以进口产品为原料的企业产品成本增加，从而导致国内商品价格的提高。

③ 供求混合推进学说。供求混合推进通货膨胀的论点是将供求两个方面的因素综合起来，认为通货膨胀是由需求拉上和成本推进共同起作用而引发的。这种观点认为，在现实经济社会中，通货膨胀的原因究竟是需求拉上还是成本推进很难分清，既有来自

需求方面的因素，又有来自供给方面的因素，即所谓"拉中有推、推中有拉"。例如，通货膨胀可能从过度需求开始，但由于需求过度所引起的物价上涨会促使工会要求提高工资，因而转化为成本（工资）推进的因素。通货膨胀也可能从成本方面开始，如迫于工会的压力而提高工资等。但如果不存在需求和货币收入的增加，这种通货膨胀过程是不可能持续下去的。因为工资上升使失业增加或产量减少，结果将会使成本推进的通货膨胀过程终止。可见，成本推进只有加上需求过度才有可能产生持续性的通货膨胀。现实经济中，这样的论点也得到了验证：当非充分就业均衡严重时，往往会引出政府的需求扩张政策，以期缓解矛盾。这样，需求拉上与成本推进并存的供求混合推进型的通货膨胀就会成为经济生活的现实。

④ 结构学说。需求拉上学说和成本推进学说是从需求和供给方面不平衡着眼的。然而，即使在整个经济中总需求和总供给处于平衡状态，由于经济结构方面因素的变化，一般物价水平的上涨也会发生。针对这种情况，结构学说应运而生。结构学说认为，当社会总供求处于均衡状态时，结构失衡的因素导致一般物价水平的持续上涨。当一国需求结构发生较大变化时，由于供给结构不能相应改变（供给缺乏弹性）、"价格刚性"、"攀比效应"的存在，就会出现在总需求没有过度膨胀下，物价水平仍然上涨的现象。此外，一国国民经济部门发展的不平衡也会引发通货膨胀。

2）通货膨胀对经济的影响

从表面上看，通货膨胀可以刺激生产暂时扩大，带来虚假繁荣。但是实践证明，长期来看，通货膨胀对经济的危害程度远大于对经济的促进程度。

（1）通货膨胀破坏生产发展

首先，通货膨胀使企业的各项专用基金贬值，从而使企业的设备更新和技术改造难以进行。其次，在通货膨胀下，原材料等初级产品的价格上涨往往快于产成品的价格上涨，从而增加了生产性投资的风险和经营成本，使投资不如投机、生产不如囤积的现象普遍出现。最后，通货膨胀解除了企业价格竞争和非价格竞争的压力，使企业既不必用降低成本的方式来赢得市场，也不必用提高产品质量和效用的各种措施来增强竞争力，显然极不利于企业的技术进步及生产效率和产品质量的提高。

（2）通货膨胀扰乱流通秩序

首先，通货膨胀使市场价格信号失真，导致商品价格升降并不能真正反映商品供求关系的变化。失真的价格导向会使社会资源盲目流动和组合，从而引起社会资源的巨大浪费。其次，通货膨胀使商品需求发生变态。在通货膨胀时期，货币烫手，为了保值和防止物价进一步上升，人们会尽快把手中的货币换成商品，而较少考虑这种商品对自己是否必需。这种需求变态和抢购行为使货币流通加快，商品供应更加短缺，进而又会进一步加剧通货膨胀。

（3）通货膨胀对分配具有破坏作用

通货膨胀使实际工资水平下降，使收入不公正地从买者手中向卖者手中转移，从而冲击着按劳分配原则。在物价持续上涨时期，为了防止广大工薪阶层的实际收入水平下降过大，一般会进行阶段性的工资调整。但是，只要工资调整滞后于物价上涨，企业利润就会相应增加，那些从利润中分取收入的人能额外增加收益，从而加剧了社会分配不公。持续的物价上涨还将使广大退休阶层的毕生储蓄不断贬值，不但破坏社会公正，还会诱发社会道德危机。

（4）通货膨胀会引起货币信用危机

首先，通货膨胀会降低借款成本，从而诱发过度的资金需求，迫使金融机构不得不加强信贷配额管理，进而削弱了金融机构的运营效率。其次，正因为通货膨胀有利于债务人，有损于债权人，从而使正常的信用活动遭到破坏，使各种债券发行受阻，影响筹资活动。最后，更严重的是，通货膨胀使货币符号的价值储藏职能丧失，价值尺度和价格标准混乱，一旦人们的货币幻觉消亡，挤兑风必将盛行，有可能引起银行的破产和倒闭，甚至引发更大的政治经济危机，等等。

3）通货膨胀的治理

（1）抑制需求政策

这是指通过紧缩型政策控制需求。其主要内容包括紧缩型财政政策、紧缩型货币政策和紧缩型收入政策。

① 紧缩型财政政策，主要是通过削减财政支出和增加税收的办法治理通货膨胀。

② 紧缩型货币政策，是指中央银行通过各种货币政策工具，如公开市场业务、调整准备金等手段紧缩银根，减少流通中的货币供应量，降低通货膨胀率。

③ 紧缩型收入政策，是采取强制或非强制性手段，限制提高工资和获取垄断利润，抑制成本的提高，从而控制物价的上涨。收入政策是应对成本推进型通货膨胀的有效方法。

（2）供给管理政策

这主要是通过增加供给的方法调节总供求平衡。其具体措施有：减税以提高劳动者意愿和劳动生产率，增加企业的投资愿望，从而带动总供给增加；减少政府对企业的限制，让企业更好地扩大商品供给；鼓励企业采用新技术、更新设备和调整产业结构。

（3）调整经济结构

针对结构性通货膨胀，治理的方案应是调整经济结构，各产业部门之间保持一定比例，避免因结构性失调而推动物价上涨。

除此之外，还可以采用强制的行政手段或保持经济低速增长的手段治理通货膨胀。

7.4.2 通货紧缩

1）通货紧缩的定义及特征

通货紧缩是与通货膨胀相对应的一个概念，指一段时期内一般物价水平的持续下跌，并且这种物价下跌是经济运行中出现的一种趋势和走向。我国经济学家对通货紧缩的定义是：由于货币供应量相对于经济增长和劳动生产率增长减少而引起有效需求不足，一般物价水平持续下跌和经济衰退的现象。通货紧缩一般具有如下特征：

（1）商品和劳务价格持续下跌

这是通货紧缩最基本的特征。理解该特征需注意以下几个方面：一是强调以商品、劳务价格作为考察对象，以区别于股票、债券等金融商品的价格，即通货紧缩的研究范围限于实体经济；二是强调"一般价格水平下降"，不同于局部性的物价下跌和结构性的物价调整；三是强调"持续下跌"，即通货紧缩是一个持续的、长期的物价下跌过程，而不是物价偶然的、短暂的下跌，至于持续时间长短的界定，多数意见认为持续半年以上。

（2）货币供应量相对下降

通常，货币供给量总是逐步增加的。通货紧缩的一个特征是：货币供应量增幅呈下降趋势，即货币供应量的增长落后于经济增长。"相对下降"就是指货币供应量增长率低于经济增长率。

（3）货币流通速度趋缓

货币流通速度，从短期看，是一个较稳定的量；但从长期看，它的变化又比较明显。当经济中出现通货紧缩时，货币流通速度就会趋缓，导致货币供应量的增加部分被一定程度地抵消，从而加剧通货紧缩。

（4）经济增长乏力

通货紧缩的存在会直接影响经济增长，使一国的 GDP 增幅下降。其具体症状有消费需求疲软、投资意愿低迷、企业产品产销率下降、社会失业率上升等。总之，经济增长乏力。

2）通货紧缩的原因

（1）货币供给不足

当货币供给满足不了社会需求时，必然导致物价水平的下降。货币供给不足的原因在于一国政府采取过度紧缩的财政和货币政策，大量减少货币发行或削减政府开支，导致货币供应的严重不足，社会需求过分萎缩，使市场出现疲软。

（2）有效需求不足

当社会总需求持续小于总供给时，就会出现通货紧缩。有效需求不足由以下几个原因导致：

① 消费需求不足。造成消费需求不足的原因很多，比如居民收入下降，旧的消费需求已经满足而新的消费热点还没有形成，消费前景暗淡，失业人数增加等。

② 企业投资需求不足。如果经济不景气，企业的投资回报低，企业对未来的扩大再生产预期效果不乐观，造成企业投资动力不足，使消费需求不足。

③ 政府支出减少。根据凯恩斯的有关理论，当居民的消费需求与企业投资需求不足时，扩张型财政政策是拉动需求的重要手段。但是，在很多时候政府支出由于各种原因而减少，政府支出的减少造成有效需求下降，严重时引起通货紧缩。

④ 出口减少。出口需求是总需求的构成部分之一，出口减少将直接导致本国产品需求减少，使本国的生产出现供大于求的情况，进而造成出口产品价格下降，引起通货紧缩。

（3）生产能力相对过剩

生产能力相对过剩使某些产品供过于求，产品的价格必然下降，有些企业就会被迫减产或停产，裁员和降低员工工资，而这又会使企业投资需求和居民的消费需求减退，反过来加剧了市场需求不足。当一国经济中的大多数产业部门都出现了生产能力过剩时，通货紧缩就不可避免。

3）通货紧缩对经济的影响

虽然并非所有的通货紧缩都有可能诱发经济衰退，但是，物价的普遍、持续下降对经济增长的负面影响还是十分明显的，具体表现在以下几个方面：

① 价格总水平的持续下降意味着货币购买力不断提高，消费者会推迟购买，以等待将来更低价格的出现，从而在储蓄增加的同时，个人消费相应减少，使社会总需求受到抑制。另外，由于需求抑制导致商业活动相应萎缩，进而影响就业增长、形成工资下降的压力等，经济会因此而陷入通货紧缩的螺旋之中，最终可能导致衰退或萧条。

② 通货紧缩使投资项目的吸引力下降，因为持续的物价下降意味着实际利率的上升，使投资成本变得昂贵，加之通货紧缩下社会总供给大于总需求的环境也使投资前景变得黯淡，企业、个人和国家投资的减少必将导致经济增长速度的下降，有可能形成经济衰退。

③ 通货紧缩还可能引发银行业的危机。首先，通货紧缩使实际利率上升，从而增加债务人的负担，债务人因经营困难不能按时还贷，导致银行不良资产的比率上升。其次，通货紧缩会降低资产抵押和担保的价值，银行被迫要求客户尽快偿还贷款，导致资产价格的进一步下跌、贷款者净资产的进一步减少，使破产的财富效应趋强。最后，如果预期通货紧缩还将持续，在任何名义利率下，借款者都会愿意借款；而如果预期资产和商品价格会下降，则银行在任何名义利率下都会惜贷。这两方面共同作用的结果是信贷供给和需求的萎缩。

④ 从政策制定者的角度看，与温和的通货膨胀相比，通货紧缩会给政策带来更大的潜在风险，因为通货紧缩严重地制约了货币政策的实施，货币政策会失去其灵活性。

拓展阅读7-2

市场引发对通货紧缩的担忧 央行行长回应

4）通货紧缩的治理

对通货紧缩的治理一般采取以下措施：

① 扩张型需求政策。一是通过扩张型的财政政策增加政府支出需求，在居民消费需求不足和企业投资需求不足的情况下，借助政府需求的扩大来增加总需求。二是通过扩张的货币政策增加货币供给量，降低利率水平，刺激有效需求增加。

② 实施产业结构调整。对于因生产能力过剩造成的通货紧缩，上述的扩张需求政策作用是有限的，必须通过产业结构的调整从根本上解决问题。产业结构的调整主要是推进产业结构的升级，培育新的经济增长点。此外，可通过产业组织结构的调整，如兼并、重组使弱势企业退出市场，重新组成新的优势企业，抑制恶意竞争，避免价格持续下降。

除了运用上述措施外还可以通过物价和工资管理政策治理通货紧缩，当然还需要就业政策、产业政策的配合。

新闻资讯 7-2

物价运行保持总体稳定　解读2023年CPI和PPI数据

国家统计局12日发布的数据显示，2023年全年，全国居民消费价格指数（CPI）比上年上涨 0.2%，物价运行保持总体稳定。展望 2024 年，我国物价有望温和回升，保供稳价具有坚实基础。

物价关系经济运行，影响百姓生活。2023 年，我国 CPI 月度同比涨幅均低于 3% 左右的年度预期目标，其中 1 月份涨幅最高，达 2.1%，3 月份以来涨幅连续处于 1% 以下的低位。

从 2023 年 12 月份情况看，受寒潮天气及节前消费需求增加等因素影响，当月 CPI 同比下降 0.3%，降幅比上月收窄 0.2 个百分点；环比由上月下降 0.5% 转为上涨 0.1%。

在我国 CPI "篮子" 商品中，食品占比较高。2023 年全年，食品价格同比下降 0.3%。其中，2023 年 12 月份，食品价格同比下降 3.7%，降幅比上月收窄 0.5 个百分点；环比由上月下降 0.9% 转为上涨 0.9%。

国家统计局城市司首席统计师董莉娟分析，2023 年 12 月份，雨雪寒潮天气影响鲜活农产品生产储运，加之节前消费需求增加，鲜菜、鲜果及水产品价格环比分别上涨 6.9%、1.7% 和 0.9%。

猪肉价格在食品价格中占有较高比重。统计数据显示，2023 年全年，猪肉价格同比下降 13.6%，其中 12 月份同比下降 26.1%，是带动当月 CPI 同比下降的主要因素。

中国农业科学院北京畜牧兽医研究所研究员朱增勇表示，受 2023 年四季度生猪存栏仍处于较高水平影响，生猪出栏量短期内或将仍处于高位，叠加春节后消费季节性下降，预计 2024 年上半年尤其是一季度猪价还将面临一波震荡探底期。随着能繁母猪产能平稳去化，2024 年下半年猪肉供需形势会逐渐好转，猪价有望逐渐实现温和回升，但总体将处于窄幅震荡态势。

2023 年全年，扣除食品和能源价格的核心 CPI 同比上涨 0.7%，我国工业消费品以及服务消费价格保持稳定。

国家发展改革委新闻发言人李超表示，2023 年 CPI 总体低位运行，随着输入性、周期性、季节性等因素有所改变，基数效应逐步减弱，商品服务需求持续恢复，预计 2024 年 CPI 将温和回升。

从工业生产者价格看，2023 年全年，全国工业生产者出厂价格指数（PPI）比上年下降 3%。其中，受国际油价继续下行、部分工业品需求不足等因素影响，2023 年 12 月份，PPI 同比下降 2.7%，降幅比上月收窄 0.3 个百分点；环比下降 0.3%，降幅与上月相同。

董莉娟分析，2023 年 12 月份，国际油价继续下行，带动国内石油和天然气开采业、石油煤炭及其他燃料加工业价格环比分别下降 6.6%、3%；有色金属市场需求不足，有色金属冶炼和压延加工业价格环比下降 0.3%；临近年底部分基建项目加快施工，水泥等建筑材料供给偏紧，水泥制造价格环比上涨 2.2%，黑色金属冶炼和压延加工业价格环比上涨 0.8%。

"随着总需求持续回暖，市场信心逐步增强，经济运行恢复向好，以及提振工业经济发展的政策措施落实落细，企业生产经营稳步推进，叠加基数效应减弱，下一步 PPI 同比降幅有望继续收窄。" 国务院发展研究中心市场经济研究所研究员王立坤说。

粮油肉蛋菜果奶等重要民生商品保供稳价，事关人民群众基本生活。随着 2024 年春节临近，守稳护牢百姓"米袋子""菜篮子"至关重要。

国家发展改革委、国家粮食和物资储备局联合印发通知，部署做好 2024 年元旦、春节、"两会"期间粮油市场保供稳价工作；湖北紧盯猪肉、蔬菜、鸡蛋等重要民生商品价格变化，强化风险预警预判；山东省日照市加大市场监管力度，开展稳价保质执法检查……近期，各有关部门各地落实中央部署，统筹做好保供稳价。

商务部新闻发言人何亚东表示，为保障节日市场供应，将指导各地加大生活必需品货源组织力度，加强产销衔接，丰富商品品种；重点指导甘肃、青海商务主管部门推动地震灾区商业网点加快恢复；根据低温天气和灾区保供需要，以及市场供需变化，做好肉类等储备商品投放准备。

资料来源：魏玉坤 . 物价运行保持总体稳定 解读 2023 年 CPI 和 PPI 数据〔EB/OL〕.〔2024-02-23〕. https：//www. 360kuai. com/pc/966a016d02580b137? cota=3&kuai_so=1&refer_scene=so_3&sign=360_da20e874.

本章自测题

一、填空题

1. 在市场经济中，利率作为一种资金价格，正常情况下是与货币需求成_____，即市场利率越高，货币需求越_____；利率越低，货币需求越_____。

2. 创造存款货币必须具备的条件是_____、_____。

3. 货币失衡有三种情况：_____、_____以及_____。

4. 通货膨胀的四种成因是_____、_____、_____、_____。

5. 通货紧缩的原因一般包括_____、_____和生产能力相对过剩。

二、选择题

（一）单项选择题

1. 货币乘数是货币扩张系数，用以说明货币供给量与（　　）之间的倍数。

A. 基础货币　　　　　　B. 国民收入　　　　　　C. 外汇储备　　　　　　D. 总产出

2. 在正常情况下，市场利率与货币需求呈（　　）关系。

A. 正相关　　　　　　　　　　　　B. 负相关

C. 不相关　　　　　　　　　　　　D. 正负相关都可能

3. 下列说法明显错误的是（　　）。

A. 物价的持续下降意味着实际利率上升，投资项目的吸引力下降

B. 物价的持续下降意味着购买力不断提高，从而消费者会增加消费，减少储蓄

C. 通货紧缩可引发银行业危机

D. 通货紧缩制约了货币政策实施

4. 对货币需求理解错误的是（　　）。

A. 货币需求指的是有效需求，即指需求货币的愿望

B. 货币需求指的是有效需求，即指既有需求货币的愿望，又有获得或持有货币的能力

C.货币需求受一定的经济条件制约

D.货币需求是对货币量的需求

5.如果货币当局通过提高再贴现率来治理通货膨胀，这种措施应属于（ ）。

A.紧缩型货币政策　　　　　　　　　　B.供给政策

C.紧缩型财政政策　　　　　　　　　　D.收入政策

6.通货膨胀从本质上讲是一种（ ）。

A.价格现象　　　　　　　　　　　　　B.社会现象

C.货币现象　　　　　　　　　　　　　D.经济现象

7.应对成本推进型通货膨胀的有效方法是（ ）。

A.货币政策　　　　　　　　　　　　　B.财政政策

C.收入政策　　　　　　　　　　　　　D.行政干预政策

8.在存款总额一定的情况下，法定准备金率越高，商业银行可用于放款的金额（ ）。

A.不变　　　　　　B.越多　　　　　　C.越少　　　　　　D.不确定

（二）多项选择题

1.货币供给的主体包括（ ）。

A.中央银行　　　　　B.商业银行　　　　　C.企业　　　　　D.家庭

2.基础货币包括（ ）。

A.通货　　　　　　　B.存款货币　　　　　C.存款准备金　　　D.原始存款

3.下列各项中影响基础货币投放的有（ ）。

A.中央银行收购金银外汇　　　　　　　B.中央银行直接对财政贷款

C.中央银行票据再贴现　　　　　　　　D.中央银行直接贴现国债

4.制约商业银行存款创造的有（ ）。

A.法定准备金率　　　B.现金漏损率　　　　C.利率　　　　　D.资金闲置率

5.按照通货膨胀产生的原因，可将通货膨胀划分为（ ）。

A.需求拉上型　　　　　　　　　　　　B.结构型

C.成本推进型　　　　　　　　　　　　D.供求混合推进型

6.通货膨胀的治理中的抑制需求政策有（ ）。

A.调高法定准备金率　　　　　　　　　B.央行买入黄金外汇

C.限制工资提高　　　　　　　　　　　D.减税

7.引起有效需求不足的原因包括（ ）。

A.消费需求不足　　　　　　　　　　　B.企业投资动力不足

C.限制工资提高　　　　　　　　　　　D.出口需求增加

三、判断题

1.货币供给会形成一定的总需求，而社会总供给又决定了货币需求。（ ）

2.通货膨胀不是一次性和短暂的物价水平的上涨现象，而是持续的不可逆转的物价水平上涨现象。（ ）

3. 货币供应量的下降即是通货紧缩。　　　　　　　　　　　　　（　）

4. 货币供给与货币供给量是两个有联系又不同的概念。　　　　　（　）

5. 货币供给量是否合理决定着社会总需求是否合理，从而决定着社会总供求能否达到均衡。　　　　　　　　　　　　　　　　　　　　　　　　　　　（　）

6. 在整个经济中总需求和总供给处于平衡状态，不会发生一般物价水平的上涨。

　　　　　　　　　　　　　　　　　　　　　　　　　　　　　　　（　）

7. 与温和的通货膨胀相比，通货紧缩会给政策带来更大的潜在风险，因为通货紧缩严重地制约了财政政策的实施。　　　　　　　　　　　　　　　　　（　）

四、简答题

1. 简述影响货币需求的因素。

2. 简要分析通货膨胀对经济的影响。

3. 简述通货膨胀的治理措施。

4. 通货紧缩有哪些特征？

5. 简述通货紧缩对经济的影响及其治理措施。

五、计算题

假设客户以现金形式存入银行 10 000 万元，中央银行的法定存款准备金率为 15%，则银行的派生存款应为多少？

六、实训题

实训项目：根据近半年的 CPI 变化对我国的通货膨胀趋势做出判断。

实训目的：通过这一项目的实训，学会解读宏观经济数据，深刻理解货币政策的用意及产生的效果。

实训步骤：

（1）搜集最近半年的 CPI 数据资料。

（2）运用通货膨胀基本理论知识对物价未来趋势做出判断，提出相应的宏观调控措施。

第 8 章

金融市场

学习目标

知识目标：掌握金融市场的基本理论，主要包括金融市场概况、功能及分类；了解金融市场中各类子市场的内容及特点。

技能目标：能够理解货币资金、外汇、黄金、股票、债券、期货、期权等产品的特点，灵活运用这些工具进行金融市场操作；能够运用所学理论、知识和方法分析解决金融市场的相关问题。

素质目标：通过金融市场的分析阐述，增强学生公平竞争、规范操作、遵纪守法的道德规范和法治意识。

引　例

内地与香港"互换通"业务正式上线

2023 年 5 月 15 日，内地与香港利率互换市场互联互通合作（简称"互换通"）正式上线运行。5 月 15 日上午，人民银行、香港证监会、香港金管局联合举办了"互换通"上线仪式，香港特别行政区行政长官李家超，中国人民银行副行长、国家外汇管理局局长潘功胜，国务院港澳事务办公室副主任王灵桂，香港证监会行政总裁梁凤仪，香港金管局总裁余伟文出席并先后致辞。中央人民政府驻香港特别行政区联络办公室副主任尹宗华、香港财政司司长陈茂波、香港财经事务及库务局局长许正宇，以及国务院相关部委、两地金融市场基础设施机构和市场机构有关人士出席上线仪式。

"互换通"境内外投资者可经由内地与香港金融市场基础设施机构在交易、清算、结算等方面互联互通的机制安排，在不改变交易习惯、有效遵从两地市场法律法规的前提下，便捷地完成人民币利率互换交易和集中清算。同时，人民银行与香港证监会、香港金管局加强监管合作，强化联络协商机制，保障"互换通"平稳有序运行，维护金融市场稳定。

"互换通"是中央政府支持香港发展、推动内地与香港合作的又一项重要举措。"互换通"的推出，有利于巩固和提升香港国际金融中心地位，有利于为境外投资者提供更加便利的利率风险管理渠道，稳步推进我国金融市场对外开放进程。

下一步，人民银行将会同香港证监会、香港金管局和两地金融市场基础设施机构，根据"互换通"运行情况，进一步完善相关制度安排，支持香港国际金融中心繁荣发展，推动中国金融市场高质量发展和高水平对外开放。

资料来源：佚名 . 内地与香港"互换通"业务正式上线［EB/OL］.［2024-03-19］.http：//www.pbc.gov.cn/jinrongshichangsi/147160/147171/4805698/4882430/index.html.

这一案例表明："互换通"的推出，在金融市场层面实现了内地与香港利率互换市场互联互通合作，这不仅有利于境内、境外投资者管理利率风险，提升我国债券市场的开放水平，也有利于扩大人民币在跨境金融衍生品交易中的份额，推动人民币国际化，更重要的是深化了内地与香港金融市场的合作，不仅有利于推动境内利率衍生品市场的发展，也有助于香港离岸人民币市场交易和风险管理业务发展，帮助巩固香港的国际金融中心地位。

8.1　金融市场概述

8.1.1　金融市场的含义和分类

1) 金融市场的含义

金融市场是指资金供求双方以票据和有价证券为金融工具的货币资金交易、黄金外汇买卖以及金融机构之间的同业拆借等活动的总称。在这个定义中，市场的含义不是指一个固定的场所，而是供求双方依据市场经济的规则所进行的特定活动。

广义的金融市场泛指资金供求双方运用各种金融工具，通过各种途径进行的全部金融性交易活动，包括金融机构与客户之间、各金融机构之间、资金供求双方之间所有的以货币资金为交易对象的金融活动。狭义的金融市场则一般限定在以票据和有价证券为金融工具的融资活动，金融机构之间的同业拆借，以及黄金外汇交易等范围之内。

2）金融市场的分类

（1）按地域范围划分

按地域范围，金融市场可以分为国内金融市场和国际金融市场。历史上，往往是随着商品经济的高度发展，最初形成了各国国内的金融市场。当各国国内金融市场的业务活动逐步延展、相互渗透融合后，就促成了以某几国国内金融市场为中心的、各国金融市场联结成网的国际金融市场。国际金融市场的形成是以国内金融市场发展到一定高度为基础的，同时，国际金融市场的形成又进一步推动了国内金融市场的发展。

（2）按业务或金融产品的类型划分

按业务或金融产品的类型，金融市场可分为货币市场、资本市场、外汇市场、黄金市场、衍生品市场和其他市场（如租赁市场、典当市场等）等部分。这种划分方式是较为常见的划分方法，各个主要的业务市场，本章中有详细的介绍。

（3）按功能划分

按功能，金融市场又分为发行市场和交易市场。发行市场，亦称为初级市场或一级市场，是指各种新发行的证券第一次售出的市场。交易市场，亦称为流通市场或二级市场，是进行各种证券转手买卖交易的市场。

（4）按交易方式划分

按交易方式，金融市场可分为证券市场和借贷市场。证券市场是证券发行和流通买卖的市场，它以股票、债券、票据、权证、合约等为交易对象。借贷市场则是直接以货币作为交易对象的市场，其交易内容实质上就是货币使用权的转让。

（5）按交易期限划分

按交易期限，金融市场可分为长期资金市场和短期资金市场。前者就是资本市场，而后者就是货币市场。

（6）按交易是否存在固定场所划分

按交易是否存在固定场所，金融市场可分为有形市场和无形市场。有形市场是指有固定的交易场所、有专门的组织机构和人员以及有专门设备的组织化市场。无形市场则是一种观念上的市场，即无固定的交易场所，其交易是通过电传、电话、电报等手段联系并完成的。

（7）按所交易的金融产品的交割时间划分

按所交易的金融产品的交割时间，金融市场可分为现货市场和期货市场。现货市场是指现金交易市场，即买者付出现款，收进证券或票据；卖者交付证券或票据，收进现款。这种交易一般是当天成交当天交割，最多不能超过三天。期货交易是指交易双方达成协议后，不立即交割，而是在一定时间后进行交割。

3）金融市场的功能

（1）融通资金

为投资者的闲置资金找到了兼顾安全性、流动性、收益性的投资工具；为筹资者提供了灵活多样的融资渠道，促进资本的部门集中，满足社会化大生产对于社会资金集中使用的要求。

（2）资源配置

使期限、金额、地域不同的资金能够根据不同需要在不同的主体之间转移，合理引导资金流向、流量，促进资本向高效益单位转移，合理配置社会资源、提高资源利用效率，使资本流动和社会生产实现均衡。

（3）转移和分散风险

金融市场上的各种避险工具如期货、期权等，可将风险由风险厌恶者转移给愿意承担更多风险并获取更多收益的人。另外，丰富多样的金融产品，可以使投资者将投资分布于具有不同收益风险的多种金融产品组合上，达到分散投资风险的目的。

（4）调节和反映经济状况

有利于增强中央银行宏观调控的灵活性，为中央银行利用货币政策进行宏观调控提供了操作基础。有利于加强部门之间、地区之间、国家之间的经济联系，推动生产社会化和经济全球化进程。

8.1.2 金融市场的参与者

金融市场的参与者，既可以是自然人，也可以是法人，一般来说，金融市场的参与者包括政府、企业、金融机构、机构投资者、家庭五个部分。

1）政府

政府部门是一国金融市场上主要的资金需求者，一般通过发行公债的方式筹措资金。在国际市场上，政府可能是资金的需求者，也可能是供给者。政府是金融市场的重要监管者和调节者。

2）企业

企业是经济活动的中心，因而也是金融市场运行的基础。企业一般作为最大的资金需求者在金融市场上交易。企业可以向银行借款，在金融市场上发行有价证券，同时也可以以资金供给者的姿态出现。

3）金融机构

金融机构是指专门从事货币信用活动的中介组织，这里主要指银行及一些非银行金融机构。它们是金融市场上最重要的中介机构，是储蓄转化为投资的传递者和导向者。同时，它们也在市场上购买各类金融工具，也是金融市场的投资者、货币政策的传递者和承受者。

4）机构投资者

机构投资者是指在金融市场上从事交易的规模较大的机构，如保险公司、信托投资公司及养老基金等。这些机构是金融市场的重要投资者，它们不仅身份特殊，而且交易额大，对价格影响巨大。

5）家庭

家庭是金融市场上重要的资金供给者。家庭因其收入的多元化和分散的特点而在金融市场上成为一贯的投资者和供给者。正因为这个特征，才使金融市场具有了广泛的参与性和聚集长期资金的功能。

8.1.3　金融市场的历史与发展趋势

金融市场的形成与发展是与商品经济的发达程度紧密联系的，其中以商业银行为核心的金融体系的建立，为现代金融市场提供了最重要的中介机构和交易主体。而且，股份公司的大量出现和股票债券的大量发行，为现代金融市场提供了更多的交易主体和交易工具。

早期的金融市场一般都有固定的地点和工作设备，也就是有形的金融市场。但随着金融活动本身的发展与现代信息技术的进步，金融市场已经突破了固定场所的限制，向着有形市场和无形市场两个方向同时发展。与此同时，金融市场也从最初的地域性向国际性发展，全球金融一体化已经成为金融市场发展的必然趋势。

8.2　货币市场

8.2.1　货币市场概述

1）货币市场的概念

货币市场是一年期以内的短期金融工具交易所形成的供求关系及其运行机制的总和。货币市场的存在主要是为了保持资金的流动性，以便随时可以获得现实的货币。货币市场就其结构而言，可分为同业拆借市场、回购协议市场、票据市场、大额可转让定期存单市场、短期债券市场等若干个子市场。

2）货币市场的特征

① 期限短、流动性强、风险低。
② 交易量大，主要是一种批发市场。
③ 管制较宽松，较容易带来金融创新。
④ 多数没有固定的交易场所。
⑤ 多采用贴现方式发行和交易。

3）货币市场的功能

货币市场具有短期资金融通功能、政策传导功能和促进资本市场尤其是证券市场发展的功能。

短期性、临时性资金需求是微观经济行为主体最基本、最经常的资金需求。货币市场借助于各种短期资金融通工具将资金需求者和资金供应者联系起来，既满足了资金需求者的短期资金需要，又为资金有余者的暂时闲置资金提供了获取盈利的机会。

中央银行实施货币政策主要是通过再贴现政策、法定存款准备金政策、公开市场业务等手段的运用来影响市场利率和调节货币供应量以实现宏观经济调控目标的，在这个过程中货币市场发挥了渠道和载体的基础性作用。

货币市场和资本市场作为金融市场的核心组成部分，前者是后者规范运作和发展的物质基础。发达的货币市场能够为资本市场提供稳定充裕的资金来源。

8.2.2　同业拆借市场

同业拆借市场，是指金融机构之间以货币借贷方式进行短期资金融通活动的市场。同业拆借的资金主要用于弥补银行短期资金的不足、票据清算的差额以及解决临时性资金短缺需要，亦称"同业拆放市场"，是金融机构之间进行短期、临时性头寸调剂的市场。

同业拆借市场最早出现于 20 世纪 20 年代的美国，其形成的根本原因在于法定存款准备金制度的实施。由于清算业务活动和日常收付数额的变化，总会出现有的银行存款准备金多余，有的银行存款准备金不足的情况。存款准备金多余的银行需要把多余部分充分运用，以获得利息收入，而存款准备金不足的银行又必须设法借入资金以弥补准备金缺口，否则就会因延缴或少缴准备金而受到央行的经济处罚。在这种情况下，存款准备金多余和不足的银行，在客观上需要互相调剂。

在西方各国普遍强化了中央银行的作用，相继引入法定存款准备金制度作为控制商业银行信用规模的手段后，同业拆借市场也得到迅速的发展。当今西方国家的同业拆借市场在交易内容、开放程度及融资规模等方面，都发生了深刻变化。拆借交易不仅仅发生在银行之间，还扩展到银行与其他金融机构之间。从拆借目的来看，其已不仅仅限于补足存款准备金和轧平票据交换头寸，金融机构如在经营过程中出现临时性的资金短缺，也可进行拆借。更重要的是同业拆借已成为银行实施资产负债管理的有效工具。由于同业拆借的期限较短，风险较小，许多银行都把短期闲置资金投放于该市场，以利于及时调整资产负债结构，保持资产的流动性。同业拆借市场已成为银行短期资金经常性运用的场所，是提高资产质量、降低经营风险、增加利息收入的有效渠道。

1996 年 1 月 3 日，经过中国人民银行长期的筹备，我国统一的银行间同业拆借市场正式建立。经过 20 多年的发展，银行间同业拆借市场不断完善，同业拆借交易量逐年扩大，目前已经成为金融机构之间调节短期头寸的重要场所。

8.2.3　回购协议市场

回购协议市场又称证券购回协议市场，是通过回购协议进行短期资金融通交易的场所。这里的回购协议是指资金融入方在出售证券的同时和证券购买者签订的、在一定期限内按原定价格或约定价格购回所卖证券的协议。回购协议的标的物是有价证券，在我国主要是中国人民银行批准的，可在回购协议市场进行交易的政府债券、中央银行债券及金融债券。

回购协议市场的交易流动性强，协议多以短期协议为主，甚至有很多协议都是在一个晚上进行交易的，称为隔夜回购。回购协议交易安全性高，交易场所为规范性的场内交易，交易双方的权利、责任和业务都有法律保护。回购协议中使用的利率是市场公开竞价的结果，一般可获得平均高于银行同期存款利率的收益。另外，商业银行利用回购协议融入的资金不用缴纳存款准备金，因此成为银行扩大筹资规模的重要方式。

回购协议为卖方提供了一种有效筹措资金的方式，使回购方可以避免因急于变现而在市场低迷的情况下放弃优质债券资产的损失。对于买方来说，因为有证券作抵押，是一种较为安全的短期投资方式。

我国的国债回购业务开始于1991年，主要采取场外交易的方式。1997年，中国人民银行为了防范金融风险，规范和引导银行资金流向，将回购协议市场分作两大部分，一部分以两大证券交易所为交易平台，另一部分在全国银行间同业市场进行交易。

✓ **新闻资讯 8-1** ································

中央银行发布《大额存单管理暂行办法》

为规范大额存单业务发展，拓宽存款类金融机构负债产品市场化定价范围，有序推进利率市场化改革，中国人民银行制定了《大额存单管理暂行办法》，其部分条款如下：

第一条　为规范大额存单业务发展，根据《中华人民共和国中国人民银行法》等法律法规，制定本办法。

第二条　本办法所称大额存单是指由银行业存款类金融机构面向非金融机构投资人发行的、以人民币计价的记账式大额存款凭证，是银行存款类金融产品，属一般性存款。

本办法所称银行业存款类金融机构（以下称发行人）包括政策性银行、商业银行、农村合作金融机构以及中国人民银行认可的其他金融机构。

本办法所称非金融机构投资人（以下简称投资人）包括个人、非金融企业、机关团体和中国人民银行认可的其他单位。

第三条　发行人发行大额存单应当具备以下条件：

（一）是全国性市场利率定价自律机制成员单位；

（二）已制定本机构大额存单管理办法，并建立大额存单业务管理系统；

（三）中国人民银行要求的其他条件。

第四条　发行人发行大额存单，应当于每年首期大额存单发行前，向中国人民银行备案年度发行计划。发行人如需调整年度发行计划，应当向中国人民银行重新备案。

第五条　大额存单发行采用电子化的方式。大额存单可以在发行人的营业网点、电子银行、第三方平台以及经中国人民银行认可的其他渠道发行。

第六条　大额存单采用标准期限的产品形式。个人投资人认购大额存单起点金额不低于30万元，机构投资人认购大额存单起点金额不低于1 000万元。大额存单期限包括1个月、3个月、6个月、9个月、1年、18个月、2年、3年和5年共9个品种。

第七条　大额存单发行利率以市场化方式确定。固定利率存单采用票面年化收益率的形式计息，浮动利率存单以上海银行间同业拆借利率（Shibor）为浮动利率基准计息。

大额存单自认购之日起计息，付息方式分为到期一次还本付息和定期付息、到期还本。

第八条　发行人应当于每期大额存单发行前在发行条款中明确是否允许转让、提前支取和赎回，以及相应的计息规则等。

资料来源：佚名.央行发布《大额存单管理暂行办法》[EB/OL].[2023-03-02].http://www.cs.com.cn/xwzx/jr/201506/t20150602_4726235.html.

8.2.4　票据市场

票据市场是指在商品交易和资金往来过程中产生的以汇票、本票和支票的发行、担保、承兑、贴现、转贴现、再贴现来实现短期资金融通的市场。根据票据发行人的不同，票据市场可分为商业票据市场和银行承兑汇票市场。

商业票据是大公司为了筹措资金，以贴现方式出售给投资者的一种短期无担保承诺凭证。美国的商业票据属于本票性质，英国的商业票据则属于汇票性质。由于商业票据没有担保，仅以信用作保证，因此能够发行商业票据的一般都是规模巨大、信誉卓著的大公司，或者是一些银行控股公司、银行特殊支持的企业等。商业票据市场就是这些信誉卓著的大公司所发行的商业票据交易的市场。商业票据的投资者主要为机构，个人所占比重较小。

银行承兑汇票市场是指银行承兑汇票的转让市场，即银行承兑汇票的贴现和买卖市场。经过承兑的汇票具有法律效力，付款人必须在到期时足额支付票款。银行的资信度高于普通企业，所以银行承兑汇票是一种安全性、流动性、收益性均佳的短期投资工具，因此不仅银行热衷于以贴现方式购买这种汇票，赚取贴息，而且汇票交易商也积极开展汇票买卖业务。银行承兑汇票除进行贴现交易外，还可进行由其他银行参与的转贴现和中央银行参与的再贴现交易。

8.2.5　大额可转让定期存单市场

大额可转让定期存单市场是以经营定期存单为主的市场，简称 CD 市场。大额可转让定期存单是银行发行的具有固定期限和一定利率，并且可以转让的金融工具。这种存款单与普通银行存款单不同：一是不记名；二是存单金额固定且面额大；三是可以流通和转让。这种存单通常期限较短，到期日不能少于 14 天，一般都在一年以下，3~6 个月的居多。存单不能提前支取，到期本息一次付清；未到期时，如需现金，可以进行转让。

第一张大额可转让定期存单是由美国花旗银行于 1961 年发行的，其目的是稳定存款、扩大资金来源。由于当时市场利率上涨，活期存款无利或利率极低，现行定期储蓄存款亦受联邦条例制约，利率上限受限制，存款纷纷从银行流出，转入收益高的金融工具。大额可转让定期存单利率较高，又可在二级市场转让，对于吸收存款很有好处，于是，这种新的金融工具诞生了。我国的金融机构从 1986 年下半年起开始发行大额可转让定期存单。

银行发行大额可转让定期存单的方式大致有两类：一类是批发式发行，发行机构预先公布准备发行的总额、利率、发行日期、到期日和每张存款单的面额等信息，供投资者认购；另一类是零售式发行，即按投资者的需求随时发行，利率由双方议定。大额可转让定期存单交易市场上的投资者主要是大企业、地方政府、中央银行、商业银行、货币市场互助基金以及一些个人投资者。从投资者的角度看，由于其可以在到期日前变现，流动性好，因而补偿了它比定期存款利率低的缺点，由于它比无息的支票存款收益高，故投资的单位比较多。

大额可转让定期存单能够对银行起到稳定存款的作用，变银行存款被动等待顾客上门为主动发行存单以吸收资金、更主动地进行负债管理和资产管理。另外，存单购买者还可以根据资金状况买进或卖出，调节自己的资金组合。

8.2.6 短期债券市场

短期债券市场是发行和买卖一年期以内的短期政府债券和企业债券活动的总称。这些债券包括两种：一种是债券的原始期限在一年以内；另一种是债券的原始期限在一年以上，但随着到期日的临近，剩余期限已经不足一年。短期债券市场上最主要的流通产品就是以国库券为代表的政府短期债券，其期限多在一年以内，以 3 ~ 6 个月居多。

我国国库券从 1981 年开始发行，但与发达国家有较大差别，主要是期限太长，实际上是中长期国债。1994 年后，财政部也开始发行期限为一年及半年的国库券。国库券通常采用贴现招标方式发行，不付息，不记名。国库券的二级市场流通一般在证券交易所或银行间国债市场上进行。国库券市场是伴随着经济金融体制的改革而成长壮大的，其发展的内在推力是市场化。40 多年的国库券市场发展历史表明，当人们逐渐认识到国库券是一种金融商品，国库券就必须按市场规律组织发行，以市场为导向制定一系列制度就尤为重要。一级自营制度、招标发行制度、多层次的金融机构组织等变化既促进了国库券的市场化，又是市场化的必然结果。

投资国库券享有税收优惠，且市场风险小，期限短，既可以贴现，也可以随时在市场上出售，因此其流动性很强。众多的优点使其具有"仅次于现款的凭证"和"有利息的钞票"之称，是各国货币市场上重要的信用工具。

8.3　资本市场

资本市场是一年以上融通资金活动的总称。狭义的资本市场是指股票、债券和其他有价证券的发行与交易市场，即证券市场。广义的资本市场则包括证券市场和信贷市场两个方面。

8.3.1 债券市场

1）债券概述

（1）债券的定义

债券是政府、金融机构、工商企业等直接向社会借债筹措资金时，向投资者发行，并且承诺按一定利率支付利息并按约定条件偿还本金的债权债务凭证。债券的本质是债权的证明书，具有法律效力。债券购买者与发行者之间是债权债务关系，债券发行人即债务人，投资者（或债券持有人）即债权人。

（2）债券的特征

债券作为一种重要的融资手段和金融工具，具有如下特征：

① 偿还性。债券一般都规定偿还期限，发行人必须按约定条件偿还本金并支付利息。

② 流通性。债券一般都可以在流通市场上自由转让。

③ 安全性。与股票相比，债券通常规定固定的利率。与企业绩效没有直接联系，收益比较稳定，风险较小。此外，在企业破产时，债券持有者享有优先于股票持有者的对企业剩余资产的索取权。

④ 收益性。债券的收益性主要表现在两个方面：一是投资债券可以给投资者定期

或不定期地带来利息收入；二是投资者可以利用债券价格的变动，买卖债券赚取差额。

2）债券市场的分类

债券市场是发行和买卖债券的场所，是金融市场的一个重要组成部分。根据不同的标准，债券市场可分为不同的类别，最常见的有以下几种：

（1）根据债券的运行过程和市场的基本功能划分

根据债券的运行过程和市场的基本功能划分，债券市场可分为发行市场和流通市场。发行市场，又称一级市场，是发行单位初次出售新债券的市场。发行市场的作用是将政府、金融机构以及工商企业等为筹集资金向社会发行的债券分散发行到投资者手中。流通市场，又称二级市场，指已发行债券买卖转让的市场。债券一经认购，即确立了一定期限的债权债务关系，而通过流通市场，投资者可以转让债权，把债券变现。

（2）根据不同的组织形式划分

根据不同的组织形式划分，债券市场可分为场内交易市场和场外交易市场。证券交易所是专门进行证券买卖的场所，如我国的上海证券交易所和深圳证券交易所。在证券交易所内买卖债券所形成的市场，就是场内交易市场，这种市场组织形式是较为规范的形式。场外交易市场是在证券交易所以外进行证券交易的市场，柜台市场为场外交易市场的主体。此外，场外交易市场还包括银行间交易市场以及一些机构投资者通过电话、电脑等通信手段形成的市场等。

（3）根据债券发行地点的不同划分

根据债券发行地点的不同划分，债券市场可以划分为国内债券市场和国际债券市场。国内债券市场的发行者和发行地点同属于一个国家，而国际债券市场的发行者和发行地点不属于同一个国家。

3）债券市场的功能

世界上每个成熟的金融市场都有一个发达的债券市场。债券市场在社会经济中占有如此重要的地位，是因为其具有重要的功能。

（1）融资功能

债券市场作为金融市场的一个重要组成部分，具有使资金从资金剩余者流向资金需求者，为资金不足者筹集资金的功能。我国政府和企业先后发行多批债券，为弥补国家财政赤字和支持国家重点建设项目筹集了大量资金。

（2）资金流动导向功能

效益好的企业发行的债券通常较受投资者欢迎，因此，通过债券市场，资金得以向优势企业集中，从而有利于资源的优化配置。

（3）宏观调控功能

一国中央银行作为国家货币政策的制定与实施部门，主要依靠存款准备金、公开市场业务和再贴现等政策工具进行宏观经济调控。其中，公开市场业务就是中央银行通过在证券市场上买卖国债等有价证券，调节货币供应量，实现宏观调控的重要手段。

4）债券投资的收益与风险

债券收益不同于债券利息，债券利息仅指债券票面利率与债券面值的乘积。由于人们在债券持有期内，可以在债券市场进行买卖，赚取价差，因此，债券收益除利息收入外，还包括买卖盈亏差价。

一般来说，投资的收益与风险同在，收益是风险的补偿，风险是收益的代价。所以在看到债券收益的同时，也要看到债券投资所面临的风险。

（1）违约风险

违约风险主要是指债券的发行人无法按期支付利息或偿还本金的风险。一般而言，政府发行的债券违约风险较小，金融机构发行的债券次之，工商企业发行的债券违约风险较大。造成债券违约风险的原因有以下几方面：

① 政治、经济形势发生重大的变动；

② 由自然原因引起的非经常性破坏事件，如水灾，火灾等；

③ 公司经营管理不善；

④ 公司在市场竞争中失败；

⑤ 公司财务管理失误，不能及时清偿到期债务。

（2）利率风险

这里所说的利率是指银行信用活动中的存贷款利率。一般来说，银行利率上升，债券价格下跌，反之亦然。这是由于投资者在利率水平相同的情况下，会倾向于选择安全性更高的银行存款以代替相对风险较高的债券，所以当利率上升时，资金会由债券市场流出，转入银行，进而造成债券价格的下跌。

（3）购买力风险

购买力风险又称通货膨胀风险，是指由通货膨胀引起的投资者到期出售债券所获得的资金购买力减少的风险。通货膨胀时期，购买力风险对投资者有着重要的影响。通常，变动收益的证券会比固定收益的证券要好。因此，投资债券所面临的购买力风险较大，投资股票能相对较好地规避购买力风险。

（4）流动性风险

流动性风险主要是指由将债券变成现金存在的潜在困难而造成的投资者收益的不确定性。一种债券在不做出大的价格让步的情况下卖出的困难越大，则该种债券的流动性风险程度越大。在流通市场上交易的各种债券流动性风险差异很大，信誉好的债券很容易在交易市场上进行流通，信誉差的企业债券想立即出售则比较困难。

8.3.2 股票市场

1）股票概述

（1）股票的定义

股票是股份有限公司在筹集资本时向出资人发行的股份凭证。股票代表其持有者对股份公司的所有权，持有者以其出资额为限对公司负有限责任，承担风险，分享收益。

（2）股票的特征

股票的特征有：

① 不可偿还性。股票是一种无偿还期限的有价证券，投资者认购了股票，就不能要求退股，只能到二级市场卖给第三者。股票的期限等于公司存续的期限。

② 参与性。股东有权出席股东大会，选举公司董事会，参与公司重大决策。股票

持有者的投资意愿和享有的经济利益通常是通过行使股东参与权来实现的。

③ 收益性。股东凭其持有的股票，有权从公司领取股息或红利，获取投资的收益。股息或红利的大小，主要取决于公司的盈利水平和股利分配政策。另外，股票的收益性还表现为股票投资者可以获得价差收入或实现资产保值增值。

④ 流通性。股票的流通性是指股票在不同投资者之间的可交易性。

⑤ 价格波动性和风险性。股票价格要受到诸如公司经营状况、供求关系、银行利率、大众心理等多种因素的影响，有很大的不确定性。价格波动的不确定性越大，投资风险也越大。因此，股票是一种高风险的金融产品。

2）股票市场的分类

（1）根据市场的功能划分

根据市场的功能划分，股票市场可分为发行市场和流通市场。发行市场是通过发行股票进行筹资活动的市场，又称"一级市场"。流通市场是已发行股票进行转让的市场，又称"二级市场"。

（2）根据市场的组织形式划分

根据市场的组织形式划分，股票市场可分为场内交易市场和场外交易市场。场内交易市场是股票集中交易的场所，即股票交易所。场外交易市场是在股票交易所以外的各证券交易机构柜台上进行股票交易的市场，所以也叫柜台交易市场。

（3）根据投资者范围不同划分

根据投资者范围不同划分，我国股票市场还可分为境内投资者参与的 A 股市场和专供境外投资者参与的 B 股市场。

3）股票市场的功能

股票市场对推动国民经济迅速增长和世界经济一体化影响巨大，具有以下主要功能：

（1）筹集资金

筹集资金是股票市场的首要功能。企业通过在股票市场上发行股票，把分散在社会上的闲置资金集中起来，形成巨额的、可供长期使用的资本，用于支持大规模经营。股票市场所能达到的筹资规模和速度是企业依靠自身积累和银行贷款无法比拟的。

（2）优化资源配置

股票市场的优化资源配置功能是通过一级市场筹资、二级市场股票的流动来实现的。投资者通过及时披露的各种信息，选择成长性好、盈利潜力大的股票进行投资，抛弃业绩滑坡、收益差的股票，这就使资金逐渐流向效益好、发展前景好的企业。

（3）分散风险

股票市场在给投资者和融资者提供了投融资渠道的同时，也提供了分散风险的途径。企业通过发行股票筹集了资金，同时将其经营风险部分地转移和分散给投资者，实现了风险的社会化。

4）股票投资的收益与风险

股票投资收益是投资者投资行为的报酬。与债券投资的收益相似，股票投资的收益主要有两大来源：一是投资者购买股票后成为公司的股东，按照持股的份额，从公司获得相应的股利，包括股息和现金红利等；二是因持有的股票价格上升所形成的资本增值，也就是投资者利用低价进高价出所赚取的差价利润，这也是目前我国大部分投资者投资股票的直接目的。

投资者在追求投资收益的同时，也必然面对投资风险，影响收益变动的各种力量构成风险的要素。某些影响是公司外部的，其影响遍及绝大部分股票，如经济的、政治的和社会的变动；还有一些影响是公司内部的，如财务风险和管理能力等，它们在很大程度上是可以控制的。总体而言，股票投资的风险种类与债券投资所面临的风险种类是相似的，但是在具体不同的风险上，体现出一定的差异性。例如，投资股票的购买力风险较小，而债券的较大；投资债券的操作性风险较小，而股票的较大。

8.3.3 基金市场

1）基金概述

（1）证券投资基金的概念

证券投资基金是一种利益共享、风险共担的集合证券投资方式，即通过基金发行单位，集中投资者的资金，由基金托管人托管，由基金管理人管理和运用资金，从事股票、债券等金融工具投资。基金投资人享受证券投资基金的收益，也承担亏损的风险。

（2）证券投资基金的特征

证券投资基金的特征有：

① 专业性。基金资产由专业的基金管理人负责管理，他们不仅掌握广博的投资分析和投资组合理论知识，而且在投资领域也积累了相当丰富的经验，专业性很强。

② 间接性。投资者是通过购买基金而间接投资于证券市场的，与直接购买股票相比，投资者与上市公司没有任何直接关系，不参与公司决策和管理，只享有公司利润的分配权。

③ 起点低。证券投资基金最低投资额一般较低，投资者可以根据自己的财力，多买或少买基金单位，从而解决了中小投资者"钱不多、入市难"的问题。在我国，每份基金单位面值为人民币1元。

④ 组合投资、分散风险。证券投资基金通过汇集众多中小投资者的小额资金，形成雄厚的资金实力，同时把投资者的资金分散投资于各种股票，使某些股票跌价造成的损失可以用其他股票涨价的盈利来弥补，从而分散投资风险。这通常是中小投资者无力做到的。

⑤ 流动性强。基金的买卖程序非常简便。对封闭式基金而言，投资者可以直接在二级市场套现，买卖程序与股票相似；对开放式基金而言，投资者既可以向基金管理人直接申购或赎回基金，也可以通过证券公司等代理销售机构申购或赎回。

2）基金市场的基本运作方式

封闭式基金和开放式基金共同构成了证券投资基金的两种基本运作方式。它们的主要区别是：第一，封闭式基金有固定的存续期，在存续期内基金规模固定，也就是说，投资者无法将买来的基金单位再卖还给基金管理人。而开放式基金规模不固定，基金单位可以随时向投资者出售，也可应投资者要求买回。因此，开放式基金的规模可以因投资者的申购、赎回而随时变动。第二，封闭式基金在证券交易所上市交易，投资者可以通过二级市场买卖基金单位。而开放式基金一般在规定的营业场所办理申购及赎回，不上市交易。第三，封闭式基金的交易价格主要受二级市场对该基金单位的供求关系影响，而开放式基金的申购、赎回价格则以公布的基金单位资产净值加减一定的手续费计算，能一目了然地反映其投资价值。

3）基金市场的作用

（1）基金的市场时机把握能力和证券选择能力

证券投资基金由基金公司进行投资管理和运作，基金公司拥有大量的专业投资分析人员和强大的信息网络，能够更好地对证券市场进行全方位的跟踪和分析，把握证券投资的准确率和成功率。

（2）证券投资基金具有稳定市场的功能

机构投资者正确的投资理念、市场行为能对其他投资者形成良好的示范作用，有助于市场的稳定。

（3）机构投资者参与上市公司治理

与散户投资者相比，基金受到来自基金投资人的压力，有推动上市公司努力提升业绩、提高股票价值的需要；同时作为规模化经营的投资管理机构，参与上市公司治理的边际成本也远远小于一般个人投资者的边际成本。

4）基金投资的收益与风险

投资基金的收益来源包括净值增长和分红收益两部分。

（1）净值增长

开放式基金所投资的股票或债券升值或获取红利、股息、利息等，导致基金份额净值的增长，而基金份额净值增长以后，投资者赎回基金份额时所得的差价，就是投资的毛利。再用毛利减去申购和赎回费用，就是真正的投资收益。

（2）分红收益

根据国家法律法规和基金合同的规定，基金会在满足相关条件的情况下，进行收益分配。投资者获得的分红也是获利的组成部分。

任何投资收益都和风险呈正相关，基金也不例外。但基金的风险是与其所投资的证券种类密切相关的。主要投资于股票类证券产品的基金所面临的风险相对较大，而主要投资于债券类产品的基金所面临的风险相对较小。

知识链接 8-1

美国共同基金

共同基金其实是美国国内对证券投资基金的一种说法。在我国国内，共同基金就是开放式基金。美国的共同基金是公司型基金，中国的开放式基金是契约型基金，这是两者在法律地位上的巨大差别。

共同基金的概念其实很简单，就是汇集许多小钱凑成大钱，交给专人或专业机构操作管理以获取利润的一种集资式的投资工具。

在国内，共同基金的正式名称为"证券投资基金"，是由基金公司以信托契约的形式发行受益凭证，主要的投资标的为股票、期货、债券、短期票券等有价证券。

8.4　黄金市场与外汇市场

8.4.1　黄金市场

1）黄金市场概述

拓展阅读 8-1

中国人民银行发布 2023 年金融市场运行情况

黄金市场是买卖双方集中进行黄金买卖的交易中心，提供即期和远期交易，允许交易商进行实物交易或者期权期货交易，以实现投机或套期保值的目的，是各国完整的金融市场体系的重要组成部分。

2）黄金市场的历史发展过程

在 19 世纪之前，黄金因其稀有性，限制了自由交易的规模。进入"金本位"时期后，黄金市场得到一定程度的发展。直到第一次世界大战之前，世界上只有英国伦敦黄金市场是唯一的国际性市场。第一次世界大战使"金本位制"彻底崩溃，公开的黄金市场失去了存在的基础，伦敦黄金市场关闭。1944 年，"布雷顿森林协议"的签署标志着"金本位制"崩溃后的第二个国际货币体系的建立，美元超越黄金成为主角，黄金不再执行价值尺度及交换媒介的功能。这时期，黄金市场仅是国家进行黄金管制的一种调节工具。20 世纪 70 年代至今，在国际货币体制黄金非货币化的条件下，国家放开了黄金管制，使市场机制在黄金流通及黄金资源配置方面发挥出日益增强的作用。不论是商品黄金市场，还是金融性黄金市场都得到了发展。

3）国际上主要的黄金市场

据不完全统计，现在世界上有 40 多个黄金市场，比较有影响的黄金市场主要集中在伦敦、苏黎世、纽约、芝加哥和中国香港等地。

（1）伦敦黄金市场

伦敦黄金市场是世界上最大的黄金市场。1804 年，伦敦取代荷兰阿姆斯特丹成为世界黄金交易的中心。1919 年，伦敦金市正式成立，每天进行上午和下午两次黄金定价，由五大金行定出当日的黄金市场价格，该价格一直影响纽约和中国香港的黄金交易。

（2）苏黎世黄金市场

苏黎世黄金市场是第二次世界大战后发展起来的国际黄金市场。瑞士特殊的银行体系和辅助性的黄金交易服务体系，为黄金买卖提供了一个既自由又保密的环境，使得瑞士不仅是世界上新增黄金的最大中转站，也是世界上最大的私人黄金的存储中心。苏黎世黄金市场在国际黄金市场上的地位仅次于伦敦黄金市场。

（3）美国黄金市场

纽约和芝加哥黄金市场是 20 世纪 70 年代中期发展起来的，主要原因是 1977 年后美元贬值，为了套期保值和投资增值获利，黄金期货迅速发展起来。目前，纽约商品交易所和芝加哥商品交易所是世界上最大的黄金期货交易中心，两大交易所对黄金现货市场的金价影响很大。

（4）中国香港黄金市场

中国香港黄金市场历史悠久，其形成以香港金银贸易场的成立为标志。中国香港黄金市场在时差上刚好填补了纽约、芝加哥市场收市和伦敦市场开市前的空当，可以连贯亚、欧、美，形成完整的世界黄金市场，这种优越的地理条件促使中国香港黄金市场成为世界主要的黄金市场之一。

4）国际黄金市场的主要投资方式

国际黄金市场的主要投资方式有金条（块）、金币、黄金企业股票、黄金期货、黄金期权、黄金管理账户等。

（1）投资金条

投资金条不需要佣金和相关费用，流通性强，可以立即兑现，可在世界各地转让并得到报价，而且金条具有保值功能，对抵御通货膨胀有一定作用。但是在保证黄金实物安全方面有一定风险。

（2）投资金币

金币有两种，即纯金币和纪念性金币。纯金币的价值基本与黄金含量一致，价格随国际金价波动，其出售时溢价幅度（即所含黄金价值与出售金币价格的差异）不高，投资增值功能不大，但其外形美观、可供鉴赏、流通变现能力强且具备保值功能。纪念性金币由于有较大溢价幅度，具有比较大的增值潜力，其收藏投资价值要大于纯金币的投资价值。

（3）购买金饰

对于金饰来讲，其投资意义要比金条和金币小得多，原因是金饰的价值和黄金的价格有一定的差距。由于其加工工艺复杂，因此买卖的单位价格往往高于金条和金币，回收时折扣损失也大。对于职业投资者来讲，金饰是不具备投资价值的。

（4）黄金凭证

黄金凭证是国际上比较流行的一种黄金投资方式。银行和黄金销售商提供的黄金凭证，上面注明投资者有随时提取所购买黄金的权利，投资者还可按当时的黄金价格将凭证兑换成现金，收回投资，黄金凭证也可通过背书在市场上流通。黄金凭证具有高度的流通性，无储存风险，在世界各地可以得到黄金保价，大机构发行的凭证在世界主要金融贸易地区均可以提取黄金。

（5）黄金期货

与其他期货买卖一样，黄金期货也是按一定成交价，在指定时间交割的标准合约。黄金期货合约交易只需用交易额 10% 左右的定金作为投资成本，具有较大的杠杆性。黄金期货具有较大的流动性和灵活性，委托指令也呈多样性。投资者还不必担心黄金的品质和实物保管问题，同时，黄金期货还能够实现套期保值。但是，黄金期货投资风险较大，需要较强的专业知识和对市场走势的准确判断，而且市场投机气氛较浓。

（6）黄金期权

由于黄金期权买卖涉及内容比较多，期权买卖投资方式也比较多且复杂，不易掌握，目前世界上黄金期权市场并不多。黄金期权投资的优点也不少，如具有较强的杠杆性，以少量资金进行大额的投资；如果是标准合约的买卖，投资者则不必为储存和黄金成色担心；具有降低风险的功能，等等。进行黄金期权投资也需要有较强的专业知识。

5）影响世界黄金价格的主要因素

20世纪70年代以前，黄金价格基本由各国政府或中央银行决定，国际上黄金价格比较稳定。20世纪70年代初期，黄金价格不再与美元直接挂钩，价格逐渐市场化，影响黄金价格变动的因素日益增多，具体来说，可以分为以下几方面：

（1）供给因素

供给因素主要包括地上的黄金存量，年供求量，新的金矿开采成本，黄金生产国的政治、军事和经济的变动状况，央行的黄金抛售情况。

（2）需求因素

需求因素主要包括黄金实际需求量（首饰业、工业等）的变化，保值的需要，投机性需求等。

（3）其他因素

其他因素包括美元汇率、各国的货币政策、通货膨胀、国际贸易、财政政策、外债赤字、国际政局动荡、战争以及股市行情等。

8.4.2 外汇市场

1）外汇市场概述

外汇市场是指经营外币和以外币计价的票据等有价证券的市场，是金融市场的主要组成部分。它主要由银行等金融机构、自营交易商、大型跨国企业参与，通过中介机构或电信系统联结，以各种货币为买卖对象。

2）国际上主要的外汇市场

外汇市场有正式的市场和非正式的市场两种形式。正式的市场指有具体交易场所的外汇市场，如同一般商品交易一样，参与者于一定时间集合于一定地点买卖外汇。欧洲大陆的德、法、荷、意等国固定的外汇交易所即属此类，此种方式的市场称为大陆式市场。非正式的外汇市场指参与者利用电报、电话或电传、互联网等电信工具进行交易，没有固定的交易地点的外汇市场。英、美、加及瑞士等国均采用此种方式，称为英美式外汇市场。

世界主要外汇市场有伦敦、纽约、苏黎世、法兰克福、巴黎、东京、中国香港和新加坡等外汇市场。除以上八大市场以外，还有巴林、米兰、阿姆斯特丹、蒙特利尔等外汇市场，它们的影响也较大。

（1）美国纽约外汇市场

美国纽约外汇市场是美国规模最大的外汇市场。纽约外汇市场没有一个固定的场所，是通过电话、电报、电传等现代通信设备进行交易的。目前，纽约外汇市场在世界外汇市场上占有重要地位，有着世界上任何外汇市场都无法取代的美元清算中心和划拨的职能。

（2）英国伦敦外汇市场

英国伦敦外汇市场是久负盛名的国际外汇市场，它历史悠久，交易量大，拥有先进的现代化电子通信网络，是全球最大的外汇市场。

（3）日本东京外汇市场

日本东京外汇市场是当今世界仅次于伦敦和纽约的外汇市场，年交易量居世界第三。东京外汇市场由银行间市场和顾客市场组成，银行间市场是外汇市场的核心。

（4）新加坡外汇市场

新加坡外汇市场无固定交易场所，外汇交易主要由国内外商业银行和货币经纪商来经营。由于时差关系，交易商将该市场和世界其他主要外汇市场联系起来，使全球外汇交易得以不间断。市场交易以即期交易为主，远期和投机交易也较频繁。

（5）瑞士苏黎世外汇市场

瑞士苏黎世外汇市场的特殊之处在于外汇交易由银行之间通过电话、电传进行，而不是通过外汇经纪人或外汇中间商进行，而且外汇价格不是以瑞士法郎而是以美元来表示。瑞士三大银行——瑞士银行、瑞士信贷银行和瑞士联合银行，是苏黎世外汇市场的中坚力量。

（6）中国香港外汇市场

中国香港外汇市场无固定交易场所，市场参与者分为商业银行、存款公司和外汇经纪商三大类。市场交易绝大多数在银行之间进行，约占市场全部业务的80%。该外汇市场上多数交易是即期买卖，远期和掉期交易约占20%。

（7）德国法兰克福外汇市场

法兰克福是德国中央银行所在地，长期以来实行自由汇兑制度。随着经济的迅速发展和欧元地位的提高，法兰克福外汇市场逐渐发展成为世界主要的外汇市场。

3）外汇市场的作用

（1）国际清算

外汇是国际经济往来的支付手段和清算手段，所以清算是外汇市场的最基本作用。

（2）授信

由于银行经营外汇业务，所以它有可能利用外汇收支的时间差为进出口商提供贷款。

（3）套期保值

这与投机性期货买卖的目的不同，它不是为了从价格变化中牟利，而是为了使外汇收入不会因日后汇率的变化而遭受损失。例如，当出口商有一笔远期外汇收入，为了避免因汇率变化而导致的风险，可以将此笔外汇当作期货卖出。

（4）投机

在外汇期货市场上，投机者可以利用汇价的变化牟利，对未来市场行情下赌注。这种投机活动是利用不同时间外汇行市的波动进行的，也可以在同一时间内利用不同市场上汇价的差别进行套汇活动。

4）汇率及其影响因素

汇率就是一国货币单位兑换他国货币单位的比率，也就是外汇的价格。外汇与其他商品一样，其价格主要由两大因素决定，一是各国货币的供给和需求，二是各国货币的价格，这种价格是以各国自己的单位标定的。除此之外，还有很多因素直接或间接地影响着汇率。

（1）货币政策

央行通常通过买入或卖出本币以将本币稳定在一个被认为是真实和理想的水平。市场的其他参与者对于政府货币政策对汇率影响的判断以及对于将来政策的预期同样会对汇率产生影响。

（2）政治形势

全球形势趋于紧张会导致外汇市场的不稳定，将发生一些货币的非正常流入或流出，最后可能造成汇率的大幅波动。政治形势的稳定与否关系着货币的稳定，通常意义上，一国的政治形势越稳定，则该国的货币越稳定。

（3）国际收支状况

一国的国际收支状况将导致其本币汇率的波动。一国的国际收支状况反映着该国在国际上的经济地位，也影响着该国宏观与微观经济的运行。国际收支状况的影响归根结底是外汇的供求关系对汇率的影响。

（4）利率

当一国的主导利率相对于另一国的利率上升或下降时，为追求更高的资金回报，低利率的货币将被卖出，而高利率的货币将被买入。由于相对高利率货币的需求增加，故该货币对其他货币升值。

（5）投机行为

在外汇市场上直接与国际贸易相关联的交易相对来说所占比例不高。市场主要操作者的投机行为将导致不同货币的流动，从而对汇率产生影响。

5）外汇市场的交易方式

外汇是伴随着国际贸易而产生的，外汇交易也是国际结算债权债务关系的工具。近十几年来，外汇交易不仅在数量上成倍增长，而且在实质上也发生了重大的变化，外汇交易的种类随着外汇交易性质的变化而日趋多样化。外汇交易主要可分为现钞、现汇、合约现货、期货、期权、远期交易等。

8.5 金融衍生工具市场

8.5.1 金融衍生工具市场概述

1）金融衍生工具的概念

金融衍生工具通常是指从原生资产派生出来的金融工具。衍生工具是和现货工具相对应的一个概念。由于金融衍生品交易在资产负债表上没有相应科目，因而也被称为"资产负债表外交易"（简称表外交易）。国际上金融衍生品种类很多，各国在活跃的金融创新活动中接连不断地推出金融衍生品。

2）金融衍生工具的类别

随着金融创新的发展，金融衍生品种类已经非常繁多，但其基本的金融衍生品包括四种：远期合约、期货、期权、互换。

远期合约是在指定的未来时刻以确定的价格交割某物的协议。期货是一种标准化的远期合约，它的交割日和交易量都是由期货交易所事先确定的，只能在交易所进行交易，并实行保证金制度。期权是一份选择权的合约，立权人授给期权的买方在规定的时间内以事先确定的价格交易一定商品的权利而不是义务。互换也称掉期，是指交易双方在合约的有效期内，以事先确定的名义本金为依据，按约定的支付率相互交换支付的约定。

3）金融衍生工具的功能

金融衍生品在全球金融市场中发挥着重要作用，为最终客户提供了更好地管理与其业务发展相关的金融风险的机会。由此可见，金融衍生品市场的第一个功能是规避风险，这是金融衍生品市场赖以存在和发展的基础，而防范风险的主要手段是套期保值。金融衍生品市场的第二个功能是价格发现。它集中了各方面的参与者，带来了成千上万种关于衍生品基础资产的供求信息和市场预期，通过公开竞价，形成了市场均衡价格。这有利于提高信息的透明度，提高了整个市场的效率。它的第三个功能是套利。金融衍生品市场存在大量具有内在联系的金融产品，在通常情况下，一种产品总可以通过其他产品分解组合得到，因此，相关产品的价格应该存在确定的数量关系，如果某种产品的价格偏离这种数量关系，可以低价买进某种产品，高价卖出相关产品，从而获取利润。金融衍生品市场的第四个功能是投机。市场上总有一些人希望利用对特定走势的预期来对未来的变化进行赌博，构造出一个原先并不存在的风险。投机者通过承担风险获取利润，只要是在透明公开的条件下进行，投机就是有利于促进市场效率的。

4）金融衍生工具市场的特征

（1）杠杆性

金融衍生品交易可以用较少成本获取现货市场上需较多资金才能完成的结果，具有高杠杆性。

（2）融资性

在市场准入后，金融衍生品市场可以作为一种融资渠道，因此具有融资性。

（3）虚拟性

金融衍生品独立于现实资本运动，却能给持有者带来收益，是一种收益获取权的凭证，本身没有价值，具有虚拟性。

（4）高风险性

金融衍生品交易由于其杠杆性而具有高风险性和信用风险的相对集中性，衍生品的虚拟性和定价复杂性使得其交易策略比现货交易复杂，如果不恰当使用或风险管理不当则会导致巨大的损失。

5）金融衍生品市场的迅猛发展

随着西方国家利率自由化和汇率完全自由浮动，一方面，金融领域的风险更加突出，金融机构及企业控制利率风险、汇率风险、股票及主要原料商品价格变动风险的任务更加艰巨。从另一方面讲，利率、汇率、股票及商品价格走向的不确定性也蕴含着获取利润的机会。在这种情况下，金融衍生品应运而生，它为风险规避者提供了方便的避险工具，也为风险承受者提供了有效的投机对象，从而形成金融衍生品的交易市场，且市场规模惊人。金融市场的全球化、信息交易成本的降低等外部环境因素，加之企业防范风险、降低代理成本等内部因素，进一步促进了金融衍生品市场的迅猛发展。

8.5.2 金融远期合约市场

金融远期合约又称为金融远期，是指交易双方分别承诺在将来某一特定时间购买和提供某种金融工具，并事先签订合约，确定价格，以便将来进行交割。

1) 金融远期合约的种类

在作为衍生金融工具的远期合约中，目前最常见的是远期外汇合约和远期利率协议。

远期外汇合约是指外汇买卖双方在成交时先就交易的货币种类、数额、汇率及交割的期限等达成协议，并用合约的形式确定下来，到了规定的交割日双方再履行合约，办理实际的收付结算。

远期利率协议是买卖双方商定在将来一定时间点（利息起算日）开始的一定期限的协议利率，并规定参照利率，在将来利息起算日，按规定的协议利率、期限和本金额，由当事人一方向另一方支付协议利率与参照利率的利息差。

2) 远期合约的特征

① 远期合约的规模和内容按交易者的需要而制定，不是标准化合约。

② 合约代表了货币或其他商品的现货交付，90%以上的远期合约最终要进行实物交割，因此其投机程度大大减少，"以小博大"的可能性被降至最低。

③ 远期合约本身具有不可交易性，不可对合约进行买卖。它一般由买卖双方直接签订，或者通过中间商签约，需要变动时，要与原交易者重新签订合约或协议撤销原合约。因此，远期合约流动性较小。

④ 远期合约交易不需要交易保证金。金融远期合约主要在银行间或银行与企业间进行，不存在统一的结算机构，价格无日波动的限制，只受普通合约法和税法的约束，因此无须支付保证金。

8.5.3 金融期货市场

1) 金融期货概述

金融期货指以金融工具为标的物的期货合约。金融期货作为期货交易中的一种，具有期货交易的一般特点，但其合约标的物不是实物商品，而是金融商品，如股票、股指、货币、汇率、利率等。金融期货基本上可分为三大类：外汇期货、利率期货和股票指数期货。

外汇期货是指交易双方同意在未来某一时期，根据约定价格（汇率），买卖一定标准数量的某种外汇的可转让的标准化期货合约。外汇期货的交易币种包括美元、日元、英镑、欧元、澳元、加拿大元等。利率期货是指交易双方同意在约定的将来某个日期，按约定条件买卖一定数量的某种长短期信用工具的可转让的标准化期货合约。利率期货交易的对象有长期国库券、政府住宅抵押证券、中期国债、短期国债等。股票指数期货是指交易双方同意在将来某一时期按约定的价格买卖股票指数的可转让的标准化期货合约。最具代表性的股票指数期货有美国的道·琼斯股指期货、纳斯达克股指期货，英国的金融时报股指期货，中国香港的恒生股指期货，日本的日经225股指期货等。

2）金融期货市场及金融期货交易的基本特征

金融期货市场是国际资本市场创新和发展的产物，20世纪70年代，由于布雷顿森林体系国际货币制度的崩溃，以及金融自由化和金融创新浪潮的冲击，国际资本市场上利率、汇率和股票价格指数波动幅度加大，市场风险急剧增加。为了规避这些风险，金融期货市场应运而生，为保证资本市场的良性运转发挥了不可替代的作用。

金融期货交易作为买卖标准化金融期货合约，是在高度组织化的有严格规则的金融期货交易所进行的。金融期货交易的基本特征可概括如下：

① 交易的标的物是金融商品。这些交易对象是无形的、虚拟化了的金融产品，如股票、股指、利率与外汇等。

② 金融期货交易是标准化合约的交易。作为交易对象的金融商品，其收益率和数量都具有同质性和标准性，对货币币种、交易金额、清算日期、交易时间等都做了标准化规定，唯一不确定的是成交价格。

③ 金融期货交易采取公开竞价方式决定买卖价格。它不仅可以形成高效率的交易市场，而且透明度、可信度高。

④ 交割期限的规格化。金融期货合约的交割期限大多是3个月、6个月、9个月或12个月，最长的是2年，交割期限与交割时间根据交易对象的不同特点而定。

8.5.4　金融期权市场

1）金融期权概述

金融期权是以期权为基础的金融衍生产品，是指以金融商品或金融期货合约为标的物的期权交易。具体地说，其购买者在向出售者支付一定费用后，就获得了能在规定期限内以某一特定价格向出售者买进或卖出一定数量的某种金融商品或金融期货合约的权利。金融期权的基本特征是买方支付权利金而获得权利，无须承担买进或卖出的义务，而卖方则必须承担义务。

2）金融期权的分类

① 按选择权的性质划分，金融期权可分为买入期权、卖出期权。

② 按合约所规定的履约时间划分，金融期权可分为欧式期权、美式期权。

③ 按基础资产性质划分，金融期权可分为股票期权、股指期权、利率期权、外汇期权、金融期货合约期权等。

8.5.5　金融互换市场

1）金融互换概述

金融互换是交易双方为避免或减少利率或汇率风险，降低长期筹资成本，在一定期限内相互交换货币或利率的金融交易。

2）金融互换的种类

金融互换出现的时间较晚，但品种创新却日新月异。其中，最基本的种类是利率互换和货币互换。

利率互换是指双方同意在未来的一定期限内根据同种货币等额名义本金交换现金流，其中一方的现金流根据浮动利率计算，而另一方的现金流则根据固定利率计算。互换的期限通常在2年以上，有时甚至长达15年。

货币互换是将一种货币的本金和固定利息与另一货币的等价本金和固定利息进行交换。进行货币互换的原因是双方在各自国家的金融市场上具有相对优势。

3）金融互换的主要功能

① 通过金融互换可在全球各市场之间进行套利，一方面降低筹资者的融资成本或提高投资者的资产收益，另一方面促进全球金融市场的一体化。

② 利用金融互换，可以管理资产负债组合中的利率风险和汇率风险。

③ 金融互换为表外业务，可以在一定程度上逃避外汇管制、利率管制及税收限制。

本章自测题

一、填空题

1. 金融市场的参与者一般包括_____、_____、_____、_____、_____五个部门。

2. 大额可转让定期存单市场就是以经营为主的市场，简称_____市场。

3. 根据不同组织形式，债券市场可分为_____和_____。

4. 根据投资者范围不同，我国股票市场还可分为_____的A股市场和_____的B股市场。

5. _____和_____共同构成了证券投资基金的两种基本运作方式。

6. 比较有影响的黄金市场主要集中在_____、_____、_____和_____等地。

二、选择题

（一）单项选择题

1. 下列属于资本市场的是（　　）。

A.同业拆借市场　　　　　　　　B.股票市场

C.票据市场　　　　　　　　　　D.大额可转让定期存单市场

2. 在出售证券时与购买者约定到期买回证券的方式称为（　　）。

A.证券发行　　　B.证券承销　　　C.期货交易　　　D.回购协议

3. 下列属于应在资本市场筹资的资金需求是（　　）。

A.有一笔暂时闲置资金　　　　　B.商业银行的存款准备金头寸不足

C.流动性资金不足　　　　　　　D.补充固定资本

4. 下列属于非系统风险的是（　　）。

A.信用风险　　　　　　　　　　B.市场风险

C.购买力风险　　　　　　　　　D.政策风险

5. 期权合约买方可能形成的收益或损失状况是（　　）。

A.收益无限大，损失有限大　　　B.收益有限大，损失无限大

C.收益有限大，损失有限大　　　　　　D.收益无限大，损失无限大

6.金融衍生工具交易一般只需要支付少量的保证金就可以签约，这是衍生工具的（　　）特点。

A.跨期性　　　　B.风险性　　　　C.杠杆性　　　　D.投机性

7.在期货市场中，出于规避风险目的而进行交易的是（　　）。

A.投机者　　　　B.经纪商　　　　C.套期保值者　　　D.期货交易所

8.在双方的交易关系中，合约赋予买方权利，卖方没有任何权利，随时准备履行相应义务的是（　　）。

A.期货交易　　　　B.期权交易　　　　C.现货交易　　　　D.外汇交易

9.按交易工具的不同期限，金融市场可分为（　　）。

A.现货市场和期货市场　　　　　　B.货币市场和资本市场

C.初级市场和二级市场　　　　　　D.票据市场和外汇市场

10.可以通过证券多样化回避的风险是（　　）。

A.系统性风险　　　B.通胀风险　　　C.企业风险　　　D.道德风险

（二）多项选择题

1.从交易对象的角度看，货币市场主要由（　　）等子市场组成。

A.基金　　　　B.同业拆借　　　　C.商业票据　　　　D.国库券

2.下列描述属于货币市场特点的有（　　）。

A.交易期限短　　　　　　　　　　B.资金借贷量大

C.交易工具收益较高而流动性差　　　　D.风险相对较低

3.按金融交易的交割期限可以把金融市场划分为（　　）。

A.现货市场　　　　　　　　　　　B.货币市场

C.长期存贷市场　　　　　　　　　D.期货市场

4.下列属于金融衍生工具的有（　　）。

A.股票价格指数期货　　　　　　　B.银行承兑汇票

C.短期政府债券　　　　　　　　　D.货币互换

5.证券投资基金的特点包括（　　）。

A.集合投资　　　　B.收益高　　　　C.分散风险　　　　D.专家理财

三、判断题

1.有价证券从发行者手中转移到投资者手中，这类交易属于二级市场交易。（　　）

2.债券回购交易实质上是一种以有价证券作为抵押品拆借资金的信用行为。（　　）

3.票据经过银行承兑，有相对小的信用风险，是一种信用等级较高的票据。（　　）

4.不论企业是否获利，企业债券必须按期如数还本付息，而普通股票的收益则取决于企业盈利状况。　　　　　　　　　　　　　　　　　　　　　（　　）

5.债务人不履行约定义务所带来的风险称为市场风险。　　　　　　　　（　　）

6.开放式投资基金，投资者可以随时购买，也可以随时请求赎回。　　　（　　）

四、简答题

1. 金融市场具有哪些功能？

2. 货币市场的特征有哪些？

3. 投资债券所面临的风险主要有哪几种？

4. 封闭式基金和开放式基金的区别有哪些？

5. 决定和影响汇率的因素有哪些？

五、实训题

实训项目：资本市场中上市公司股权和债权及对外投资分析。

实训目的：通过对比股权和债权的多方面因素，分析公司选择某一融资手段的原因；通过分析投资情况，了解公司投资的目的及效果。

实训步骤：

（1）选择一家上市公司，搜集其相关财务信息。

（2）将股权、债权、投资等数据归类，结合经营情况进行分析。

（3）总结分析结论。

第9章

国际金融

学习目标

知识目标：掌握外汇、国际收支、国际信贷的基本概念，汇率的决定与调整，国际收支平衡的判断与调节，国际信贷的种类。

技能目标：熟练分析汇率、国际收支与经济的关系；具有分析和解决国际金融问题的能力。

素质目标：在国际金融的学习中，引导学生以国际视角分析问题，树立全球意识、扩展国际视野。

引 例

人民币国际化出现多点突破，进程有望提速

财联社资讯获悉，央行报告指出，有序推进人民币国际化，进一步扩大人民币在跨境贸易和投资中的使用，深化对外货币金融合作，发展离岸人民币市场。稳步推进人民币资本项目可兑换和金融市场制度型开放。

1. 人民币国际化取得显著进展

人民币是全球第五大支付货币、第三大贸易融资货币、第五大国际储备货币，人民币外汇交易在全球市场份额增至7%，成为2021—2023年来市场份额上升最快的货币。

2022年跨境人民币收付总额是42万亿元，比2017年增长了3.4倍，在本外币跨境收付总额中占了约50%。人民币在国际货币基金组织特别提款权的权重排名第三，位列全球第五位主要储备货币。

此前，国务院办公厅发布《关于推动外贸稳规模优结构的意见》。其中提到，鼓励金融机构创新完善外汇衍生品和跨境人民币业务，进一步扩大跨境贸易人民币结算规模。

中国人民银行上海总部副主任刘兴亚表示，更好地引导金融机构为企业提供适配的跨境金融服务。推动大宗商品如铁矿石、石油天然气等重点领域以人民币结算，在"一带一路"、东盟等重点地区和央企、市属国企等重点企业推动跨境人民币结算，更好地服务国家重点战略。

2023年5月16日，满载6.5万吨液化天然气的"马尔文"轮在中国海油广东大鹏液化天然气接收站完成接卸，这船货物是我国首单以人民币结算的进口液化天然气，标志着我国在油气贸易领域的跨境人民币结算交易探索迈出实质性一步。

2. 人民币国际化进程有望提速

中信证券认为，人民币国际化的五大建设性亮点包括：一是双本币互换协议；二是构建"CIPS + CNAPS（HVPS）"的人民币跨境支付体系；三是共建"一带一路"创造人民币跨境支付需求；四是数字人民币的跨境使用探索；五是发挥中国香港离岸人民币金融市场的枢纽作用。

光大证券分析指出，自2009年后，人民币国际化开始加速推进，当前人民币跨境交易高度活跃。2022年四季度，衡量人民币在跨境交易中使用活跃程度的中国银行跨境人民币指数（CRI）达到344点，同比增长6.8%。在部分热点区域，人民币跨境使用增长更快，2022年四季度共建"一带一路"国家人民币客户汇款同比增长61.75%，《区域全面经济伙伴关系协定》（RCEP）成员方人民币客户汇款同比增长19.7%，此外，近期在贸易结算方面，人民币国际化出现多点突破，国际化进程有望提速。

资料来源：佚名."一带一路"创造需求，人民币国际化出现多点突破，进程有望提速，这家公司业务已覆盖全球100多个国家和地区［EB/OL］.［2024-04-18］.https：//new.qq.com/rain/a/20230819A000SC00.有删减。

这一案例表明：中国的新时代终于到来了，与此同时，人民币也开始在国际上崭露头角，扮演着越来越重要的角色。人民币作为稳定的货币，已经成为世界多国的外汇货币，得到了各国的认可。不少国家愿意持有人民币，主要是由于人民币具有支付稳定、

功能多样等优势。人民币国际化已逐步从设想变为了现实，也再次证明了我国经济的日益强大，让各国见证到了我国发展的新纪元。

9.1　外汇与汇率

9.1.1　外汇的概念

外汇是国际经济交易的重要媒介，它具有动态和静态两种含义。动态的外汇指的是一种国际汇兑行为，即把一国货币兑换成另一国货币，以清偿国际债权债务关系的一种专门性经营活动。静态的外汇是指以外币表示的用于进行国际结算的支付手段和资产。

国际货币基金组织曾对外汇做过如下定义："外汇是货币行政当局（中央银行、货币管理机构、外汇平准基金组织及财政部）以银行存款、财政部国库券、长短期政府证券等形式所保有的在国际收支逆差时可以使用的债权。"按照我国 2008 年 8 月修订的《中华人民共和国外汇管理条例》规定，外汇是指下列以外币表示的可以用作国际清偿的支付手段和资产：①外币现钞，包括纸币、铸币等；②外币支付凭证，包括票据、银行存款凭证、邮政储蓄凭证等；③外币有价证券，包括政府公债、国库券、公司债券、股票等；④特别提款权；⑤其他外汇资产。

理解外汇的静态含义应把握以下两点：第一，外汇是以外国货币表示的金融资产。这有两层含义：一方面，任何以本币表示的资产都不能称为外汇；另一方面，根据静态外汇的定义，外国货币（现钞）、外币有价证券、黄金等不能视为外汇，因为这些资产不能直接用于国际结算。因此，只有在国外银行的存款，以及可以索取这些存款的有效票据（如汇票、支票、本票和电汇凭证等）才是外汇。国外银行存款是外汇的主体。第二，外汇是具有国际兑换性的金融资产。这说明，外汇必须是可以自由兑换为其他支付手段的外币资产。如果某种资产的国际自由兑换受到限制，则它就不是外汇。常用的自由兑换货币的代码及名称见表 9-1。

表 9-1　　　　　　　　　　　　常用的自由兑换货币的代码及名称

代码	名称（英文）	名称（中文）
USD	US Dollar	美元
EUR	EURO	欧元
GBP	Pound Sterling	英镑
JPY	Japan YEN	日元
CHF	Swiss France	瑞士法郎
SEK	Swedish Krona	瑞典克朗
NOK	Norwegian Krona	挪威克朗
CAD	Canadian Dollar	加拿大元
AUD	Australian Dollar	澳大利亚元

代码	名称（英文）	名称（中文）
SGD	Singapore Dollar	新加坡元
HKD	Hong Kong Dollar	港币
MOP	Macao Pataca	澳门币
MYR	Malaysian Ringgit	马来西亚林吉特
THB	Thai Baht	泰铢
KRW	Korean Won	韩元
SDR	Special Drawing Rights	特别提款权

9.1.2　汇率及其标价方法

1）汇率的概念

不同货币之间的兑换比率就是汇率，因此汇率实际上就是一种价格，按这个价格，一种货币可以兑换成另一种货币。

2）汇率的标价方法

在确定两种不同的货币之间的兑换比率时，两种货币都可以作为计算对方货币价格的标准，按照采用哪一种货币作为标准的不同，汇率有以下两种不同的标价方法。

一种是直接标价法（direct quotation），即以一定单位的外国货币作为标准，折算成一定数量的本国货币的标价方法。直接标价方法又被称为应付标价法。在直接标价法下，外国货币的数额保持固定不变，本国货币的数额随着外国货币和本国货币币值的变化而变动。一定单位外币折算成的本国货币比原来增多，说明外汇汇率上涨或本币汇率下降，即外国货币币值上升或本国货币币值下跌。反之，一定单位的外币折算成本国货币比原来减少，说明外汇汇率下降或本币汇率上升，即外国货币贬值或本国货币升值。目前我国和世界上绝大多数国家都采用直接标价法。

另一种是间接标价法（indirect quotation），也就是以一定单位的本国货币作为标准，折算成一定数量的外国货币的标价方法。在间接标价法下，本国货币的数额保持固定不变，外国货币的数额随着本国货币或外国货币币值的变化而变动。一定单位的本国货币折算成的外币数额比原来增多，说明本币汇率上升或外汇汇率下降，即本币升值或外币贬值。反之，一定单位的本国货币折算成的外币数额比原来减少，说明本币汇率下降或外汇汇率上升，即本币贬值或外币升值。目前，只有英、美等少数国家采用间接标价法。

采用间接标价法的国家，一般来说，都是曾在国际经济及政治舞台上居统治地位的国家，其货币都曾长期是最主要的国际货币。英国在金本位时期及第一次世界大战前后，在国际经济及金融领域一直占支配地位，伦敦一直是国际金融中心，英镑一直是最主要的货币，所以英镑一直采用间接标价法。第二次世界大战后，美元在国际支付和国际储备中逐渐取得统治地位。为了与国际外汇市场上对美元的标价一致，美国从1978年9月1日起除了对英镑继续采用直接标价法外，对其他货币一律改用间接标价法来公布汇价。

需要指出的是，汇率的两种不同的标示或标价方法，只是方法上的不同，即只是以本国货币还是以外国货币作为折算标准，并没有实质的区别，是一个问题的两个方面，即两种标价方法同时寓于一个兑换等式之中。例如，在 100 美元=680 元人民币的汇率关系中，从美国的角度看是间接标价法，而从中国的角度看就是直接标价法。

3）汇率的种类

汇率是多种多样的，依据分类标准不同，可以有不同种的汇率。按照银行买卖外汇的角度划分，有买入汇率、卖出汇率、中间汇率和现钞汇率。在银行的汇率报价中，会同时报出两个价格，前面的小数是银行买入基础货币卖出报价货币的价格，后面的大数是银行卖出基础货币买入报价货币的价格。例如，银行报价 USD/CNY 6.8050-6.8060，6.8050 是银行买入美元卖出人民币的价格，6.8060 是银行卖出美元买入人民币的价格。按确定汇率的方法划分，有基本汇率和套算汇率。按对外汇管理的宽严程度划分，有官方汇率和市场汇率。按外汇资金的用途划分，有贸易汇率和金融汇率。按允许使用的汇率种类多少划分，有单一汇率和复汇率。按汇率变化的方法划分，有固定汇率、浮动汇率和联合浮动等。

9.1.3　汇率的决定与影响汇率变化的主要因素

1）汇率的决定

汇率从根本上讲是各种货币价值的体现。也就是说，货币具有的或代表的价值是决定汇率水平的基础，汇率在这一基础上受其他各种因素的影响而变化，形成现实的汇率水平。在不同的货币制度下，各国货币所具有的或者所代表的价值是不同的，即汇率具有不同的决定因素，并且影响汇率水平变化的因素也不相同。

在金本位制下汇率的决定因素是铸币平价（mint par），也就是说两种货币的含金量之比是决定两种货币汇率的基础。此外，外汇市场上的汇率水平及其变化还取决于许多其他因素，最直接的就是外汇供求关系的变化。正如商品价格取决于商品的价值，但供求关系会使价格围绕价值上下波动一样，在外汇市场上，汇率也是以铸币平价为中心，在外汇供求关系的作用下上下浮动的。不过，金本位制度下由供求关系变化造成的外汇市场汇率并不是无限制地上升或下降，而是被界定在铸币平价上下一定界限内，这个界限就是黄金输送点（gold point），黄金输出点和黄金输入点共同构成了金本位制下汇率波动的上下限。总之，金本位制度下，由于黄金输送点的制约，外汇市场上汇率波动总是被限制在一定范围内，最高不超过黄金输出点，最低不低于黄金输入点。因此，由供求关系导致的外汇市场汇率波动是有限度的，汇率制度也是相对稳定的。

在信用制度下，各国货币汇率决定的基础是它们各自在国内所代表的实际价值，也就是说，货币对内价值决定货币对外价值，而货币的对内价值又是用其购买力来衡量的。因此，货币的购买力对比就成为纸币制度下汇率决定的基础。

值得注意的是，在信用货币制度下，汇率波动不再有黄金输送点的制约，波动可以是无止境的，任何能够引起外汇供求关系变化的因素都会造成外汇行情的波动。

2）影响汇率变化的主要因素

信用货币制度下影响汇率变化的主要因素有以下几个：

（1）国际收支差额

一国国际收支差额既受汇率变化的影响，又会影响到外汇供求关系和汇率变化，其中，贸易收支差额是影响汇率变化最重要的因素。当一国有较大的国际收支逆差或贸易逆差时，说明本国外汇收入比外汇支出少，对外汇的需求大于外汇的供给，外汇汇率上升，本币对外贬值；反之，当一国处于国际收支顺差或贸易顺差时，则外汇供给大于支出，同时外国对本国货币需求增加，会造成本币对外升值，外汇汇率下降。

（2）利率水平

当一国提高利率水平或本国利率高于外国利率时，会引起资本流入该国，导致对本国货币需求增大，使本币升值，外汇贬值；反之，当一国降低利率水平或本国利率低于外国利率时，会引起资本从本国流出，由此对外汇需求增大，使外汇升值、本币贬值。

利率对于汇率的另一个重要作用是导致远期汇率的变化，外汇市场远期汇率升水、贴水的主要原因在于货币之间的利率差异。高利率货币会增加市场上对该货币的需求，以期获得一定期限的高利息收入，但为了防止到期时该种货币汇率下降带来的风险和损失，人们在购进这种货币现汇时往往会采取掉期交易，卖出这种货币的远期，从而使其远期贴水；同样的道理，低利率的货币则会远期升水。

（3）通货膨胀因素

通货膨胀必然引起汇率水平的变化。具体地说，一国通货膨胀率提高，货币购买力下降，纸币对内贬值，其对外汇率下降。更确切地说，变化受制于两国通货膨胀程度之比较。如果两国都发生通货膨胀，则高通货膨胀国家的货币会对低通货膨胀国家的货币贬值，而后者则对前者相对升值。

（4）财政、货币政策

一般来说，扩张型的财政、货币政策造成的巨额财政收支逆差和通货膨胀，会使本国货币对外贬值；紧缩型的财政、货币政策会减少财政支出，稳定通货，而使本国货币对外升值。但这种影响是相对短期的，财政、货币政策对汇率的长期影响则要视这些政策对经济实力和长期国际收支状况的影响如何，如果扩张政策能最终增强本国经济实力，促使国际收支顺差，那么本币对外价值的长期走势必然会提高，即本币升值。

（5）投机资本

投机资本对汇率的作用是复杂多样和捉摸不定的。有时，投机风潮会使外汇汇率走势跌宕起伏；有时，投机交易会抑制外汇行市的剧烈波动。

（6）政府的市场干预

尽管第二次世界大战后西方各国政府纷纷放松了对本国的外汇管制，但政府的市场干预仍是影响市场供求关系和汇率水平的重要因素。当外汇市场汇率波动对一国经济、贸易产生不良影响或政府需要通过汇率调节来达到一定政策目标时，货币当局往往参与外汇买卖，在市场上大量买进或抛出本币或外汇，以改变外汇供求关系，促使汇率发生变化。为进行外汇市场干预，一国需要有充足的外汇储备，或者建立专门的基金，如外汇平准基金、外汇稳定基金等，保持一定数量，随时用于外汇市场的干预。

（7）一国经济实力

一国经济实力的强弱是决定其货币汇率高低的基础，稳定的经济增长率、低通货膨胀水平、平衡的国际收支状况、充足的外汇储备以及合理的经济和贸易结构等都标志着一国具有较强的经济实力，这不仅是本币币值稳定和坚挺的物质基础，也会使外汇市场上人们对该货币的信心增强。反之，经济增长缓慢甚至衰退、高通货膨胀率、国际收支巨额逆差、外汇储备短缺以及经济和贸易结构失衡，则标志着一国经济实力差，从而本币失去稳定的物质基础，人们对其信心下降，对外不断贬值。与其他因素相比较，一国经济实力对汇率变化的影响是长期的，即它是影响汇率变化的长期趋势。

（8）其他因素

一些非经济因素的变化往往也会波及外汇市场。一国政局不稳定、有关国家领导人的更替、战争爆发等，都会导致汇率的暂时性变化。其原因在于，无论是政治因素、战争因素还是其他因素，都会不同程度地影响有关国家的经济政策、经济秩序和经济前景，从而造成外汇市场上人们的心理预期变化。人们为寻求资金安全、保值，或者乘机进行投机，都会进行外汇交易，引起市场行情的波动。

另外，诸如黄金市场、股票市场、石油市场等其他投资品市场价格发生变化也会导致外汇市场汇率联动。这是由于国际金融市场的一体化，资金的国际自由流动，使得各个市场间的联系十分密切，价格的相互传递成为可能和必然。

9.1.4　汇率变化对经济的影响

汇率的变化反映了经济的变化，同时汇率的变化又对经济的各个层面产生重要影响。

1）汇率变化对贸易收支的影响

汇率变化一个最为直接也是最为重要的影响就是对贸易收支的影响，这种影响体现在微观和宏观两个方面：从微观上讲，汇率变化会改变进出口企业成本、利润的核算；从宏观上讲，汇率变化因对商品进出口产生影响而使贸易收支差额以至国际收支差额发生变化。

汇率变化对贸易产生的影响一般表现为：一国货币对外贬值，有利于本国商品的出口，而一国货币对外升值，则有利于外国商品的进口，不利于本国商品的出口，从而会减少该国贸易顺差或扩大贸易逆差。这是因为，一国货币的汇率发生变化后，该国商品与其他国家商品的比价也就发生了变化。如果一国货币升值或汇率上升，该国商品在国外以外国货币表示的价格就会更高，这将抑制外国居民对该国商品的需求，减少对该国商品的购买，这样该国从商品出口中所获得的外汇收入就会减少，而同时，外国商品在该国以该国货币表示的价格会下降，这就会刺激该国居民对外国廉价商品的需求，增加对外国商品的购买，该国用于进口外国商品的外汇支出将会增加；相应地，如果一国货币贬值或汇率下降，对该国国际收支的影响正好相反。

可见，一国可以通过本币贬值的手段来达到扩大出口、限制进口、改善贸易条件的目的。不过，需要说明的是，本币贬值的这种效应须满足一个有效条件，这个有效条件就是著名的马歇尔-勒纳条件（Marshall-Lerner condition），即进出口需求弹性的绝对值之和必须大于 1，也就是 $|Ex| + |Em| > 1$（Ex、Em 分别代表出口和进口的需求弹性）。而且，货币贬值导致贸易差额的最终改善需要一个"收效期"，收效快慢取决于供

求反应程度高低，而且在汇率变化的收效期内甚至会出现短期的国际收支恶化现象。这一变化过程的轨迹如同"J"形，故称J曲线效应（J curve effect）。

2）汇率变化对资本流动的影响

汇率变化对资本流动的影响一方面表现为货币升值或贬值后带来的资本流出或流入增加，另一方面也表现为汇率预期变化对资本流动的影响。当一国外汇市场上出现本国货币贬值的预期时，会造成大量抛售本币、抢购外汇的现象，资本加速外流（或外逃），这与贬值预期后资本流入增加的结果正相反；当一国外汇市场上出现本国货币升值预期时，则会形成大量抛售外汇、抢购本币的现象，使资本流入增加，这与本币升值后资本流出增加的结果正相反。

汇率变化对资本流动的影响程度有多大，或者说资本流动对于汇率变化的敏感性如何还受其他因素的制约，其中最主要的因素是一国政府的资本管制。资本管制严的国家，汇率变化对资本流动影响较小，资本管制松的国家，汇率变化对资本流动影响较大。

3）汇率变化对外汇储备的影响

在以美元为主要储备货币的时期，外汇储备的稳定性和价值高低完全取决于美元汇率的变化。美元升值，一国外汇储备相应升值；美元贬值，一国外汇储备也相应贬值。20世纪70年代初期，美元在国际市场上的一再贬值曾给许多国家尤其是发展中国家的外汇储备造成了不同程度的损失。在多元化外汇储备时期，由于储备货币的多元化，汇率变化对外汇储备的影响也多样化了。有时外汇市场汇率波动较大，但因储备货币中升贬值货币的力量均等，外汇储备就不会受到影响；有时虽然多种货币汇率下跌，但占比重较大的储备货币汇率上升，外汇储备总价值也能保持稳定或略有上升。

外汇储备多元化加之汇率变化的复杂化，使外汇储备管理的难度加大，各国货币当局因而都随时注意外汇市场行情的变化，相应地进行储备货币的调整，以避免汇率波动给外汇储备造成损失。

4）汇率变化对价格水平的影响

在信用货币制度下，用物价指数来计算的货币购买力是决定汇率的基本因素，而汇率变化又反过来会影响物价水平。现实中，一国发生通货膨胀会导致本币对外贬值，本币贬值又会产生物价上涨的压力。如果政府不能有效地加以控制，则会陷入"贬值—通货膨胀—贬值……"的恶性循环中。因此，汇率与价格水平之间的关系是汇率理论与政策研究中的一项重要内容。

5）汇率变化对微观经济活动的影响

汇率变化对微观经济活动的影响主要表现在浮动汇率下汇率频繁变化使企业进出口贸易的计价结算和对外债权债务中的风险增加。具体来说：进口商品计价货币升值或应偿还借款货币升值，都意味着债务方实际支付的增加；出口商品计价货币贬值或应收贷款货币贬值，都意味着债权方实际收入的减少。因此，对进口商和外债债务方来说，货币升值是不利的，应力争使用软货币；对出口商和外债债权方来说，货币贬值是不利的，应力争使用硬货币。但是，软、硬货币只是相对而言的，而且市场汇率变化会使其不断发生转变，这就要求企业能够对汇率变化有一个较为准确的预测，否则，汇率变化的风险随时可能转化为现实的损失。因此，外汇风险的预测及防范已成为微观经济管理中不可缺少的内容。

6）汇率变化对国际经济关系的影响

浮动汇率产生后，外汇市场上各国货币频繁的、不规则的波动，不仅给各国对外贸易、国内经济等造成了深刻影响，而且也影响着各国之间的经济关系。

如果一国实行以促进出口、改善贸易逆差为主要目的的货币贬值，尤其是以外汇倾销为目的的本币贬值，往往会引起对方国家和其他利益相关国家的反抗甚至报复，这些国家会采取针锋相对的措施，直接地或隐蔽地抵制贬值国商品的侵入，"汇率战"由此而生。

货币竞相贬值以促进各自国家的商品出口是国际上很普遍的现象，由此造成的国家之间的分歧和矛盾也层出不穷，这加剧了国际经济关系的复杂化。

9.1.5　汇率制度

汇率制度又称汇率安排，是指一国货币当局对其货币汇率的变化所做的一系列安排或规定。汇率制度作为汇率的一种基本原则，通常具有普遍适用和相对稳定的特点。一种汇率制度应该包括以下几个方面的内容：第一，规定确定汇率的依据；第二，规定汇率波动的界限；第三，规定维持汇率应采取的措施；第四，规定汇率应怎样调整。

根据汇率波动的幅度和频繁程度可以把汇率制度分为固定汇率制度和浮动汇率制度。从19世纪末（约1880年）至1973年，世界主要国家采用的是固定汇率制，1973年以后，则主要采用浮动汇率制。

1）固定汇率制

固定汇率制是指汇率的确定受平价制约，现实汇率只能围绕平价在很小的范围内上下波动。它包括金本位制下的固定汇率制和纸币本位制下的固定汇率制。

金本位制下，金币可以自由铸造和流通，银行券可以兑换成金币，金银可以自由输出和输入国境。金本位制下的汇率以铸币平价为基础，汇率的波动幅度受黄金输送点的限制，由于波动幅度小，所以汇率相对固定。

金本位崩溃之后，各国相继实行不兑现的纸币本位制度。第二次世界大战后，成立了国际货币基金组织，建立了以美元为中心的固定汇率制，该制度规定：美元与黄金挂钩，成员国的货币与美元挂钩，并与美元建立固定比价。各国货币对美元的汇率一般只能在平价的上下1%的范围内波动，超过这个波动界限，各国政府有义务对外汇市场进行干预，使汇率保持在一个相对固定的水平上。

2）浮动汇率制

浮动汇率制是指一国不再规定其货币的金平价及现实汇率波动幅度，货币当局也不再承担维持汇率波动界限的义务，而是听任外汇市场的供求变化来决定货币汇率水平的汇率制度。

浮动汇率制按不同的分类标准可以划分为不同的类型：

浮动汇率制按政府是否进行干预可分为自由浮动和管理浮动。自由浮动又称清洁浮动，它是指一国货币当局对汇率不加干预，完全听任外汇市场供求来决定本国货币的汇率。管理浮动又称肮脏浮动，它是指一国货币当局按照本国经济利益的需要，对汇率随时进行干预，以使本国货币汇率符合自己的期望值。从目前各国运作的实际情况来看，绝大多数国家都实行管理浮动。纯粹的自由浮动是不存在的，即使某些国家声称自己的货币汇率是自由浮动的，那也不过是对于某一特定时期和特定的经济条件而言。一旦汇率的波动超过其自身的承受能力，入市干预便成为政府必然的选择。

浮动汇率制按照浮动的形式不同可分为单独浮动和联合浮动。单独浮动是指一国货币不同任何外国货币有固定比价关系，其汇率根据外汇市场供求状况和政府干预的程度自行浮动。联合浮动亦称共同浮动，是指由若干个国家组成货币集团，集团内各国货币之间保持固定比价关系，对集团外国家货币则实行联合浮动。目前比较典型的是欧盟采用的联合浮动。

当今世界上的汇率制度五花八门，除上述类型之外，还有钉住汇率制、爬行钉住汇率制以及联系汇率制等，我国香港特别行政区就实行联系汇率制度。

9.1.6　人民币汇率

1）人民币汇率概述

第一，人民币是一种不能自由兑换外币的货币，汇率由国家外汇管理局统一制定和调整，每日早晨通过新华社用中文、英文和法文发布。一切外汇买卖和对外结算，除另有规定外，都必须按照国家外汇管理局公布的汇价折算。

第二，我国人民币汇率的确定，则是完全独立自主的，不受任何外来的压力与影响。

第三，人民币汇价采用直接标价法，一般以100个外币单位为标准，折算为一定数额的人民币来标价。人民币汇价有买入价、卖出价和现钞买入价三档。买入与卖出都是针对银行来说的，买入价是银行买入外汇的价格，卖出价是银行卖出外汇的价格。买卖价之间的差额为0.5%，作为银行的费用收入。

第四，人民币外汇汇价不分电汇、票汇或信汇，都采用同一汇价。买入外币汇票和旅行支票时，因考虑到银行垫付资金问题，所以要收取一定费用。

第五，目前人民币汇率挂牌的货币都是可以自由兑换的货币，有英镑、美元、瑞士法郎、港币、澳门币、新加坡元、马来西亚林吉特、澳大利亚元、加拿大元、丹麦克朗、芬兰马克、日元、挪威克朗、瑞典克朗等。

2）人民币汇率的沿革

在国民经济的恢复时期（1949—1952年底），人民币汇率的制定基本上与物价挂钩。在社会主义建设时期至1967年底，中国汇率制度的显著特点是汇价与计划固定价格和计划价格管理体制的要求相一致，人民币汇率与物价逐渐脱钩。1968—1978年期间，为了规避汇率风险，人民币实行对外计价结算，根据这一时期中国在对外贸易中经常使用的若干货币在国际市场上的升降幅度，加权计算出人民币汇率。1973年之前，人民币实行钉住英镑的固定汇率制度，1973年之后，实行钉住"一篮子货币"的固定汇率。改革开放以后，人民币汇率改革采取了渐进的方式走向市场化。1985年恢复单一汇率，人民币汇率采取固定的可调整的汇率制度，主要钉住美元，不定期地进行阶段性的较大幅度的调整。从 1991 年 4 月 9 日起，中国人民银行开始对官方汇率实行有管理的浮动，经常微调汇率，从而增加了汇率变动的灵活性和敏感性，减轻了汇率大幅度调整对经济所产生的影响。1994 年 1 月 1 日，我国政府对外汇体制进行了重大改革，主要内容包括：

① 实行以市场供求为基础的、单一的、有管理的浮动汇率制，改变以前官方汇率与调剂汇率并存的状况。企业和个人按规定向银行买卖外汇，银行进入银行间外汇市场进行交易，形成市场汇率。中央银行设定一定的汇率浮动范围，并通过调控市场保持人民币汇率稳定。

② 实行银行结售汇制度，人民币在经常账户下实现有条件的可兑换。

③ 建立银行间外汇市场。为了保证结售汇制度的正常运行，使银行间的外汇盈缺能够及时调整，从 1994 年开始，我国建立了以上海为中心的银行间外汇交易市场，各外汇指定银行作为会员单位进入市场进行交易，外汇的盈缺通过银行间外汇市场予以解决。

④ 人民币汇率确定方法采用供求定价法，即在考虑以往汇率水平、各种其他汇率决定方式的基础上，主要由外汇市场的供求决定汇率水平的一种汇率确定方法。

虽然外汇体制较以往有了较大的进步，汇率形成机制更加合理，但此种体制仍然存在一定的局限性，主要表现为：人民币仍然不是完全可自由兑换的货币，货币的兑换在很多方面受到限制；汇率形成机制仍然是不健全的；结售汇制度的范围存在一定的局限性，削弱了供求力量在汇率形成过程中的作用。

2002 年以后，我国政府出台了一系列措施，人民币逐渐向资本项目下的有条件自由兑换过渡，但仍然以钉住美元为基本汇率政策。

2005 年 7 月 21 日，中国人民银行发布公告：经国务院批准，我国开始实行以市场供求为基础、参考"一篮子货币"进行调节的、有管理的浮动汇率制度。此次汇率改革，人民币对美元一次性升值 2%，人民币汇率不再钉住单一美元，而是按照我国对外经济发展的实际情况，选择若干种主要货币，赋予相应的权重，组成一个货币篮子。篮子货币的确定以对外贸易权重为主，主要包括美元、欧元、日元、韩元、新加坡元、英镑等 11 种货币。

对人民币汇价的管理，中国人民银行于每个工作日闭市后公布当日银行间外汇市场美元等交易货币对人民币汇率的收盘价，作为下一个工作日该货币对人民币交易的中间价格。银行间外汇市场人民币对美元买卖价在中国人民银行公布的市场交易中间价上下 0.3% 的幅度内浮动，欧元、日元、港元等非美元货币对人民币交易价浮动幅度为上下 3%。外汇指定银行在规定的浮动范围内确定挂牌汇率，对客户买卖外汇。银行对客户美元挂牌汇价实行价差幅度管理，美元现汇卖出价与买入价之差不得超过交易中间价的 1%，现钞卖出价与买入价之差不得超过交易中间价的 4%，银行可在规定价差幅度内自行调整当日美元挂牌价格。银行可自行制定非美元对人民币价格。

"7·21"汇率改革之后，人民币对外汇的业务种类进一步增加，浮动区间增大，同时实行了更加市场化的交易方式。

① 从交易主体看，除银行外，符合条件的非金融企业和非银行金融机构都可以进

入即期银行间外汇市场，并扩大远期结售汇业务的试点银行范围。2005年8月2日，中国人民银行发布通知扩大外汇指定银行对客户远期结售汇业务和开办人民币与外币掉期业务。2005年8月15日，中国外汇交易中心正式推出银行间远期外汇交易品种。

②从交易机制看，改外汇单向交易为双向交易，2006年1月4日起，在银行间即期外汇市场上引入询价交易方式，在银行间外汇市场上引入做市商制度。中国外汇交易中心于每日开盘前向所有做市商询价。

③从业务品种和范围看，批准中国外汇交易中心开办外币对外币的买卖，引进人民币对外币掉期业务，增加银行间市场交易品种，开设远期和掉期外汇交易。

④从汇价管理看，扩大银行间市场非美元货币浮动区间，取消银行对客户非美元货币挂牌汇率浮动区间的限制，扩大美元现汇与现钞买卖差价，允许一日多价等。

⑤从结售汇头寸管理看，实行银行结售汇综合头寸管理，大幅增加银行体系的总限额，统一中外资银行管理政策和限额核定标准。同时改进外汇管理，提高境内居民个人经常项目下因私购汇指导性限额，简化购汇手续；提高境内机构保留经常项目外汇收入的比例，便利居民和企业的用汇需求；调整银行为中国境外投资企业融资提供对外担保的管理方式，鼓励企业对外投资。

从2007年5月起，人民币对美元名义汇率的日均波动区间由3‰上调至5‰。2005年7月至2008年6月，人民币对美元的名义汇率升值幅度已经超过20%。

2010年6月19日，中国人民银行重新启动了人民币汇率形成机制改革。这次改革实质上是2005年7月改革的延续，中国政府重申了以市场供求为基础、参考"一篮子货币"、人民币对主要货币日均波幅5‰的管理浮动汇率制度。

2012年4月21日，央行宣布将银行间外汇市场汇率的浮动区间扩大至1%，2014年4月，汇率的日波幅进一步扩大至2%。相较汇率弹性的增强，汇率中间价的市场化改革则相对滞后。与此同时，从2014年开始，我国的经济环境也发生了变化，人民币汇率面临贬值压力。2013年底，美国开启货币政策正常化进程，美元随之走强，并带动人民币相对于全球其他主要货币有效汇率升值。而在此期间，中国经济增速有所放缓，走强的人民币汇率和走弱的实体经济出现矛盾，使得市场对人民币由升值预期转向贬值预期，人民币汇率中间价与交易价差距加大。

2015年8月11日，中国人民银行宣布优化人民币对美元汇率的中间价报价机制。改革内容主要包括两方面：第一，做市商在对人民币对美元中间价报价时主要参考上一交易日的汇率收盘价；第二，8月11日当天央行一次性将人民币对美元汇率中间价贬值1 136个基点。"8·11汇改"对市场造成了不小的冲击，此后人民币汇率进入了近一年半的贬值区间，并伴随着资本的大规模流出。

面对"8·11汇改"引发的市场剧烈波动，央行及时调整汇率中间价形成机制以稳定市场。央行于2016年2月正式发布新的人民币汇率中间价的定价公式，即"中间价=上一交易日收盘价+一篮子货币汇率变化"，要求做市商在对中间价报价时，适度调整人民币对美元汇率，以维持人民币对一篮子货币汇率的基本稳定。2016年下半年开始，人民币面临的贬值压力再度抬升，2017年5月26日，央行宣布在人民币汇率中间价定价机制中引入"逆周期因子"，逆周期因子由反映市场供需情况的汇率变动经过逆周期系数调整后得到，至此形成了现行的"上一交易日收盘价+一篮子货币汇率变化+逆周期因子"三因素共同决定的汇率中间价形成机制。此后，人民币汇率的单边贬值预期逐步化解并逆转，人民币汇率企稳回升，开启双边浮动模式，人民币汇率波动的弹性也在逐步加大。

"8·11汇改"的启动是我国汇率市场化改革进程中的重要一步。在市场对人民币由升值转向贬值预期的状况下，启动汇率改革，下调人民币汇率，是纠正被高估的人民币对美元汇率、缓解贬值预期的合理选择。此外，"8·11汇改"重点优化了人民币汇率中间价形成机制，使得中间价的形成主要由外汇市场供求情况决定，做市商报价来源更为透明，很大程度上缩小了央行对汇率中间价的操控空间。同时"8·11汇改"也是促进人民币加入SDR、推动人民币国际化进程的重要助力。但不可否认的是，此次汇改后引发的一系列市场震荡并非偶然，我们在肯定成果的同时，也需要吸取教训、总结经验。

9.2　国际收支

9.2.1　国际收支的概念

国际收支（balance of payment，BOP）从狭义上讲是指一个国家在一定时期（通常为一年）内必须与其他国家结清的各种到期支付的差额，它仅仅包括各种收支中必须立即清算和收付的那一部分款项。国际贸易和国际借贷中尚未到期的，无须立即结算的，以及没有外汇收支的交易，如易货贸易和无偿援助等则不列入国际收支。随着国际交往在规模和范围上的扩展，上述国际收支的含义已不能完全反映国际交易的全貌，也不能满足分析的需要，因而一般都不再采用这一概念，转而采用广义的国际收支概念。

广义的国际收支是一国居民与外国居民之间在一定时期内全部经济交易的系统记录。2008年，国际货币基金组织出版的《国际收支和国际投资头寸手册》（第六版）对国际收支的定义为：国际收支是某个时期内居民与非居民之间的交易汇总统计表，组成部分有货物和服务账户、初次收入账户、二次收入账户、资本账户和金融账户。

9.2.2　国际收支平衡表

一国的国际收支状况是通过国际收支平衡表来反映的。国际收支平衡表是系统地记录一个国家一定时期（通常为一年）内全部国际收支项目及金额的统计报表。

国际收支平衡表是按照复式簿记的原理编制的。在表中，全部经济交易被划分为借方（或付方）、贷方（或收方）和差额三项，用以反映一定时期内对外经济活动的状况。一切收入或负债增加、资产减少记入贷方，一切支出或资产增加、负债减少记入借方。

各国国际收支平衡表的内容依自身经济状况不同，繁简不一，但大多数国家都包括经常项目、资本项目和平衡项目。

1）经常项目

经常项目显示的是居民与非居民之间货物、服务、初次收入和二次收入的流量，是国际收支平衡表中最主要和最基本的项目。

（1）货物项目（又称贸易收支或有形收支）

它包括商品的进口和出口。按照国际货币基金组织的有关规定，商品的进口和出口以海关统计为准，而且应按离岸价格（FOB）计算。若当期出口收入大于进口支出就称为贸易收支顺差；反之，若当期进口支出大于出口收入，则称为贸易收支逆差。

（2）服务项目（又称劳务收支或无形收支）

它包括运输、旅游、通信服务、建筑服务、保险服务、金融服务、计算机和信息服务、专有权利使用费和特许费、咨询、广告与宣传、电影和音像及其他商业服务等劳务的收入与支出。在平衡表上，收入记贷方，支出记借方。

（3）初次收入账户

初次收入账户显示的是居民与非居民机构单位之间的初次收入流量。编报经济体应收的初次收入记入贷方，应付的初次收入记入借方。

① 与生产过程相关的收入。雇员报酬是向生产过程投入劳务的收入。对产品和生产的税收和补贴也是有关生产的收入。

② 与金融资产和其他非生产资产所有权相关的收入。财产收入是提供金融资产和出租自然资源所得的回报。投资收益是提供金融资产所得的回报，包括股息和准公司收益提取、再投资收益和利息。

国际账户将初次收入分成以下类型：（a）雇员报酬；（b）股息；（c）再投资收益；（d）利息；（e）归属于保险、标准化担保和养老基金保单持有人的投资收益；（f）租金；（g）对产品和生产的税收和补贴。

（4）二次收入账户

二次收入账户表示居民与非居民之间的经常转移。各种不同类型的经常转移计入本账户，表明其在经济体间收入分配过程中的作用。

经常转移是一个机构单位向另一个机构单位提供货物、服务、金融资产或其他非生产资产而无相应经济价值物品的回报。单方面无对等的经济交易也称价值的单方面转移或无偿转移收支。转移收支可分为政府转移收支和私人转移收支两大类。政府转移收支主要包括政府间经济和军事援助、战争赔款、捐赠等。私人转移收支包括侨汇、年金和馈赠等。经常转移所形成的收入记入贷方，经常转移所形成的支出记入借方。

2）资本和金融项目

资本项目主要是用于记录资本的输出和输入总额，反映以货币表示的债权债务在国家间的转移。它一般由长期和短期资本所构成。第二次世界大战后，随着经济的发展和国际经济交易的日益频繁，资本输出输入规模越来越大，因而资本项目在一些国家的国际收支平衡表中的地位也日益重要。

（1）资本项目

资本项目记录居民与非居民之间的资产转移，主要包括资本转移与非生产、非金融资产交易。资本转移，记录固定资产所有权的变更及债权债务的减免等导致交易一方或双方资产存量发生变化的转移项目。非生产、非金融资产交易，记录与商品和劳务的生产相关但本身不能被生产出来的有形资产（如土地和地下资源等）及非生产性的无形资产（如商标、专利权、版权等）在一国和他国之间的交易。资本的流入记入贷方，资本的流出记入借方。

（2）金融项目

金融项目记录居民与非居民之间投资与借贷的增减变化，包括本国对外资产和负债的所有权变动的所有交易。它由直接投资、证券投资、其他投资构成。

3）平衡项目

在国际收支平衡表中，由于经常项目的收支总是不平衡的，因此必然会出现顺差或逆差。当一定时期国际收支出现不平衡时，就必须通过增减国家储备来求得平衡，所以这一项目又称官方储备。

（1）错误与遗漏

错误与遗漏是一个人为设计的平衡项目，用于轧平国际收支平衡表中最终的余额。在编制国际收支平衡表时，有些统计数字发生错漏是在所难免的，这是因为：①资料来源不一，有的来自海关统计，有的来自官方机构的调查数据。②资料不全，如走私、资本外逃、私自携带现钞出入境，使精确数字不易掌握。③资料本身错漏，由于主观原因有些数字有计算错误，有的仅仅是估算数字。由于上述种种原因，须设立这一项目来估算一下错漏总额，以便轧平国际收支差额。

（2）官方储备

官方储备是指一个国家的金融当局持有的储备资产及对外债权，包括货币性黄金、外汇、特别提款权和其在国际货币基金组织的储备头寸（普通提款权）。

一个国家的国际收支出现顺差或逆差时，可以通过增减其官方储备来求得平衡。

9.2.3 国际收支平衡表的差额

当前，考察国际收支状况主要注意四个差额：一是贸易收支差额，等于商品出口减商品进口（按绝对额计算），或等于商品出口加商品进口（按BOP记账符号计算）；二是商品、服务和收益差额，等于商品交易差额加服务收支差额和收益差额；三是经常项目差额，等于商品、服务和收益差额加单方转移收支差额；四是基本国际收支差额，等于经常项目差额加长期资本移动差额。

拓展阅读 9-1

中国民生银行首席经济学家温彬：我国国际收支全面好转 2023年初以来的资本净流出态势发生逆转

9.2.4 国际收支平衡表的分析

一国的国际收支平衡表，反映该国一定时期对外资金流量与流向的变动。一方面，一定时期一个国家对外资金流量与流向的变动，不仅受到本国政治、经济等因素的影响，而且还受到其他国家各种因素的影响；另一方面，一国的国际收支状况，不仅会影响本国国内的各个方面，还会影响其他国家。由此可见，对国际收支平衡表的分析是何等重要。只有通过对本国国际收支状况的分析，结合对相关国家的国际收支状况的分析，才可以找到造成本国国际收支不平衡的具体原因，从而为一个国家制定对内对外经济金融政策提供依据。

对国际收支平衡表的分析，通常可以分为两个部分：一般性分析和项目分析。对国际收支平衡表的一般性分析包括对国际收支平衡表本身进行整体分析，对国际收支平衡表进行历史纵向分析，对国际收支平衡表进行横向国别分析，对一国国内经济、金融政策对该国国际收支的影响进行分析，对有关国家的经济、金融政策以及重大国际事件对一个国家国际收支状况的影响进行分析，以及对国际收支平衡表进行动态分析。项目分析包括对国际收支平衡表的各个项目的变动原因以及影响的分析。

9.2.5 国际收支的平衡、失衡及调节

按照复式簿记原理编制的国际收支平衡表，它的平衡或者均衡只是形式上的。实际上，一国国际收支常常出现失衡状况，要么是支大于收（逆差），要么是收大于支（顺差）。

1）国际收支的平衡与失衡

如何判断一国国际收支是平衡的还是不平衡的，目前国际上通用的方法是将国际收支平衡表上的各个项目区分为两种不同性质的交易，即自主性交易和调节性交易。

自主性交易是指交易者出于自身的交易动机和需要进行的交易，它包括经常项目和资本项目中的长期资本收支。调节性交易则是指在自主性交易产生不平衡时所进行的用来调节而发生的弥补性交易，包括资本项目中的短期资本和国际储备项目的变动。自主性交易又称事前交易，调节性交易又称事后交易。

通常判断一国国际收支是否平衡，主要看自主性交易是否收支平衡。自主性交易的收入与支出相等即被视为国际收支平衡，收入大于支出为顺差，支出大于收入为逆差。对一国国际收支而言，由于自主性交易是出于交易者个人动机的，所以收入与支出的结果就表现为：平衡是暂时的和相对的，而不平衡则是绝对的和长久的。

2）国际收支失衡的主要原因

造成国际收支失衡的原因是多种多样的，根据国家的具体情况和不同时间条件，引发失衡的原因各异。概括起来有以下几个方面：

① 经济周期变化对国际收支的影响。经济发展存在着周期性，在经济周期的各个不同阶段，国际收支会受到不同的影响。繁荣时期，由于生产增长，出口会增加，同时，繁荣时期投资的机会增多，会吸引资本流入，可能导致国际收支出现顺差。萧条时期，生产下降，投资机会减少，使出口萎缩，资本外流，国际收支可能出现逆差。

② 经济结构对国际收支的影响。各国由于地理环境、资源分布、技术水平和劳动生产率等经济条件的不同，形成了不同的经济布局和产业结构，从而形成各自的进出口商品结构。当国际上对某种商品的生产和需求发生变化时，如果该国不能相应地调整其产业结构和出口商品结构，就会引起贸易和国际收支的失衡。此种原因引发的失衡往往是长期的，并且是很难调节的。

③ 货币流通状况对国际收支的影响。如果一国发生通货膨胀，国内物价上涨，其出口商品成本随之提高，削弱了产品在国际市场上的竞争力，使出口减少而进口增加，可能造成国际收支逆差。反之，如果出现通货紧缩，物价下跌，可能导致出口上升而进口下降，造成国际收支的顺差。

④汇率变化对国际收支的影响。在浮动汇率条件下，汇率随外汇市场货币供求关系变化对国际收支影响较大。当本币汇率上升时，会打击出口，刺激进口。在其他条件不变的情况下，使国际收支发生逆差。反之，本币汇率下降将可能使国际收支出现顺差。

除上述因素之外，一国政局的动荡、宏观经济政策的变化、严重的自然灾害和战争等因素也会作用于贸易和资本流动而使国际收支产生变化。

影响国际收支变化的各因素往往互相作用，引起连锁反应。失衡可能是不同影响因素所发生效应的叠加，也可能是不同影响因素所发生效应的相互冲抵。当正反两方面因素的作用结果是一方大于另一方时，国际收支的失衡就不可避免了。

3）国际收支的调节

一国国际收支失衡，若不及时调整，会直接影响对外扩大贸易往来的能力和信誉，不利于国内经济的发展。如果出现国际收支大量逆差，使外汇供应短缺、外币汇率上升、本币汇率下降，此时短期资本就会大量外逃，妨碍本国经济的发展，使国际收支恶化。如果出现国际收支大量顺差，外币汇率下降的同时，本币汇率会上升，其结果是抑制出口，并增加国内货币供应和通货膨胀的压力。因此，一国出现国际收支失衡时，通常都要采取措施进行调节。

各国根据自身国际收支失衡的原因和特点可采取相应的措施进行调节。一般有以下几种调节措施可供选择。

（1）外汇缓冲政策

外汇缓冲政策是指一国政府为对付国际收支不平衡，把黄金和外汇储备作为缓冲体，通过中央银行在外汇市场上买卖外汇，来消除国际收支不平衡所形成的外汇供求缺口，从而使国际收支不平衡所产生的影响仅限于外汇储备的增减，而不致使汇率急剧变化和进一步影响本国的经济。外汇缓冲政策的优点是简便易行，但有局限性，因为一国外汇储备的数量总是有限的，所以它不适于对付长期、巨额的国际收支逆差。如果完全依靠外汇缓冲政策，可能导致该国外汇储备的枯竭。

（2）财政政策

财政政策是指财政部门用扩大或缩小财政开支和提高或降低税率的办法来平衡国际收支。当一国国际收支发生逆差时，往往实行紧缩型的财政政策，一方面削减财政支出，另一方面提高税率以增加财政收入，减少投资和消费，降低对商品的需求，迫使物价下跌，从而达到扩大出口、减少进口、改善国际收支的目的。若国际收支发生顺差，则实行扩张型的财政政策，抑制出口、增加进口，以减少国际收支顺差。

（3）货币政策

货币政策亦称金融政策，是西方国家普遍采用的调节国际收支的政策措施，主要包括贴现政策和改变存款准备金比率政策。

①贴现政策。通过改变再贴现率，影响市场利率。因为市场利率的升降既影响资本流出的规模，也影响投资、消费需求和贸易收支，从而影响国际收支。

②改变存款准备金比率政策。逆差时调高存款准备金比率，可使信贷规模缩小，需求和进口下降，促使国际收支达到平衡。

（4）汇率政策

汇率政策是指一国通过调整汇率来实现国际收支平衡的政策措施。当一国国际收支发生逆差时，可采取降低本国货币汇率，提高外汇汇率的办法，使本国商品在国外市场上以外币计算的价格下跌，以达到扩大出口抑制进口的目的。要实现这一点必须具备的条件是：自由贸易、国内外物价稳定及进出口商品需求的价格弹性之和大于1，这样才能使国际收支得到改善。反之，如一国发生国际收支顺差，则可采取使本国货币升值、外汇汇率下降的办法，扩大进口、抑制出口，以减少顺差。

（5）直接管制

直接管制是指政府通过发布行政命令，对国际经济交易进行行政干预，以实现国际收支平衡的政策措施。直接管制包括贸易管制和外汇管制。贸易管制是指对贸易本身实行的直接管制，如进口许可证、进口配额管理等。外汇管制是指对外汇汇率、外汇买卖、外汇收支和国际结算等采取一些限制性的措施。

当一国国际收支发生逆差时，一般要加强直接管制使逆差减少；当国际收支发生长期性顺差时，要放松直接管制，使顺差减少。直接管制常能起到迅速改善国际收支的作用，但并不能真正解决国际收支平衡问题，而且一旦取消管制，不平衡就会重新出现。此外，实行管制政策既为国际经济组织所反对，又会引起他国的反抗和报复，所以在运用这项政策时应谨慎。

当一国国际收支发生不平衡时，需针对形成的原因采取相应的政策措施，有时也需要各种措施的配套使用，才会使国际收支的调节取得比较理想的效果。

✓ **新闻资讯 9-1** --

2023年上半年我国国际收支基本保持平衡

国家外汇管理局最新数据显示，2023年上半年，我国经常账户顺差1 468亿美元；资本和金融账户中，直接投资资产增加889亿美元，负债增加254亿美元；储备资产增加417亿美元。

国家外汇管理局副局长、新闻发言人王春英表示，2023年上半年，我国国际收支保持基本平衡。具体来看，呈现出如下特点：

货物贸易顺差处于历史同期较高水平。2023年上半年，我国国际收支口径的货物贸易顺差2 933亿美元，为历年同期次高值。其中，货物贸易出口15 264亿美元，进口12 332亿美元。我国制造业高质量发展为对外贸易持续提供新动能，同时机电产品、劳动密集型产品等传统产品出口保持稳定，支撑我国经常账户保持合理规模顺差。

服务贸易逆差逐步向常态水平回归。2023年上半年，服务贸易逆差1 021亿美元，旅行、运输为主要逆差项目。其中，旅行逆差814亿美元，同比增长67%，主要是居民个人跨境旅行呈现恢复态势，旅行支出和收入均呈现增长；运输逆差416亿美元，主要是全球运力供给逐步恢复，我国运输服务收支正向疫情前水平回归。

资本项下跨境资金流动总体趋稳。从境外资本流入情况看，2023年上半年，来华直接投资保持资金净流入，其中吸收来华股权投资净流入323亿美元；来华证券投资更加积极，其中股票项下净流入同比明显增加，债券项下逐步恢复净流入；外债余额更加稳定。从我国对外投资情况看，对外直接投资有序发展，其中对外股权投资净流出 559 亿美元；对外证券投资同比有所放缓。

资料来源：董彬.国家外汇管理局：上半年我国国际收支保持基本平衡〔EB/OL〕.〔2024-04-21〕.https://new.qq.com/rain/a/20230804A08EWA00.html.

9.3　国际信贷

国际信贷（international credit financing）是指一个或几个国家的借款人将一定数额的资金，按约定的利率和期限借给贷款人，并按约定收回本金和利息的资金借贷活动。

国际信贷融资是市场经济发展的必然产物，是国际资本流动和国际金融市场资金融通的重要方式。

国际信贷的产生与发展对世界经济贸易的发展起到了重要的推动作用，促进了国家间政治、经济关系的发展，也推动了国际金融市场的发展。国际信贷融资按照运作方式，可分为出口信贷、国际商业银行贷款、国际金融机构贷款、政府贷款等形式。

9.3.1　出口信贷

出口信贷（export credit）是出口国政府为了支持和扩大本国大型设备的出口，加强本国商品的国际竞争能力，以利息补贴和提供信贷担保的方式，鼓励本国银行向本国出口商或外国进口商（或进口方银行）提供优惠性中长期贷款的一种融资方式。

世界经济、科技的高速发展推动了国际贸易的快速增长，不仅国际贸易额发生了巨大增长，而且贸易结构也发生了巨大变化。大型成套设备、大型数控机床、大型通信设备等金额巨大的高科技产品在国际贸易中占据了越来越大的比重。这些设备技术复杂，成本高昂，生产周期长，进出口商都需要期限较长的信贷资金支持，客观上要求出口国提供出口信贷支持。随着经济自由化和世界经济一体化的发展，各国经济的相互依存度越来越高，国际贸易的重要性日益突出，出口信贷融资已成为促进国际贸易发展的重要手段。

出口信贷具有四个突出特点。一是与出口贸易相联系。出口信贷必须与贷款国的出口贸易项目相联系，而且通常规定出口资本货物的国产化率必须达到一定的标准。二是贷款条件优惠。出口信贷通常由出口国的官方金融机构，或是获得官方利息补贴等财政拨款支持的私人商业银行提供，其贷款条件比金融市场一般贷款条件优惠，贷款利率低于市场利率，利差由出口国政府给予补贴。三是政府承担风险。由于出口信贷期限长、金额大，信贷银行存在较大的风险。因此，国家一般设有专门机构对发放出口信贷的银行提供安全保障措施——信贷保险，如果发生不能收回货款的情况，信贷保险机构就予以补偿。四是国家设立专门机构管理出口信贷资金。这种国家信贷机构一般在出口信贷金额巨大、商业银行信贷资金不足的情况下，发放出口信贷来支持出口。例如，美国的习惯做法是由商业银行和进出口银行共同承担出口信贷，英国曾规定由国家出口信贷保证局提供超过商业银行存款 18% 的那部分出口信贷额。出口信贷的主要类型有卖方信贷、买方信贷、福费廷、信用安排限额、混合贷款、签订存款协议等。

1）卖方信贷

卖方信贷（supplier's credit）是指在大型机械装备与成套设备贸易中，为便于出口商以延期付款方式出卖设备，出口方银行向出口商提供的中长期信贷。

发放卖方信贷的具体业务程序与做法是：

① 买卖双方签订合同，出口商（卖方）以延期付款或赊销方式向进口商（买方）出售大型设备。

② 进口商（买方）先支付10%～15%的订金，在分批交货验收和保证期满时，再分期付给10%~15%的货款，其余70%～80%的货款在全部交货后若干年内分期偿还（一般每半年还款一次），并支付延期付款期间的利息。

③ 出口商（卖方）凭出口单证向其所在地的银行商借贷，签订贷款协议，获得优惠贷款以补充周转资金。

④ 进口商（买方）随同利息分期偿还出口商（卖方）货款，出口商（卖方）再根据贷款协议，以此款项偿还银行贷款。

出口商向银行借取卖方信贷，除按出口信贷利率支付利息外，还需支付信贷保险费、承担费、管理费等。这些费用均附加于出口设备的货价之中，但每项费用的具体金额进口商不得而知。所以，延期付款的货价一般高于以现汇支付的货价，有时高出3%～4%，有时甚至高出8%～10%。

卖方信贷具有自身的优点。出口商获得了贷款支持，可以向进口商提供延期付款的优惠条件，增强了竞争能力。进口商得到了延期付款的便利，解决了其筹集现汇资金进行支付的困难。贷款手续比较简单，费用较低。但是，卖方信贷是以商业信用为基础的，出口商和出口方银行要承担较大的风险，出口价格中包含了贷款的利息和费用，计算比较复杂，价格透明度较差，货价较高，不利于谈判成交。

2）买方信贷

买方信贷（buyer's credit）是指在大型机械装备或成套设备贸易中，为扩大本国设备的出口，由出口方银行直接向进口商或进口方银行提供的信贷融资。买方信贷包括出口方银行贷款给进口商和进口方银行两种。出口方银行贷款给进口方银行后，进口方银行再向进口商提供信贷，这是一种间接提供出口信贷的买方信贷。

（1）直接贷款给进口商（买方）

这种买方信贷的业务程序与做法是：

①进出口商双方洽谈，签订贸易合同，进口商（买方）先支付相当于货价15%的现汇订金。现汇订金在贸易合同生效日支付，也可在合同签订后的60天或90天支付。②在贸易合同签订后至预付订金前，进口商（买方）以贸易合同为依据，再与出口方银行签订贷款协议。③进口商（买方）用其借得的款项，以现汇付款条件向出口商（卖方）支付货款。④进口商（买方）按贷款协议的条件，分期偿付出口方银行贷款本息。

（2）直接贷款给进口方银行

这种买方信贷的业务程序与做法是：

①出口双方洽谈，签订贸易合同，进口商（买方）先付15%的现汇订金。②签订合同后预付订金前，进口方银行与出口方银行签订买方信贷协议（该协议以前述贸易合

同为基础，但在法律上具有相对独立性）。③进口方银行将其所借款项转贷于进口商（买方），后者以现汇条件向出口商（卖方）支付货款。④进口方银行根据贷款协议分期向出口方银行偿还贷款。⑤进口商（买方）与进口方银行间的债务按双方商定的办法在国内清偿结算。

在上述两种形式的买方信贷协议中，分别规定了进口商或进口方银行需要支付的信贷保险费、承担费、管理费等的具体金额，这就比卖方信贷更有利于进口商了解真实货价，核算进口设备成本，但有时信贷保险费也被直接加入贸易合同的货价中。

买方信贷的业务程序和各方关系较为复杂，费用较高，银行要承担一定的风险，但买方信贷具有明显的优点。买方信贷能够提供更多的融通资金，有利于进出口双方洽谈和组织业务。对进口商而言，出口商以现汇方式报价，报价中不含贷款的利息和费用，便于了解货物的价格成本，争取更有利的贸易信贷条件。对出口商而言，既省去了向银行寻求贷款的麻烦，又可以及时得到货款，减轻了贸易风险，改善了财务报表情况。对进出口方银行而言，承接买方信贷可拓宽与企业联系的渠道，扩大业务量，增加收入来源，有利于银行减轻风险。所以，买方信贷方式应用最为普遍。

3）福费廷

福费廷（forfaiting）也称票据包买业务，是指在延期付款的大型设备贸易中，出口商把经进口商承兑的远期汇票无追索权地（without recourse）售予出口方银行或大金融公司，从而提前取得现款的一种资金融通形式。它是出口信贷的一个类型，其实质是一种没有追索权的贴现业务。福费廷的名称源于法语，意指放弃某种权利，从 1965 年开始在西欧国家推行，近年来在世界设备贸易中得到普遍发展。福费廷业务中提供融资的银行或金融公司称为福费廷公司或票据包买商，通常是国际性大银行的附属机构（银行或公司）。福费廷业务具有明显的特点：融资业务与国际资本货物贸易相结合；福费廷公司承担主要风险；融资票据有进口方银行或金融机构的担保；融资期限为中长期，一般在半年以上，最长可达 10 年。

福费廷出口信贷业务的具体流程是：

①进出口商在洽谈机器设备等资本货物贸易时，如欲使用"福费廷"，应事先和当地福费廷公司约定，以便做好各项信贷安排。②出口商与进口商签订贸易合同，规定使用福费廷，出口商向进口商签发远期汇票，并取得进口商往来银行的担保（但担保银行要经出口方银行认可其资信），保证在进口商不能履行支付义务时，由其最后付款。③出口商发运设备后，将全套货运单据按合同规定通过银行的正常途径，寄送给进口商，以换取经进口商承兑，并经有关银行担保的承兑汇票或本票。④出口商取得这种远期汇票或本票后，按照与买进这项票据的福费廷公司的原约定，以无追索权的方式将该项票据出售给福费廷公司，取得现款。

福费廷类似于票据贴现业务，但又比一般贴现业务复杂得多。①一般票据贴现在遭到拒付时，银行对出票人具有追索权；而福费廷业务则是一种无追索权的贴现，出口商在向银行贴现时是一种卖断，票据拒付风险完全由贴现票据的银行承担。②一般票据贴现通常不需要银行担保，而办理福费廷业务的票据必须有一流银行的担保。③一般票据贴现的手续比较简单，费用负担一般按当时市场利率收取贴现息；而办理福费廷业务手续比较复杂，费用较高，除按市场利率收取利息外，一般还收取管理费、承担费等，这些费用最后还是转嫁到货价中。

福费廷业务对出口商相当有利。它使出口商及时获得现金，加速资金周转，促进设备的出口；减少出口商资产负债表中的国外负债，提高企业资信度；信贷管理、票据托收的费用与风险均转嫁给银行，出口商不受汇率变化与债务人情况变化的风险的影响。对进口商来讲，利用福费廷业务，利息与所有的费用负担均计算在货价之内，一般货价较高，但手续比较简便。

知识链接 9-1

国内信用证福费廷业务

信用证是指银行根据买方的请求，开给卖方一种保证承担支付货款责任的书面凭证。"福费廷"，又称买断，是银行根据客户受益人或其他金融机构的要求，在开证行、保兑行或其他指定银行对信用证项下的款项做出付款承诺后，对应收账款进行无追索权的融资。

随着国内贸易的不断发展，为了保证买卖双方的利益，信用证的使用越来越多，但是很多都是以延期信用证作为支付方式，卖方在发货后的一段时间内才能收到货款。虽然货款有保障，但这个收款周期造成卖方流动资金紧张的问题。

近几年银行推出了国内信用证"福费廷"业务，大大地解决了卖方在发货后货款不能尽快到账的问题。"福费廷"买入业务可以把信用证变成现金，卖方把信用证转让给贷款行，进行融资，类似抵押贷款。这种贸易融资行为也给企业提供了一种尽早获得货款的融资方式，而且企业无须占用银行授信额度，就可以从银行提前获得应收资金。

目前信用证运用最多的是贸易行业，如机器设备、大宗贸易等。由于企业开立信用证有一定的门槛，所以目前国内有很多代开国内信用证的企业，以上市公司、国企央企居多，而且由于信息不对等，存在大量居间商，目前也已经发展得相对成熟。随着信用证业务越来越多元化，目前最令人担忧的就是国内信用证功能异化，信用证开立最基础的条件就是真实贸易的背景，但是很多时候其功能从一种结算方式变成了一个纯融资工具，不是为了贸易便利而融资，而是为了套取融资而虚构贸易。

资料来源：佚名.国内信用证福费廷业务［EB/OL］.［2024-04-28］. https://baijiahao.baidu.com/s? id=1665195009635013935&wfr=spider&for=pc.

4）其他形式的出口信贷

信用安排限额（credit line agreement）是 20 世纪 60 年代后期发展起来的一种新型的出口信贷形式，其主要特点是，出口方银行为了扩大本国一般消费品或基础工程的出口，给予进口方银行以中期贷款限额的融资便利，并与进口方银行配合，组织较小金额业务的成交，包括购物篮信用（shopping basket credit）和项目信用限额（project of lines of credit）两种形式。

　　混合信贷（mixed credit）是卖方信贷与买方信贷形式的新发展。为了克服卖方信贷和买方信贷的不足，为扩大本国设备的出口，加强本国设备出口的竞争能力，在出口国银行发放卖方信贷或买方信贷的同时，出口国政府还从预算中提出一笔资金，作为政府贷款或赠款，连同卖方信贷或买方信贷一并发放。政府贷款或赠款占整个贷款金额的比例一般为 30% ~ 50%。混合信贷近几年来发展较快。

　　签订存款协议（deposit facility agreement）是进出口商之间签订的由出口方银行在进口方银行开立账户，在一定期限之内存放一定金额的存款，并在期满之前保持约定的最低额度，以供进口商在出口国购买设备之用的协议。中国银行曾在 1978 年与英国签订过这种协议，供我国进口机构用该项存款在英国购买设备。

9.3.2　国际商业银行贷款

　　国际商业银行贷款，是指一国的某家银行，或由一国（多国）的多家银行组成的贷款银团，按市场价格水平向另一国借款人提供的、不限定用途的贷款。

　　国际商业银行贷款是一种商业性借贷资金，其贷款人是国际性商业银行（主要是跨国银行），利率以国际金融市场上的利率为基础，一般是由伦敦银行间同业拆放利率（LIBOR）再加上加息率（spread）组成。国际商业银行贷款大多为银行间批发交易，每笔贷款额一般为几百万、几千万甚至高达几亿、几十亿美元。贷款手续相对比较简便，但借贷成本较高，一般都按市场利率计息。此外，借款人还要负担各种各样的费用。国际商业贷款的币种一般为国际通用的可兑换货币，长期以来，美元一直是国际信贷的主要币种，其次还有欧元、英镑、日元等。选择国际商业银行贷款的币种应注意避免汇率风险，并充分考虑借款利息和费用成本。由于国际商业贷款多为非限制性贷款，借贷条件随行就市，因此，它比政府贷款或国际金融组织贷款更易获得，借款手续简单，除了项目贷款外，借款人一般可以自由支配借入的资金。这对效益好又迫切需要资金的企业来说是一个良好的资金来源，而且如果借款人资信良好，还可在国际借贷市场上获得成本较低的贷款。

1）国际商业银行贷款的类型

　　国际商业银行贷款按期限可分为短期贷款和中长期贷款两大类。短期贷款是贷款期限在 1 年以内（包括 1 年）的贷款。短期贷款期限多为 1 天、7 天、1 个月至 6 个月，大都不到 1 年，一般都是现款，利率比较高，借款人一般只支付利息，没有费用负担。中长期贷款的期限则为 1 年以上，通常 1 ~ 5 年为中期，5 年以上为长期。这种贷款一般借款金额大，还款期限较长。

　　按贷款方式，国际商业银行贷款可分为双边贷款、俱乐部贷款和国际银团贷款。双边贷款指独家贷款银行同外国借款人之间的贷款，贷款期限一般为 3 ~ 5 年。俱乐部贷款又称联合贷款，是由 3 ~ 5 家银行联合向一个借款人提供的贷款。国际银团贷款是由多家银行所提供的贷款。

2）国际商业银行贷款的特征

　　与其他类型的国际信贷相比较，国际商业银行贷款具有如下特征：

　　① 贷款用途由借款人自己决定，贷款银行一般不加以限制。出口信贷、政府贷款、

国际金融贷款、项目贷款等非商业性贷款，一般要审查借款人的贷款使用方向，其目的是从贷款回收的角度进行贷款的可行性分析。然而在商业贷款中，借款人所借款项的使用方向，完全由自己决定，贷款银行不对其进行干预，一般也不附加任何条件，这是国际商业银行贷款区别于非商业贷款的一个最为显著的特征。

②信贷资金供应较为充足，借款人筹资比较容易。国际商业银行信贷资金的供应，特别是欧洲货币市场商业银行的信贷资金供应，一直呈增长的势头。当然，并非全部欧洲银行存款都会形成对企业的信贷资金供应，因为其中还包含了欧洲货币市场银行同业拆放部分。按历史数据分析，两者的比例约为1：2。同时，由于欧洲货币市场管制较松，借款手续较为简便，每笔贷款资金的数额都非常大，如独家银行贷款中的中长期贷款每笔的额度可达数千万美元，银团贷款中每笔数额可达5亿到10亿美元，这些因素对借款人筹集大额、长期资金较为有利。

③贷款条件由市场决定。贷款的利率水平、偿还方式及其相对应的贷款期限和由贷款货币选择而定的贷款汇率风险等，是决定借款人筹资成本高低的主要因素。与其他国际信贷形式相比，国际商业银行贷款在这些方面一般都没有优势，从而决定了借款人的筹资成本较高。

尽管不同的国际金融机构提供的贷款成本不同，但由于国际金融机构提供的贷款在较大程度上体现着国际合作，因此，要么利率水平较低，要么偿还方式比较优惠。如政府间贷款，较为明显地体现着贷款国对借款国的援助，因此其利率最低，偿还方式较为优惠，借款人实际借款期限也较长，从而有利于借款人的资金周转。同样，出口信贷体现着政府对扩大本国出口的官方支持，或是利息贴补，或是提供国家信用担保，也有利于减轻借款人的筹资负担。由于国际商贷是银行在国际金融市场上以获取利润为目的的一种经营行为，与其他国际信贷形式相比较，利率没有任何优惠，因此是最高的。就贷款的偿还方式及其相对应的贷款实际期限而言，独家银行提供的中长期贷款的期限一般为3～5年，银团贷款的名义期限一般为5～10年，又由于银团贷款多采用有宽限期的分次等额偿还方法来偿还贷款，即边用边还，使得借款人的借款实际期限短于名义期限，还款压力较大。

9.3.3　国际金融机构贷款

国际金融机构贷款是指国际金融机构通过多国集资，为会员国的经济发展和提高会员国人民的生活水平，而向一国政府或政府担保的项目提供的贷款。提供这种贷款的国际金融机构以国际货币基金组织和世界银行两者最具代表性和影响力。

国际货币基金组织（International Monetary Fund，IMF）成立于1945年，是第二次世界大战后国际金融货币体系的核心，是世界经济的三大支柱之一。IMF主要是通过向成员国提供贷款，帮助其弥补国际收支逆差，维持汇率稳定，促进世界经济均衡发展。IMF设有普通贷款、中期贷款、补偿性贷款、缓冲库存贷款、石油贷款、补充贷款等10多种贷款，根据不同的政策向成员国提供融通资金。其资金来源有成员国认缴的基金份额、成员国借款、出售黄金的收入三个方面。

世界银行（World Bank，WB）成立于1945年，是由国际复兴开发银行、国际开发协会、国际金融公司、多边投资担保机构和国际投资争端解决中心组成的世界银行集团的简称，它也是世界经济的三大支柱之一。世界银行贷款的主要目的是向其成员国提供中长期开发贷款与投资，以促进各国经济的恢复、重建与发展；资助成员国兴办特定的基本建设工程，并协助发展中国家发展经济和开发资源，从而起到配合国际货币基金组织贷款的作用。世界银行贷款主要有项目贷款、非项目贷款、第三窗口贷款、联合贷款和技术援助贷款等。其中，项目贷款是世界银行贷款的主要方式，用于成员国工农业生产、交通、运输、环保、公用事业以及文教卫生等方面的重点建设项目。成员国向世界银行申请项目贷款，必须严格遵循贷款程序，向世界银行提出项目计划，由世界银行进行审查和评估，并在项目执行过程中进行监督和在项目完成后进行评价。只有在特殊情况下，世界银行才发放非项目贷款。世界银行贷款的资金由成员国实缴股金、发行债券、债权净收益以及归还的贷款等四部分构成。

9.3.4　政府贷款

政府贷款（government loan），是一国政府利用其财政预算资金向另一国政府提供的优惠性贷款。政府贷款是以国家政府的名义提供与接受而形成的，一般是由各国的中央政府经过完备的立法手段加以批准，在两国政治关系良好的基础上，配合外交活动的一种经济手段。提供政府贷款的国家通常是经济发达国家，借款国主要是经济欠发达且资金比较紧缺的发展中国家。政府贷款的提供往往要考虑借款国是否与贷款国关系密切或者友好，能否促进贷款国商品与资本输出，或者能否向贷款国提供重要资源。除了经济因素外，政府贷款有时也会出于政治的需要而提供。因此，政府贷款的政治性较强。

政府贷款与国际商业银行贷款和世界银行贷款不同，具有其独特性。①政府贷款是具有双边经济援助性质的优惠性贷款，利率低，附加费少，带有很大的赠予成分。贷款利率一般只有2%~3%，有时还是无息贷款。②政府贷款为中长期贷款，借款期限可达20~30年，且有5~10年的宽限期。③政府贷款大多带有一定的附加条件。政府贷款一般都是从贷款国的财政资金中拨出的，受该国财政预算状况的约束，贷款金额不大，而且贷款往往指定用途或附加其他限制条件，借款国一般必须向贷款国购买设备、物资等，也有一些政府贷款需要附带一定比例的贷款国出口信贷。④政府贷款的申请程序复杂，两国政府要就借款条件进行双边会谈达成协议，通过政府换文后签字生效。

本章自测题

一、填空题
1. 外汇是以_____表示的_____。
2. 在金本位制下汇率的决定因素是_____，也就是说两种货币的_____之比是决定两种货币汇率的基础。
3. _____是纸币制度下汇率决定的基础。
4. 根据汇率波动的剧烈和频繁程度可以把汇率制度分为_____和_____。
5. 2005年7月21日，中国人民银行发布公告：经国务院批准，我国开始实行____

_____、_____、_____的浮动汇率制度。

6.一国的国际收支状况是通过_____来反映的。国际收支平衡表是按照_____的原理编制的。

7.国际收支平衡表的内容各国依自身经济状况不同而繁简不一，但大多数国家都包括_____、_____和_____。

8._____主要是用于记载资本的输出和输入总额，反映以货币表示的债权债务的国际转移。它一般由_____和_____构成。

9._____是一个人为设计的平衡项目，用于轧平国际收支平衡表中最终的余额。

10.目前国际上通用的方法是将国际收支平衡表上的各个项目区分为两种不同性质的交易，即_____和_____。

11.国际商业银行贷款按期限可分为_____和_____两大类。

二、选择题

（一）单项选择题

1.广义的外汇泛指一切以外币表示的（　　　）。

A.金融资产　　　　B.外汇资产　　　　C.外国货币　　　　D.有价证券

2.在法兰克福市场上，EUR 1=USD 1.1300用的是（　　　）。

A.美元标价法　　　　　　　　　B.直接标价法

C.市场标价法　　　　　　　　　D.间接标价法

3.在采用直接标价的前提下，如果需要比原来更少的本币就能兑换一定数量的外国货币，这表明（　　　）。

A.本币币值上升，外币币值下降，通常称为外汇汇率上升

B.本币币值下降，外币币值上升，通常称为外汇汇率上升

C.本币币值上升，外币币值下降，通常称为外汇汇率下降

D.本币币值下降，外币币值上升，通常称为外汇汇率下降

4.一国货币升值对其进出口收支产生的影响是（　　　）。

A.出口增加，进口减少　　　　　B.出口减少，进口减少

C.出口增加，进口增加　　　　　D.出口减少，进口增加

5.金本位制度下，汇率决定的基础是（　　　）。

A.法定平价　　　　　　　　　　B.铸币平价

C.通货膨胀率差　　　　　　　　D.利率差

6.目前，我国人民币实施的汇率制度是（　　　）。

A.固定汇率制　　　　　　　　　B.弹性汇率制

C.钉住汇率制　　　　　　　　　D.有管理浮动汇率制

7.一国国际收支顺差会使（　　　）。

A.外国对该货币需求增加，该国货币汇率上升

B.外国对该货币需求减少，该国货币汇率下跌

C.外国对该货币需求增加，该国货币汇率下跌

D.外国对该国货币需求减少，该国货币汇率上升

8.国际储备是由一国货币当局持有的各种形式的（　　　）。

A.资金　　　　　　　　B.资产　　　　　　　　C.本币　　　　　　　　D.外币

9.历史上第一个国际货币体系是（　　　）。

A.国际金汇兑本位制　　　　　　　　　B.国际金本位制

C.布雷顿森林体系　　　　　　　　　　D.牙买加体系

10.下列关于福费廷业务说法正确的是（　　　）。

A.福费廷业务多在中小企业之间进行

B.福费廷业务必须由进口商所在地银行对汇票的支付进行保证或开立保函

C.福费廷业务出口商不需要事先与进口商协商

D.福费廷业务的内容比较综合

（二）多项选择题

1.在直接标价法下，远期汇率等于（　　　）。

A.即期汇率加升水额　　　　　　　　　B.即期汇率减升水额

C.即期汇率减贴水额　　　　　　　　　D.即期汇率加贴水额

E.即期汇率乘升水额

2.在其他条件不变的情况下，一国货币汇率下跌，将（　　　）。

A.有利于该国的出口　　　　　　　　　B.有利于该国增加进口

C.有利于该国增加旅游收入　　　　　　D.有利于该国增加侨汇收入

E.有利于该国减少进口

3.当一国因贸易收支导致国际收支逆差时，会造成（　　　）。

A.失业增加　　　　　　B.失业减少　　　　　　C.资金紧张

D.资金宽松　　　　　　E.就业和资金没有变化

4.一国调节国际收支的政策措施有（　　　）。

A.外汇缓冲政策　　　　B.财政政策　　　　　　C.货币政策

D.汇率政策　　　　　　E.直接管制

5.可划入一国国际储备的有（　　　）。

A.外汇储备　　　　　　B.普通提款权　　　　　C.特别提款权

D.黄金储备　　　　　　E.商业银行的国际储备资产

6.影响汇率变化的因素主要有（　　　）。

A.一国的财政经济状况　　　　　　　　B.一国的国际收支状况

C.一国的利息率水平　　　　　　　　　D.一国的汇率、货币政策

E.重大的国际政治因素

7.第二次世界大战以后，在原有信贷形式上出现了（　　　）等出口信贷的新形式。

A.卖方信贷　　　　　　B.买方信贷　　　　　　C.混合信贷

D.福费廷　　　　　　　E.签订"存款协议"

三、判断题

1. 只有外国货币才是外汇资产。 （　）

2. 在直接标价法下，本国货币的数额保持固定不变，外国货币的数额随着本国货币或外国货币币值的变化而变动。 （　）

3. 当一国提高利率水平或本国利率高于外国利率时，会引起资本流入该国，由此对本国货币需求增大，使本币升值，外汇贬值。 （　）

4. 一国货币对外升值后，有利于本国商品的出口，而一国货币对外贬值后，则有利于外国商品的进口。 （　）

5. 经常项目亦称往来项目，是本国对外经济交易经常发生的项目。它包括贸易收支、劳务收支和转移收支，是国际收支平衡表中最主要和最基本的项目。 （　）

6. 一个国家的国际收支出现顺差或逆差时，可以通过增减其官方储备资产来求得平衡。 （　）

7. 福费廷等同于票据贴现业务。 （　）

四、简答题

1. 影响汇率变动的主要因素有哪些?

2. 简述国际收支对汇率的影响。

3. 简述汇率变化对微观经济活动的影响。

4. 简述现行人民币汇率制度。

5. 简述国际收支失衡的主要原因和调节措施。

6. 简述福费廷与贴现的区别。

五、实训题

实训项目：分析中国国际收支平衡表。

实训目的：通过对国际收支平衡表的分析，了解我国国际收支的现状，分析国际收支双顺差对我国经济产生了哪些影响。

实训步骤：

（1）查找近五年的中国国际收支平衡表。

（2）分组进行数据整理，分析国际收支双顺差的原因。

（3）汇报分析结果。

第 10 章
金融监管

学习目标

知识目标：掌握金融监管的含义；掌握金融监管的原则；深入理解我国的金融监管体制。

技能目标：能够结合金融危机的情况分析金融监管的必要性、当前金融监管存在的问题及改进的措施；能把握国际金融监管的发展态势，独立思考适合我国的金融监管模式。

素质目标：以国际金融危机为例总结归纳其共性的原因，培养学生的风险防范意识、严谨认真的工作态度、勤于钻研的精神。

深入学习贯彻党的二十大精神 积极推动重大金融风险处置实践

党的二十大报告指出，防范金融风险还须解决许多重大问题。要强化金融稳定保障体系，守住不发生系统性风险底线。这为新时代处置重大金融风险、维护人民财产安全提供了重要遵循和根本指南。必须按照党的二十大精神和党中央决策部署，积极探索和优化重大金融风险处置方案，实现金融业稳健运行与经济高质量发展相互促进、良性循环。

一、坚持加强党的领导，统筹推进重大金融风险处置化解

一是必须始终把领悟"两个确立"的决定性意义、坚决做到"两个维护"作为最高政治原则和首要政治任务。要学深悟透笃行习近平新时代中国特色社会主义思想，全面贯彻习近平总书记关于金融工作的重要论述和重要指示精神，坚决落实党中央决策部署。在重大金融风险研判、预警、防范、化解和善后处置中，不断提高政治判断力、政治领悟力、政治执行力，切实将"两个维护"体现到风险处置履职尽责的实际成效上。二是必须把加强党的领导贯穿重大金融风险处置全过程。严格执行民主集中制，对风险化解、股权转让、资金救助等重要事项集体研究，提高重大决策的科学性。将风险机构整治与党建工作整顿同部署、推进党的领导与公司治理一体化，确保党的建设与经营管理、风险处置、队伍建设等同步开展。三是必须压实重大金融风险处置责任。要压实金融机构及其主要股东、实际控制人和最终受益人的主体责任。我国社会主义市场经济体制已全面确立，金融机构及股东作为市场主体，应当承担自主经营、自负盈亏、"自救"风险的主体责任。"自救"应当成为今后进行重大金融风险处置的主要方式。"自救"失败的问题机构应依法重整或破产关闭。要压实地方政府属地责任。我国绝大多数金融机构都是地方法人，其党的关系、干部管理、司法管辖等都在地方。必须进一步强化地方党委对金融机构的领导，建立健全地方党政主要领导负责的重大金融风险处置机制。要充分压实金融管理部门的监管责任，中央金融管理部门依法履行监管主体责任，派出机构要发挥专业优势，积极参与辖内金融风险处置。地方金融监管部门必须依法合规履职尽职，切实守护好属地金融平安。

二、坚持人民至上，始终把牢风险处置正确方向

一是厚植对人民群众的深厚感情。要把维护好最广大人民根本利益作为出发点和落脚点，全力以赴追赃挽损，最大限度减少风险损失。二是坚持市场化、法治化处置原则。要牢牢把握"稳定大局、统筹协调、分类施策、精准拆弹"的方针，提高风险早识别、早预警、早发现、早处置能力。坚定清理空壳企业、僵尸企业。注重分类处置，加强对新技术、新产业的扶持培育。严肃查处各类违法违规行为，严防道德风险。三是积极探索贯彻新时代党的群众路线的方法路径。在重大金融风险处置中，高度重视群众工作，创新方式方法宣传群众、教育群众、动员群众。引导和鼓励人民群众成为治理非法集资等金融"顽疾"的主动防范者、积极"吹哨人"。充分激发广大人民群众的主观能动性，为重大金融风险处置献计献策，共同营造良好环境。

三、坚持系统观念，守住不发生系统性风险底线

一是增强全局意识。要贯彻总体国家安全观，站在维护经济金融稳定角度，保持如履薄冰的谨慎和居安思危的忧患，"跨前两步"主动作为，不断增强工作的全局性、系统性和预见性，严密防范处置风险的风险，坚决防止局部风险演化为区域性、系统性风险。二是深化标本兼治。处理好稳增长和防风险的关系，把更好服务实体经济作为重大金融风险处置的重要目标。经济金融领域重大风险源于供给和需求之间的失衡错位、循环不畅，要以处置风险为抓手，加快结构调整和市场出清，倒逼体制机制改革，打通金融推动供给需求循环中的堵点，引导更多金融资源配置到经济社会发展的重点领域和薄弱环节，提升金融服务支持实体经济质效，巩固重大金融风险处置成果。三是加强协调配合。要健全完善部际协调、上下联动、统筹推进的协作机制，竭尽所能团结各方力量，协调一切积极因素，凝聚强大工作合力。在风险处置、机构重整和惩治违法犯罪等方面，加强政策协调、措施协同和行动衔接，在数据共享、监测预警、联合执法等方面强化协作联动，防止顾此失彼，避免合成谬误。

四、坚持守正创新，切实提高风险处置效能

一方面，以守正作为重大金融风险处置的基本要求。坚持实事求是、一切从实际出发，按照市场规律、经济金融规律办事，防止政策执行简单机械，避免处理问题蛮干粗放。强化底线思维，注重运用市场化手段，对潜在金融风险隐患密切监测、早做预案，对已经发现的问题及时出手、果断应对，努力做到善作善成。坚持法治思维，严格遵循宪法精神和立法宗旨创造性开展工作，坚决维护法律尊严、人民利益和金融稳定。另一方面，以创新提升重大金融风险处置的综合效能。加快出台金融稳定法，探索完善金融风险处置机制。明确重大金融风险处置的触发标准、程序机制和法律责任。理顺监管机构与处置机构的关系。丰富处置资金来源渠道，加大处置资源投入。全方位提高重大金融风险处置因地制宜、因时制宜、因势制宜的能力。推进监管大数据平台建设，开发智能化风险分析工具，完善风险预警和早期干预，增强风险处置的前瞻性、有效性。

五、发扬斗争精神，不断巩固扩大风险处置成果

重大金融风险处置涉及多方利益，往往多重问题交织叠加，必须增强斗争精神、掌握斗争规律、提高斗争本领，以敢于斗争和善于斗争求得金融持续健康发展和长治久安。一方面，要敢于斗争。重大金融风险突发性强、传染性大、涉众性广，处置起来往往面临两难甚至多难困局。必须是非鲜明、嫉恶如仇，针锋相对、坚决斗争，把激扬斗争精神、坚定斗争意志与增强斗争本领有机结合起来。凡是危害党的领导的，危害人民根本利益的，危害经济金融安全的，都必须旗帜鲜明开展斗争，并确保攻而克之、战而胜之。另一方面，要善于斗争。坚决领悟好、落实好习近平新时代中国特色社会主义思想的世界观和方法论，坚持好、运用好贯穿其中的立场观点方法。注重"外科手术"精准切除"毒瘤"与"中医调理"及时恢复强化机能的协调统一。抓住重大风险事件的主要矛盾，分清轻重缓急，科学排兵布阵，把握好重大金融风险处置的时机、节奏和力度。牢牢掌握重大金融风险防范处置的主动权，下好先手棋，打好持久仗，实现金融治理效果、经济发展效果和社会稳定效果相统一。

资料来源：佚名. 深入学习贯彻党的二十大精神 积极推动重大金融风险处置实践［EB/OL］. ［2024-04-15］. https：//www. cbirc. gov. cn/cn/view/pages/ItemDetail. html？docId=1088753&itemId=4228&generaltype=0.

这一案例表明：国家金融监督管理总局作为防范金融风险的专责部门，在金融业稳健运行与经济高质量发展的相互促进中担负着重要职责，因此，必须以党的二十大精神为指导，积极推动金融风险处置实践，以维护金融稳定，促进金融业高质量发展。

10.1 金融监管概述

10.1.1 金融监管及其必要性

金融监管是金融监督（supervise）和管理（regulate）的简称，是指金融监管机构依法利用公权力对金融机构和金融活动进行直接限制和约束的一系列行为的总称。各国金融监管机构一般不干涉金融机构内部事务管理，而是规定其经营活动的范围和风险承担的最大限度，提供公平的竞争环境，保护存款人和投资者的利益，保持金融体系的稳定。它与依法利用经济手段对金融机构和金融活动进行调整的金融宏观调控行为不同，但通过金融监管，可使金融机构的经营活动与中央银行的货币政策目标保持一致。

一般而言，要全面认识金融监管的必要性，必须从金融业本身的特点和其对国民经济发展的重要性两个方面去把握。

就金融业本身而言，其主要体现出以下特点：

第一，金融业是个风险行业，充满了各种金融风险，如利率风险、汇率风险、经营风险、违约风险、政治风险、社会风险、购买力风险、清算风险、市场风险等。这些风险的存在是金融机构本身的内生变量和外生变量相互作用的结果，有其独特的路径依赖，一般可以从金融机构的脆弱性、金融体系的委托-代理冲突、泡沫经济的破灭、金融市场的失灵和政府失灵等方面解释。

第二，金融业是一个负债度高、负债面宽的行业。不管是什么原因，只要在其运行过程中让存款人觉得其经营不善，存款安全性不能得到满足，就可能发生挤兑，金融机构系统内部连锁反应的"多米诺骨牌效应"就可能在金融界发生。而这样的后果是，不仅金融业受到了毁灭性损害，而且广大存款者的生活及社会经济同样会受到致命性打击。

第三，除了高风险性以及由其导致的金融机构运营的高外部性、内在的脆弱性外，金融业还有信息不完备与信息不对称同时存在的特点。这与金融决策的信息决定性特点结合，更促成了金融业高风险、高外部性和高度脆弱性。

第四，中央银行调节经济、吞吐货币的所有政策，必须通过各金融机构的经营活动来贯彻，但由于各金融机构以经济利益为重，其经营往往与中央银行的货币政策产生矛盾，有时甚至会抵消或破坏中央银行的政策实施。

因此，在金融业影响越来越大的今天，加强对金融业的监管是经济发展的必然要求。

就金融业的稳定性对国民经济的影响而言，现代经济发展对金融的依赖，使得金融稳定成为国民经济健康发展的必要条件。只有维持良好的金融秩序、充分发挥金融对经济的促进作用，国民经济才能良性运行。

10.1.2　金融监管的目的和原则

1) 金融监管的目的

金融监管最早是对银行的监管。银行监管始于 16 世纪末的欧洲，在米兰、阿姆斯特丹、纽伦堡、汉堡等城市当局管理下的银行，对商人办理存款、贷款和结算业务进行监管。但真正意义上的金融监管始于中央银行的产生。金融监管的目的最初主要是控制商业银行的银行券发行，并且最终由中央银行垄断了货币发行。但后来的发展证明，仅此并不能保证金融稳定。尤其是 20 世纪以来金融危机不断，导致一系列管制法律出台，在金融机构开业、营业、资产种类、资产运用等各个环节加强了监管。20 世纪 30 年代以后，在加强监管的同时增加了宏观调控，并使两者结合在一起。总之，金融监管的目的随着时代背景和国情的不同呈现出复杂和多样的演变过程。然而，现代金融监管的目的也有许多共同的地方：

① 维护金融体系的安全与稳健；

② 促进金融业的公平竞争；

③ 保护投资者和存款人的合法权益；

④ 促使金融机构的经营活动和中央银行的意图保持一致。

金融监管的终极目的是通过金融监管，实现金融业的高效、稳健、有序运行，促进国民经济的持续、健康、稳定、协调发展。理论和实践证明，只有确立适应时代、适应国情的监管理念，建立科学有效的监管指标体系，培养一支素质优秀的监管干部队伍，建立全面有力的监管法律规则，规范监管行为，提高监管效率，坚持求实、审慎、持续监管和依法监管，才能实现金融监管的目的。

2) 金融监管的原则

金融监管手段现代化、金融监管内容标准化和规范化、法规监管与自律监管并重、注重内部控制制度的监管、内外监管相结合、强化市场约束等已成为现代金融监管的趋势。因此，金融监管的原则，必须做到既反映传统的要求，又反映现代的发展，主要可归纳为六个方面：

（1）依法及公平、公正、公开监管原则（合法性原则与"三公"原则）

依法是指金融监管必须依据法律进行。具体有四个方面含义：

① 金融监管主体应有合法的授权；

② 金融监管的内容必须是法律规定的范围；

③ 金融监管应有法定标准；

④ 金融监管必须符合法定程序。

公平、公正、公开，是要求监管必须制定公平的监管标准，监管执法必须公正，一视同仁，监管标准及监管执法要依法公开进行。

（2）不干涉内部经营管理的原则（合理、适度原则）

这是指金融监管必须以合理、适度为界限，不能借监管干涉经营管理。合理、适度性要求金融监管行为应当符合金融监管的目的，金融监管应当建立在正当考虑的基础上，金融监管行为的内容应当合乎情理。

（3）自律与他律相结合的原则

中央银行的外部他律固然十分重要，但从长期来看，有效监管必须结合自律，才能真正达到监管目标。因此各国中央银行一般重视劝导、行业自律制度建立和外部审计制度完善。

（4）以防为主，审慎、持续监管的原则

事实证明，对濒危的金融机构的挽救，代价大而效果差。因此，金融监管必须立足于事前防范。同时，有效的预防必须建立科学、审慎的监管项目体系，并使监管在时间上持续不断。

（5）综合性、系统性监管与专业性和具体性监管相结合的原则

实践证明，稳健的金融系统既要从整体上考虑对金融体系的监管，而且还要充分考虑各类不同业务的不同特点区别对待。

（6）国际合作原则

金融国际化和全球化的发展，加上一些国家或地区特别是所谓的离岸金融中心，以松散管制甚至无管制支撑其地位，导致监管制度套利现象盛行，助长了金融危机的滋生。资本的国际流动使各国已认识到各国金融市场相互影响的程度在不断加深，爆发系统性风险的范围扩大至全球，有效的金融监管已非任何一国可以独自胜任。

10.1.3　金融监管的产生与发展

金融监管是一个现代金融概念和现代法治概念。它既不是与货币同时产生的，又不是与货币经营业同时产生的，也不是与银行业同时产生的。现代金融监督管理制度，是1929—1933年第一次世界性资本主义经济危机的直接产物，是罗斯福新政的重要内容，其产生的典型标志就是美国1933年的《格拉斯-斯蒂格尔法案》。在此之前的200多年里，资本主义金融业一方面长期受益于政府的"自由放任"政策而获得长期迅速发展，并逐步占据经济中心地位；另一方面也同时受害于政府的"自由放任"政策而使问题和风险长期累积并最终导致危机爆发。从这个意义上说，资本主义政府长期"自由放任"的政策和制度，既是其金融业迅速发展的重要条件，也是直接导致金融危机和经济危机爆发的重要原因。放弃自由放任，实施金融监管，成为危机之后资本主义各国的必然选择。

1）金融监管的演变

从1933年金融监管的正式产生到现在，主要经历了从分业经营、分业监管到混业经营、混业监管的演变。以美国为例，如果说1933年的《格拉斯-斯蒂格尔法案》代表了金融监管的诞生，代表了分业经营、分业监管体制的诞生，那么1999年的《金融服务现代化法案》则标志美国的金融监管进入了混业经营、混业监管的新阶段。虽然大多数发达资本主义国家都经历了类似的演变，但因各国的国情有别而各具特色。

2）主要发达资本主义国家金融监管的特点

（1）美国金融监管的特点

美国金融监管的特点主要有四个：

① 1933年的《格拉斯-斯蒂格尔法案》在商业银行和投资银行之间设置了隔离墙，

禁止商业银行从事投资业务，同时禁止投资银行吸收存款，严格分业经营。

② 1935年颁布的《银行法》加强联邦储备银行作为中央银行对其会员银行的监督管理。与此同时，货币监理署、证券与交易委员会等机构也都各依职责分别实施金融监管。而到了混业监管时期，美国1999年颁布的《金融服务现代化法案》的最大特点在于，在整体上用混业经营和混业监管的新体制取代旧制度的同时，仍然保留了旧体制中行之有效的具体制度。例如，新法案允许通过银行持股公司或金融持股公司的模式拥有分别从事不同业务的子公司来实现混业经营，但这些从事不同业务的子公司之间在经营上和法律上又是彼此独立的。母公司混业经营，子公司分业经营。与此相适应，根据新法案设立的新监管机构有权实施混业全面监管，美联储作为中央银行对混业经营的母公司实行全面监管，必要时对其分业经营的子公司也拥有相应的裁决权，并且保留了证券与交易委员会等各领域原有监管机构一定的优先监管执行权。

③ 2010年颁布的《多德–弗兰克华尔街改革与消费者保护法》（简称《多德–弗兰克法案》）要求新的监管框架必须有效防范系统性金融风险。雷曼兄弟倒闭引爆的全球金融危机仍历历在目，防止所谓"大而不倒"（too big to fail）的超级金融机构经营失败而引发新的系统性危机，是本轮监管改革的首要之义。同时，过度举债造成的信用风险是次贷危机爆发的根源，保护消费者免受金融欺诈、保证充分的信息披露，将会有效地防止类似危机的重演。围绕监管系统性风险和消费者金融保护两大核心，《多德–弗兰克法案》着重推进了七个方面的改革：消费者金融保护；建立新的监管协调机制；结束金融机构"大而不倒"的现象；高管薪酬及企业治理结构；投资者保护；加强金融衍生产品监管；加强对冲基金等的机构监管。

④ 2017年2月，特朗普推出"金融新政"，签署行政令，提出修改金融监管条例《多德–弗兰克法案》。此举被视为打破了束缚在华尔街身上的"枷锁"，是对美国金融监管框架的最大一次洗牌。

（2）英国金融监管的特点

在分业监管时期，英国财政部从整体上负责对全英金融体系的监管；作为中央银行的英格兰银行负责银行系统的监管；证券投资委员会负责监管证券投资机构的经营；贸工部则负责监管保险业的运作。但从整体上看，这个阶段的英国金融监管主要依靠行业自律。为了适应金融全球化的需要，尽快改变英国金融业的颓势，英国于1986年颁布《金融服务法》，率先取消分业经营壁垒，改行混业经营，并于1997年正式成立金融服务监管局，集全部金融监管权力于一身，统一对全英金融体系实施全面监管，其中央银行——英格兰银行也从此退出金融监管岗位而专司制定货币政策和充当最后贷款人等职责。2009年2月，英国议会通过了《2009银行法案》，2009年7月8日，英国财政大臣达林公布了《改革金融市场》白皮书，英国金融监管改革的内容主要体现在这两份文件中，包括设立专门机构，强化金融稳定目标，高度重视对系统性风险的监管。《2009银行法案》明确规定了英格兰银行作为中央银行在金融稳定中的法定职责和所处的核心地位，并强化了相关的金融稳定政策工具和权限。在英格兰银行理事会下成立金融稳定委员会（FSC），与英格兰银行已有的货币政策委员会（MPC）平级。该委员会由英格兰银行行长（担任主席）、两位副行长及四位非执行理事组成。

（3）日本金融监管的特点

在分业监管时期，日本的中央银行受大藏省的管辖，独立性较小，在全国实行的是以大藏省统管为主、以中央银行即日本银行及其他监管机构分管为辅的分业经营、分业监管的体制。从1996年开始，日本实行一揽子金融改革。首先废除了分业经营的各种限制，允许成立金融控股公司，允许金融机构混业经营，接着，开始改革金融监管体制。

1997年，日本颁布《金融监督厅设置法》，1998年，依法正式成立金融监督厅，集原大藏省中的金融监管机构及其他分业监管机构的组织和职能于一身，是日本的金融监管当局，统一对日本的金融体系实施全面混业监管。大藏省从此只负责制定监管政策和战略，不再参与具体的监管工作，日本的中央银行也从此不再承担金融监管职责。

2000年，金融监督厅更名为金融厅，拥有原大藏省检查、监督和审批备案的全部职能。2001年1月，在全面推行政府机构改革时撤销金融再生委员会，它对濒临破产的金融机构进行处理的职能也归到金融厅。至此，日本的金融监管权再一次高度集中。金融厅升格为内阁府的外设局，独立地全面负责金融监管业务。同时，协助财务省（原大藏省）共同对存款保险机构进行监督。财务省仅保留对存款保险机构的协同监管职能，其下属地方财务局则以接受金融厅委托的形式重新对地方金融机构行使金融监管职权。至2001年，一个以金融厅为核心、独立的中央银行和存款保险机构共同参与、地方财务局等受托监管的新的金融监管体制基本框架正式形成。

国际金融危机爆发后，日本金融厅虽采取了一系列应急措施，但日本仍然坚持了鼓励金融创新的原则，没有采取过多的金融监管调整措施，这与美、英等国积极进行金融监管改革形成了鲜明对比。

拓展阅读10-1

中国金融监管架构变迁背后：构建现代金融监管体系 监管职能与时俱进转变

需要指出的是，日本与美、英的国情差别甚大。例如，美、英都是联邦制国家，日本则是单一制国家；美、英的资本主义市场经济发展得早，历史长，自由度高，一般称其为自由市场经济的典型代表，而日本的资本主义市场经济政府主导作用一直比较突出，因而一般称其为政府主导型市场经济的代表。这些不同的国情都会影响各自的金融监管体制。

此外，同样是发达资本主义国家，并一般被称为社会型市场经济代表的法国和瑞士，则始终坚持实行混业经营体制，并因其中央银行独立性强，监管有效，而未出现大的危机。这说明，金融监管的演变历程虽有共性，也有个性，各具特色。

10.2 我国的金融监管

10.2.1 我国金融监管体制改革历史

1）第一阶段：1949—1978年

改革开放以前，我国实行严格的计划经济管理体制，国内经济发展与世界经济发展脱轨，国内金融市场极不发达，市场上只有一个金融机构，即中国人民银行。在1949年到改革开放近30年中，中国人民银行基本上是我国经济运行中的唯一银行，对全国金融体系的发展实施全方位监管，这种监管体制本质上是集中统一的金融监管体制。这一时期的金融监管主要由国务院、财政部等部门发放的行政指令来实施，更偏重于金融管制。相对粗放的监管方式牺牲了资源配置效率，造成了经济运行中的众多问题，与当时的特定历史因素有关。

2）第二阶段：1978—1992 年

党的十一届三中全会做出的改革开放的决定，全面改变了我国的发展，商品经济理论逐步兴起，西方货币金融理论引进传播，金融监管体制改革势在必行。1981年的国债发行正式宣告一级市场的形成，同时为后来证券二级市场的形成埋下了伏笔。此外，1983 年 9 月中国人民银行成为独立的中央银行，以及后来同时成立四大国有专业银行，形成中央银行管理下专业银行体系均表明金融体系在向着完善的趋势不断发展。但此时的金融业依然规模较小，并未形成统一有序的集中管理体系。因此在很长的一段时间内，央行的监管手段重点还是行政政策和规章制度，对金融机构的专业监管存在缺位。但是后期央行不断地改革机制、促进金融市场的发展和创新，开始逐步利用利率、准备金率等实行货币政策，为后来的"一行三会"的监管打下了基础。

3）第三阶段：1992—2017 年

改革开放以来的市场竞争格局初步形成，我国金融监管的重心转向促进金融机构企业化，金融体系开始迅速发展，形成了多种金融机构并存的竞争局面。1993 年国务院作出《关于金融体制改革的决定》，对不同的金融机构实行分业监管。1995 年颁布的《中华人民共和国中国人民银行法》，成为我国金融监管法律体系的核心法律。1998 年，国务院证券委员会并入中国证监会，同年中国保险监督管理委员会成立，加上 2003 年中国银行业监督管理委员会成立，自此，我国"一行三会"的金融分业经营和监管的格局正式形成。央行的职能调整为"制定和执行货币政策、维护金融稳定、提供金融服务"。"一行三会"标志中国正式进入"分业经营、分业监管"的金融监管时期。

4）第四阶段：2017 年至今

金融机构在分业监管下迅速发展，随着市场化的推进和不断地对外开放，金融业开始由分业经营转向混业经营，出现越来越多的业务交叉，导致更多的监管真空。2017年 7 月，中央决定设立国务院金融稳定发展委员会，由其统领金融监管的协调。2018 年3 月，银监会与保监会合并成立银保监会，至此，我国"一行三会"正式转变为"一委一行两会"。我国金融监管体制由分业监管逐步转向统一监管，建立统一监管体制成为金融监管体制改革的新方向。时隔 5 年后，2023 年 3 月，在第十四届全国人民代表大会第一次会议上的《党和国家机构改革方案》中对监管机构又进行了改革，在中国银行保险监督管理委员会基础上组建国家金融监督管理总局，强化监管。国家金融监督管理总局作为国务院直属机构，统一负责除证券业之外的金融业监管。把中国人民银行对金融控股公司等金融集团的日常监管职责、有关金融消费者保护职责，中国证券监督管理委员会的投资者保护职责划入国家金融监督管理总局，不再保留中国银行保险监督管理委员会。此举将金融监管权力进一步集中，有利于提高监管效率与一致性，强化机构监管、行为监管、功能监管、穿透式监管、持续监管，进一步提高风险防范及投机行为规避力度，促进金融稳定及市场行为规范，一定程度为金融创新进行了定调，创新必须服务于实体经济发展。

10.2.2 我国金融监管现状

1）我国现行金融监管体制

2023年3月，我国金融监管领域迎来重磅改革。涉及的金融监管领域包括：组建中央金融委员会、组建中央金融工作委员会、组建国家金融监督管理总局、深化地方金融监管体制改革、中国证券监督管理委员会调整为国务院直属机构、统筹推进中国人民银行分支机构改革等。

随着金融监管机构改革不断推进，"一行两会"格局变成"一行一局一会"的新格局，在"一行一局一会"中，中国人民银行将主要负责货币政策和宏观审慎监管；国家金融监督管理总局统一负责除证券业之外的金融业监管和金融消费者、投资者权益保护；证监会主要负责资本市场监管，增加企业债券发行审核等职责，这样从根本上理顺了机构监管和功能监管、宏观审慎和微观审慎、审慎监管和行为监管之间的关系。

2）我国"一行一局一会"的职责

我国金融监管体制变革后的"一行一局一会"指的是中国人民银行、国家金融监督管理总局和证监会，各机构职责清晰明确。

（1）中国人民银行的职责

① 发布与履行其职责有关的命令和规章；

② 依法制定和执行货币政策；

③ 发行人民币，管理人民币流通；

④ 监督管理银行间同业拆借市场和银行间债券市场；

⑤ 实施外汇管理，监督管理银行间外汇市场；

⑥ 监督管理黄金市场；

⑦ 持有、管理、经营国家外汇储备、黄金储备；

⑧ 经理国库；

⑨ 维护支付、清算系统的正常运行；

⑩ 指导、部署金融业反洗钱工作，负责反洗钱的资金监测；

⑪ 负责金融业的统计、调查、分析和预测；

⑫ 作为国家的中央银行，从事有关的国际金融活动；

⑬ 国务院规定的其他职责。

（2）国家金融监督管理总局的职责

国家金融监督管理总局统一负责证券业之外的金融业监管，这将填补监管真空，特别是在金融业对外开放的背景下，让日益增多的金融机构、日益丰富的金融业态、日益创新的金融产品能够纳入统一监管，减少金融监管套利的出现。同时，也能够实现机构监管和功能监管，实现行为监管及穿透式监管等金融监管，兼顾宏观审慎监管和微观审慎监管，防止系统性金融风险和区域性金融风险。

由国家金融监督管理总局统一监管除证券业以外的所有金融活动，意味着未来创新金融业务和新的金融业态均处在总局的监管范围之中，可以避免"监管空白"现象，有助于管理和控制金融创新伴随而来的风险隐患，真正实现金融监管全覆盖。

拓展阅读10-2

国家金融监督管理总局：着力推动经济金融高质量发展

（3）中国证券监督管理委员会的职责

① 研究和拟定证券期货市场的方针政策、发展规划；起草证券期货市场的有关法律法规；制定证券期货市场的有关规章、规则和办法；

② 垂直领导全国证券监管机构，对证券期货市场实行集中统一监管。管理有关证券公司的领导班子和领导成员，负责有关证券公司监事会的日常管理工作；

③ 监管股票、可转换债券、证券公司债券和国务院确定由中国证监会负责的债券和其他证券的发行、上市、交易、托管和结算；监管证券投资基金活动；批准企业债券的上市；监管上市国债和企业债券的交易活动；

④ 监管境内期货合约的上市、交易和清算；按规定监督境内机构从事境外期货业务；

⑤ 监管上市公司及其按法律法规必须履行有关义务的股东的证券市场行为；

⑥ 管理证券期货交易所；按规定管理证券期货交易所的高级管理人员；归口管理证券业协会和期货业协会；

⑦ 监管证券期货经营机构、证券投资基金管理公司、证券登记清算公司、期货清算机构、证券期货投资咨询机构、证券资信评级机构；与中国人民银行共同审批基金托管机构的资格并监管其基金托管业务；制定上述机构高级管理人员任职资格的管理办法并组织实施；指导中国证券业、期货业协会开展证券期货从业人员的资格管理；

⑧ 监管境内企业直接或间接到境外发行股票、上市；监管境内机构到境外设立证券机构；监管境外机构到境内设立证券机构、从事证券业务；

⑨ 监管证券期货信息传播活动，负责证券期货市场的统计与信息资源管理；

⑩ 会同有关部门审批会计师事务所、资产评估机构及其成员从事证券期货中介业务的资格并监管其相关的业务活动；监管律师事务所、律师从事证券期货相关业务的活动；

⑪ 依法对证券期货违法违规行为进行调查、处罚；

⑫ 归口管理证券期货行业的对外交往和国际合作事务；

⑬ 国务院交办的其他事项。

新闻资讯 10-1

金融监管总局 中国人民银行 中国证监会 国家网信办联合启动2023年"金融消费者权益保护教育宣传月"活动

为深入学习贯彻习近平新时代中国特色社会主义思想，全面落实党的二十大精神，切实提升社会公众金融素养，维护金融消费者合法权益，营造公平公正、诚信有序市场环境，金融监管总局、中国人民银行、中国证监会、国家网信办决定于2023年9月15

日至10月15日联合开展"金融消费者权益保护教育宣传月"活动。

本次活动以"汇聚金融力量 共创美好生活"为主题，以提升消费者金融素养，增强金融安全意识，促进市场公平有序为目的，围绕普及金融知识、传播金融正能量、防范非法金融活动、提高金融安全意识，倡导理性消费理念、树立价值投资观念，开展诚信文化建设、促进市场公平有序，办好为民实事、回应社会关切等五个方面，统筹金融全行业力量，以教育宣传月活动为牵引、为民办实事工作为抓手，将传递消费者权益保护理念与为民办实事相结合，着力提振金融消费信心，切实增强广大金融消费者的获得感与满意度。

9月15日上午，"金融消费者权益保护教育宣传月"启动仪式在北京举行，国家金融监督管理总局党委书记、局长李云泽出席并讲话。李云泽在讲话中指出，近年来，在党中央、国务院的坚强领导下，在各金融管理部门的带动引领下，金融系统深入落实"金融为民"理念，推出了一系列便民利民的产品和服务，制定了一系列保护消费者权益的政策举措，查处了一批侵害消费者利益的典型案例，金融消费者权益保护工作取得了明显的阶段性成效。此次党和国家机构改革把金融消费者权益保护作为一项重要内容，整合力量，强化统筹，充分体现了党中央对消保工作的高度重视。我们要牢固树立"为民监管"理念，始终把维护最广大人民群众根本利益作为监管工作的出发点和落脚点，用心用力用情解决人民群众急难愁盼问题，切实当好金融消费者合法权益的坚定捍卫者。

中央金融办、中国人民银行、中国证监会、国家网信办、北京市政府相关负责同志共同参加启动仪式，在京部分金融机构负责同志出席。

资料来源：佚名.金融监管总局 中国人民银行 中国证监会 国家网信办联合启动2023年"金融消费者权益保护教育宣传月"活动［EB/OL］.［2024-04-26］.http：//www.cbirc.gov.cn/cn/view/pages/ItemDetail.html？docId=1127730&itemId=915.

10.3　国际金融业监管趋势

10.3.1　加强金融监管国际合作的必要性

20世纪80年代以来，经济全球化和金融全球化的步伐明显加快，这既加速了金融业发展，也加大了世界性的金融风险。美国20世纪80年代的储贷危机导致1 142家储贷机构破产，1984年伊利诺伊大陆银行的倒闭对全美乃至国际金融界都产生了不小的影响，英国的约翰·马西银行也于同年倒闭。进入20世纪90年代后，首先是北欧的瑞典、芬兰、挪威相继发生银行危机，接着便连续发生一系列震动世界的严重金融事件和金融危机：1991年，一度颇有名气的国际商业信贷银行因丑闻败露而倒闭；1994年，墨西哥爆发金融危机；1995年已有230多年历史的英国巴林银行、1996年日本大和银行均因海外员工违规越权操作而导致危机发生；1997年的亚洲金融危机，波及范围之广、持续时间之长、造成损失之大更是骇人听闻。进入21世纪之后，2001年又爆发了阿根廷金融危机。所有这些都向金融监管提出了新挑战，对加强金融监管的国际合作和建立国际规则提出了新要求。

10.3.2　巴塞尔银行监管委员会及其文件

1) 巴塞尔银行监管委员会简介

1974 年 9 月，在国际清算银行的发起和主持下，"十国集团"成员国美国、英国、法国、联邦德国、意大利、日本、荷兰、加拿大、比利时、瑞典以及瑞士和卢森堡共 12 国中央银行的高级官员，在瑞士巴塞尔聚会，商讨跨国银行监管的问题。根据该次会议的精神，于 1975 年 2 月设立了第一个国际性常设银行监管机构"银行业监管实施委员会"（The Committee on Banking Regulations and Supervisory Practices），又称"巴塞尔委员会"（Basle Committee）。委员会由美国、英国、法国、德国、意大利、日本、荷兰、比利时、加拿大、卢森堡、瑞典、瑞士 12 国的中央银行行长和监管机构的代表组成。其秘书处设在巴塞尔国际清算银行，委员会每年在巴塞尔举行会议。

2) 巴塞尔文件

巴塞尔文件是巴塞尔委员会颁布的有关银行统一监督方面的一系列文件的总称，包括巴塞尔协议、修改后的巴塞尔协议、巴塞尔报告、巴塞尔建议和巴塞尔核心规则五个文件。这五个文件从不同方面对用户统一监管做出了规定，是目前跨国银行统一监管中最为重要的文件。巴塞尔委员会所制定的标准、原则、指南等，统称为"巴塞尔标准"。由于巴塞尔委员会并非正式的国际组织，巴塞尔协议不仅对非成员国没有效力，对成员国也不具有约束力。但事实上，巴塞尔标准中的许多内容已被奉为国际标准，不仅为成员国所遵守，也为众多的非成员国自愿采用。巴塞尔协议虽不具备法律效力，但具有国际惯例的性质，如果某国银行的监管不符合巴塞尔协议的规定，必将失去信用，在国际金融市场上处于不利地位。

巴塞尔协议的全部文件，大体包括以下四个方面的内容：

（1）构建跨国银行有效监管的原则体系

从 1975 年通过的巴塞尔协议开始，巴塞尔委员会就对跨国银行机构的监管体系提出了积极的构想，该协议被银行界誉为"神圣公约"，它提出了对外国银行机构的监管是东道国与母国的共同责任；规定了任何跨国银行都不得逃避监管；东道国监督外国分行的流动性和外国子行的清偿能力；母国监督外国分行的清偿能力和外国子行的流动性；东道国与母国之间应密切合作，互通信息等。

1992 年发布了《国际银行集团及其跨境机构监管的最低标准》，即《巴塞尔最低标准》，规定了 4 项标准：所有的国际性银行集团都要接受母国的统一监管；跨国银行的海外分支机构设立需经过东道国与母国的双重审批；母国监管机构有权获取信息；东道国有权拒绝不符合最低标准的外国银行的设立。

为使这些标准得到贯彻实施，1996 年 10 月，巴塞尔委员会又发布了《跨国银行业务监管》，对如何克服有效并表监管的障碍提出了 29 项合作建议，涉及母国当局的信息获取、银行保密法限制的排除、跨境现场检查的实施、母国并表监管的有效性、东道国的信息分享以及防止监管漏洞等问题，为母国并表监管的实施提供了可靠的法律依据。

通过上述一系列文件，巴塞尔委员会建立了跨国银行监管的原则体系。

（2）制定最低资本充足率标准

巴塞尔委员会为统一国际银行业资本充足率的监管标准，维护国际银行系统的安全与稳定，消除银行之间的不平等竞争，于1988年7月通过了《关于统一国际银行资本衡量与资本标准的协议》（简称巴塞尔协议Ⅰ）。巴塞尔协议将银行资本分为核心资本和附属资本两大类，对各类资本构成的成分和条件做了界定；建立了银行资产的风险加权制度；根据银行业务所涉信用风险的不同等级设计了一系列风险体系及表外项目的信用指标系数；建立了国际银行的资本充足衡量框架；具体阐述了各成员国银行监管当局实施的最低资本标准，提出了8%的最低资本充足率标准。巴塞尔协议被认为是巴塞尔银行监管委员会取得的最重要的成果，是银行监管国际合作领域的一个里程碑，它标志着巴塞尔层面的国际合作向制定统一的国际标准迈出了第一步。巴塞尔委员会于2001年1月颁布新资本协议框架，在过去的基础上以最低资本充足率、外部监管和市场约束三方面共同制约机制为新思路而提出衡量资本充足率的方案。

2009年7月8日至9日，新扩员后的巴塞尔委员会第一次会议在瑞士巴塞尔召开，会上审议通过了对1996年交易账户资本计提规则和新资本协议三大支柱的修订稿。新资本协议的三大支柱为最低资本要求（第一支柱）、监管检查程序（第二支柱）、市场约束（第三支柱）。新协议修订框架中，委员会加强了对第一支柱下某些资产的处理。新的第一支柱资本要求和第三支柱中信息披露的实施，于2010年12月31日前启动。

2010年11月，在韩国召开的二十国集团（G20）峰会表决通过了《巴塞尔协议Ⅲ》。《巴塞尔协议Ⅲ》详细制定了对银行资本比率的最新要求，目的在于吸取金融危机的前车之鉴，降低银行债务风险的负荷率。要求银行必须把最低核心一级资本比率提高到7%，其中包括2.5%的缓冲资本。而且，银行还有数年的时间来使自己达到新的要求。

（3）提供风险管理指南

巴塞尔委员会多年来为解决银行业务风险问题先后发布了一系列巴塞尔文件。通过上述文件的制定，委员会基本上建立了银行业务风险管理的原则体系。这一系列文件是一个开放的体系，有许多监管原则和制度还有待进一步完善，巴塞尔委员会对银行风险的认识仍在向纵深发展。《巴塞尔协议Ⅲ》提高了以下几个方面的标准：全行范围内的治理和风险管理；捕捉表外风险暴露和证券化业务的风险；管理风险集中度；为银行提供激励机制，旨在更好地管理长期的风险和收益。

（4）制定和推广银行业有效监管的综合性制度标准

鉴于许多国家（包括发展中国家和发达国家）银行系统存在的弱点已经威胁到各国以及世界金融的稳定，国际上对强化各国金融体系日益重视，发达国家力图通过制定一个核心原则，倡导各国改善本国银行监管系统，建议监管当局建立一个有效的、充满竞争性的银行体系，以合理的成本提供良好的金融服务，从而满足公众的需求。

10.3.3 世界金融监管的发展趋势

1) 世界金融监管的国际合作趋势不断增强

首先，世界范围的监管合作意向越来越强，加强国内金融监管，强化国际监管合作成为共识。而在经济全球化时代，对金融风险的有效防范，仅仅局限于某一国家或地区，已经不能满足客观需要。国际金融危机的惨痛教训一再警示人们：一国金融与经济安全和国家安全紧密相关。金融监管水平是与经济全球化互为条件的，监管水平的高低直接影响经济全球化的进程。各国金融当局在重视本国金融健康运行的同时，必须考虑金融机构的母国监管质量，并将其视为市场准入的一个重要标准。

其次，积极推动国际金融监管合作的各种国际性金融组织进入组织重建与调整阶段。国际货币基金组织、巴塞尔银行监管委员会、欧盟银行监管组织、国际证券委员会、国际金融协会、国际证券市场协会等国际性金融组织，在世界金融监管方面发挥出越来越重要的作用，共同监管协作能力不断提高，其影响逐步走向全球，参与国和成员国数量不断扩大。

再次，世界金融监管合作将进入制度性规范成长阶段。具体来说，就是金融监管合作将由现在的大国之间的政策意向协调阶段，进入统一性的制度框架安排阶段。包括市场准入、国民待遇等方面在内的基础性制度框架和原则要求，不断趋于统一。

最后，国际金融监管的重点合作将不断加强。目前，协调国际汇率、控制国际短期资本流动，以及共同防止国际性金融犯罪，是国际金融监管合作的三大重点。墨西哥和东南亚金融危机深刻表明，国际短期流动资金可能对一国或多国金融带来极大冲击，甚至给全球经济造成严重影响，必须加大国际协调力度。

2) 世界金融监管的重心开始战略性转移

当前，世界金融监管重心开始出现战略性转移趋势，即金融监管从传统的合规性管制向全面有效的风险监管转变。强调各类金融机构应当建立综合性的风险监管自控机制，有效地防范和化解金融风险。要求从银行董事会和高级管理人员的作用、风险管理政策及监控规程、风险测算与监控系统、独立控制机制以及监管机构应掌握的信息等方面，进行系统的全方位风险监管。

3) 世界金融监管进入全方位持续监管阶段

实施有效的全方位持续监管，将是未来世界金融监管的一个核心原则。它是现场稽核监管与非现场稽核监管、合规性监管与风险性监管，以及对管理层监管与对整个机构运行监管的综合体现，其最终目的是通过全方位的、持续性的不间断监管，避免或降低金融风险，保证整个金融业的稳健运行。

为了实施严格有效的全方位监管，国际监管组织明确提出了基本的持续监管要求，强调监管的全过程，即对所有金融活动，采取事前、事中、事后的规范化的监管程序。要求采用现场与非现场稽核并重，合规性与风险性监管并重，对管理层与对整个机构运作的监管并重，以及内部与外部监管并重等有效监管方式。

4) 世界金融监管的技术创新发展迅猛

在现代科学技术特别是金融电子化、网络化的冲击之下，世界金融监管的技术创新趋势不断增强。在技术系统建设方面，计算机和网络技术被广泛应用和推广。许多发达国家的金融监管当局充分利用计算机或计量模型监管系统来收集、处理金融信息资料，评价和预测金融运行状况。在信息披露制度建设方面，不断完善信息披露制度，已成为国际金融业加强监管的一个重要趋势。准确、及时、全面地获取和处理各种信息，对于有效的金融监管至关重要，是整个金融有效监管的基本前提。

知识链接 10-1

双峰监管模式

所谓的"双峰"是指审慎监管和行为监管：通过审慎监管防范金融体系发生系统性风险，保持金融市场的稳定；通过行为监管对于金融机构的投机性经营进行规范，打击市场中的不正当竞争，同时还要保护金融消费者和投资者的合法权益。

金融监管的双峰理论起源于英国，由澳大利亚于 1998 年率先开始实践并运行至今，英国在 2018 年金融危机后亦采用了双峰监管模式。

早在 1995 年，英国经济学家迈克尔·泰勒最早提出了一手抓金融系统稳定、一手抓市场行为规范的"双峰"监管模式。泰勒当时呼吁成立两类监管机构：一是金融稳定委员会，负责防范风险、维护金融稳定，二是金融产品消费者保护委员会，负责防止投机行为、保护消费者权益。

泰勒的"双峰"监管模式最先是在澳大利亚应用和实践，澳大利亚政府设置审慎监管局和证券与投资委员会，分别负责金融系统稳定和消费者权益，这种金融监管体制使得澳大利亚在全球金融危机中保持了金融系统良好的稳定性。

国际金融危机以后，目标导向的监管理念和双峰监管模式逐步成为金融监管体制的主流，英国便"重新"借鉴了澳大利亚的金融监管模式。不同于澳大利亚完全独立于央行的审慎监管机构和行为监管机构，英国审慎监管局是央行附属机构，且与金融行为监管局均接受央行指导，故称准"双峰"模式。"双峰"之下，所有在英国的金融企业，包括外资金融机构，都要符合监管要求，接受每年至少一次的监管检查，包括金融行为、产品、风险、发展战略等方面的评估。

英国的"双峰"监管机制下，中央银行既直接承担"双峰"中的微观审慎，又以宏观审慎统筹"双峰"；在坚持"双峰"理念的同时也兼顾监管资源、监管成本的现实约束，对中小金融机构实施事实上的统一监管；通过立法、签订监管备忘录、主要领导交叉任职等方式加强"双峰"之间的协调。这一监管模式对我国金融监管体制改革有重要参考借鉴价值。

本章自测题

一、填空题

1.金融监管是_____和_____的简称，是指金融监管机构依法利用公权力对_____和_____进行直接限制和约束的一系列行为的总称。

2.一般而言，要全面认识金融监管的必要性，必须从_____和_____两个方面去把握。

3.就金融业的稳定性对国民经济的影响而言，现代经济发展对金融的依赖，使得_____成为国民经济健康发展的必要条件。

4.金融监管最早是对_____的监管。

5.1992年设立了国务院证券委员会及其执行机构——_____。

6.2003 年 4 月，_____成立，中国人民银行承担的审批、监督管理银行、金融资产管理公司、信托投资公司及其他存款类金融机构等的职责及相关职责由_____履行。

7.监管范围，首先是指被监管对象的_____，其次是指被监管对象哪些方面的活动应该受到监管，即_____。

8.我国金融监管体制变革后的"一行一局一会"指的是_____、_____、_____和_____。

9.巴塞尔委员会建立了国际银行的_____衡量框架；具体阐述了各成员国银行监管当局实施的最低资本标准，提出了最低资本充足标准。

二、选择题

（一）单项选择题

1.金融机构的财务状况在利率出现不利的波动时面临的风险是（　　）。

A.利率风险　　　　B.汇率风险　　　　C.政策风险　　　　D.信用风险

2.由于金融产品的市场价格（如证券价格、金融衍生产品价格）的变动，而使金融机构面临损失的风险是（　　）。

A.利率风险　　　　B.汇率风险　　　　C.市场风险　　　　D.价格风险

3.世界上最早正式建立存款保险制度的国家是（　　）。

A.英国　　　　　　B.德国　　　　　　C.美国　　　　　　D.法国

4.公共利益监管理论假设监管服务于（　　）。

A.社会公众利益　　　　　　　　B.消费者利益

C.集团利益　　　　　　　　　　D.被监管者利益

5.美国《金融服务现代化法案》实施于（　　）年。

A.1998　　　　　B.1999　　　　　C.2000　　　　　D.1997

6.依法监管原则指（　　）。

A.金融监管必须依法而行　　　　B.金融机构必须依法经营

C.金融运行必须依法管理　　　　　　　　　　D.金融调控必须依法操作

7.商业银行设立必须达到法定最低资本额的目的是（　　　）。

A.保护存款人利益

B.保障商业银行利益与维护银行体系稳定

C.维护银行体系稳定

D.保护存款人利益与维护银行体系稳定

8.存款保险标的范围一般包括（　　　）。

A.本国货币存款与外币存款

B.大额定期可转让存单存款与本国货币存款

C.银行间同业存款与外币存款

D.本国货币存款与银行间同业存款

9.证券市场监管模式的集中立法管理以（　　　）为典型。

A.中国　　　　　　　　B.美国　　　　　　　　C.英国　　　　　　　　D.德国

（二）多项选择题

1.金融机构在经营活动中常见的风险有（　　　）。

A.信用风险　　　　　　B.流动性风险　　　　　C.利率风险

D.汇率风险　　　　　　E.市场风险

2.一家银行出现清偿能力危机时，紧急救援的方式有（　　　）。

A.提供贷款以解决支付能力问题　　　　　　B.兼并

C.担保　　　　　　　　　　　　　　　　　D.关闭

E.接管

3.下列属于银行监管预防性管理的有（　　　）。

A.市场准入管理　　　　　　　　　　　　　B.资本充足性管理

C.流动性管理　　　　　　　　　　　　　　D.业务范围管理

E.自律性管理

4.西方国家证券市场监管的内容涉及（　　　）。

A.证券市场监管模式　　　　　　　　　　　B.证券法中的核心原则

C.证券发行管理　　　　　　　　　　　　　D.证券交易管理

E.证券信息规模

5.注册制适用于（　　　）的国家和地区。

A.证券市场成熟　　　　　　　　　　　　　B.投资者素质较高

C.证券市场尚未成熟　　　　　　　　　　　D.投资盛行

E.证券品种较少

6.存款保险制度的具体目的有（　　　）。

A.单一目的　　　　　　B.双重目的　　　　　　C.安全目的

D.稳定目的　　　　　　E.效率目的

7.金融监管的原则主要有（　　　）。

A.依法监管原则　　　　　　　　　　　　　B.适度竞争原则

C.自我约束原则　　　　　　　　　　D.综合性管理原则

E.社会经济效益原则

三、判断题

1.金融监管可使金融机构的经营活动与中央银行的货币政策目标保持一致。

（　　）

2.金融业是一个负债度高、负债面宽的行业。　　　　　　　　　　（　　）

3.金融监管最早应该是对保险的监管。　　　　　　　　　　　　　（　　）

4.金融业具有信息完备与信息对称同时存在的特点。　　　　　　　（　　）

5.国家金融监督管理总局作为国务院直属机构，统一负责所有金融业的监管。

（　　）

6.2010年11月，在韩国召开的二十国集团（G20）峰会表决通过了《巴塞尔协议Ⅲ》，要求银行必须把最低核心一级资本比率提高到10%。　　　　（　　）

7.当前，世界金融监管重心开始出现战略性转移趋势，即金融监管从传统的合规性管制向全面有效的风险监管转变。　　　　　　　　　　　　　　（　　）

8.我国从2001年开始，养老保险基金也可以无条件地进入证券市场。（　　）

四、简答题

1.简述金融监管及其必要性。

2.简述金融监管的目的和原则。

3.简述我国金融分业监管的现状。

4.分析世界金融监管的发展趋势。

5.巴塞尔协议的全部文件包括哪些方面的内容？

五、实训题

实训项目：讨论世界金融监管的发展趋势。

实训目的：通过讨论了解金融监管的必要性，判断金融监管的发展趋势，提高学生分析问题和解决问题的能力。

实训步骤：

（1）查找金融危机后各国金融监管的改革方案。

（2）分组进行讨论。

（3）汇报讨论结果。

综合模拟试题（一）

一、名词解释（15分）

格雷欣法则　银行信用　商业银行　需求拉上学说　货币政策

二、填空题（21分）

1. 金融监管的终极目的是通过金融监管，实现金融业的_____、_____、_____，促进国民经济的持续、健康、稳定、协调发展。

2. 具有_____和_____职能统一的特殊商品就是货币。

3. 债券按发行主体的不同，可分为_____、_____和金融债券。

4. 1994年，本着政策性金融和商业性金融相分离的原则，我国设立了三家政策性银行，即_____、_____和_____。

5. 商业银行业务经营的三性原则是指_____、_____、_____。

6. 一个典型的信托行为主要涉及三方关系人，即_____、_____和_____。

7. 成立于_____的_____，是现代中央银行的鼻祖，它是中央银行发展史上的一个重要里程碑。

8. 2005年7月21日，中国人民银行发布公告：经国务院批准，我国开始实行_____、_____、_____的浮动汇率制度。

三、单项选择题（10分）

1. 金银铸币按照法定比价流通的是（　　）。

A.金汇兑本位制　　　B.金块本位制　　　C.双本位制　　　D.平行本位制

2. 信用是（　　）。

A.买卖行为　　　　　　　　　　B.赠与行为

C.救济行为　　　　　　　　　　D.各种借贷关系的总和

3. 下列关于专业银行的描述，错误的是（　　）。

A. 以短期融资为主

B. 主要依靠发行债券来筹集营运资金

C. 资金的使用有特定的行业、用途

D. 一般不经营活期存款业务

4. 金融机构之间发生的短期临时性融资活动叫（　　）。

A.贷款业务　　　B.票据业务　　　C.同业拆借　　　D.再贴现业务

5. 以营利为目的，按照商业经营原则经营的保险是（　　）。

A.商业保险　　　B.人身保险　　　C.财产保险　　　D.责任保险

6.下列说法明显错误的是（   ）。

A.物价的持续下降意味着实际利率上升，投资项目的吸引力下降

B.物价的持续下降意味着购买力不断提高，从而消费者会增加消费，减少储蓄

C.通货紧缩可引发银行业危机

D.通货紧缩制约了货币政策实施

7.在纽约外汇市场上，EUR 1=USD 1.1300用的是（   ）。

A.间接标价法　　　　B.市场标价法　　　　C.直接标价法　　　　D.美元标价法

8.世界上最早正式建立存款保险制度的国家是（   ）。

A.英国　　　　　　　B.德国　　　　　　　C.美国　　　　　　　D.法国

9.下列货币制度中最稳定的是（   ）。

A.银本位制　　　　　　　　　　　　B.金银复本位制

C.纸币本位制　　　　　　　　　　　D.金汇兑本位制

10.在整个金融市场和整个利率体系中处于关键地位，起决定作用的利率是（   ）。

A.平均利率　　　　　B.基准利率　　　　　C.市场利率　　　　　D.官定利率

四、多项选择题（20分）

1.属于消费信用的有（   ）。

A.出口信贷

B.国际金融租赁

C.企业向消费者以延期付款的方式销售商品

D.银行提供的助学贷款

E.银行向消费者提供的住房贷款

2.属于非银行金融机构的有（   ）。

A.证券公司　　　　　B.保险公司　　　　　C.信托投资公司

D.财务公司　　　　　E.信用合作社

3.商业银行的表外业务包括（   ）。

A.担保　　　　　　　B.证券投资　　　　　C.承诺

D.互换　　　　　　　E.期权

4.属于中央银行的直接调控工具的有（   ）。

A.利率最高限　　　　　　　　　　　B.优惠利率

C.信用配额　　　　　　　　　　　　D.流动性管理

5.货币供给的主体包括（   ）。

A.中央银行　　　　　B.商业银行　　　　　C.企业　　　　　　　D.家庭

6.下列中央银行行为中，可导致基础货币增加的有（   ）。

A.在公开市场上买进有价证券　　　　B.降低再贴现利率

C.提高法定准备金率　　　　　　　　D.买进外汇

7.下列关于卖方信贷说法正确的有（   ）。

A.以延期付款方式出售大型机械装备与成套装备，出口商所在地的银行对出口商提供的信贷就是卖方信贷

B.在卖方信贷条件下，出口商以延期付款或赊销方式向进口商出售设备

C.进口商随同利息分期偿还出口商货款后，根据贷款协议，出口商再用以偿还其从银行取得的借款

D.出口商向银行借取卖方信贷，除按出口信贷的利率支付利息外，还须支付信贷保险费、承担费、管理费等

E.出口商向银行借取卖方信贷时支付的费用均附加于出口成套设备的货价中

8.金融市场的参与者有（　　　　）。

A.居民个人　　　　　　　　　　　B.商业性金融机构

C.政府　　　　　　　　　　　　　D.企业

E.中央银行

9.我国现行的非银行金融机构主要有（　　　　）。

A.中国人民保险公司　　　　　　　B.中国国际信托投资公司

C.信用合作社　　　　　　　　　　D.邮政储蓄银行

10.一家银行出现清偿能力危机时，紧急救援的方式有（　　　　）。

A.提供贷款以解决支付能力问题　　B.兼并　　　　　　C.担保

D.关闭　　　　　　　　　　　　　E.接管

五、判断题（5分）

1.与金属货币相比较，现代信用货币不是良好的储藏价值的手段。　　　（　　　）

2.通货膨胀不是一次性和短暂的物价水平的上涨，而是持续的不可逆转的物价上涨现象。　　　　　　　　　　　　　　　　　　　　　　　　　　　　　（　　　）

3.汽车保险不属于财产保险。　　　　　　　　　　　　　　　　　　（　　　）

4.货币的购买力对比是金本位制度下汇率决定的基础。　　　　　　　（　　　）

5.债务人不履行约定义务所带来的风险被称为市场风险。　　　　　　（　　　）

六、简答题（25分）

1.简述民间信用的积极作用与消极作用。（9分）

2.简要分析通货膨胀对经济的影响。（8分）

3.简述信用货币制度的特点。（8分）

七、计算题（4分）

甲企业向A银行申请贷款10 000万元，年利率8%，贷款期限3年，到期一次还本付息，分别按单利和复利计算甲企业应支付A银行多少利息。

综合模拟试题（二）

一、名词解释（15分）

货币　"大一统"银行体系　外汇　保险公司　基准利率

二、填空题（21分）

1. 通货膨胀的四种成因是_____、_____、_____、_____。

2. 根据不同组织形式，债券市场可分为_____和_____。

3. 马克思从历史和逻辑的角度，将货币的职能分为五种。其中，在表现和衡量商品价值时，货币执行_____职能；在退出流通时，货币执行_____职能；在世界市场上发挥一般等价物作用时，货币执行_____职能。

4._____、_____、_____，是要求监管必须制定公平的监管标准，监管执法必须公正，一视同仁，监管标准及监管执法要依法公开。

5. 一国的国际收支状况是通过_____来反映的。国际收支平衡表是按照_____的原理编制的。

6. 货币政策包括三方面的内容：_____、_____、_____。

7. 消费信用的方式主要有_____、_____和_____。

三、单项选择题（10分）

1. 信用的最基本的特征是（　　）。

A.平等的价值交换　　　　　　　　B.无条件的价值单方面让渡

C.以偿还为条件的价值单方面转移　D.无偿的赠与或援助

2. 我国的货币政策目标是（　　）。

A. 稳定币值

B. 经济增长

C. 充分就业

D. 保持货币币值稳定，并以此促进经济增长

3. 如果原始存款为3 000万元，派生存款为6 000万元，那么派生倍数应为（　　）。

A.2　　　　　　　　B.3　　　　　　　　C.4　　　　　　　　D.5

4. 按资金的偿还期限分，金融市场可分为（　　）。

A.一级市场和二级市场　　　　　　B.同业拆借市场和长期债券市场

C.货币市场和资本市场　　　　　　D.股票市场和债券市场

5. 被西方经济学家喻为"更像巨斧而不像小刀"的一般性政策工具是（　　）。

A.再贴现政策　　　　　　　　　　B.公开市场业务

C.存款准备金政策　　　　　　　　D.再贷款政策

6.福费廷与贴现的最大区别为（　　　）。

A.银行承担票据拒付的风险

B.福费廷多为与出口设备相联系的有关票据

C.福费廷业务的票据，必须有第一流银行的担保

D.办理福费廷业务比较复杂

7.我国第一家以公有制为主的全国性股份制商业银行是（　　　）。

A.交通银行　　　　　　　　　　B.中国民生银行

C.招商银行　　　　　　　　　　D.中信银行

8.实际利率即名义利率剔除了（　　　）。

A.平均利润率　　　B.价格变动　　　C.物价变动　　　D.通货膨胀率

9.某公司以延期付款方式销售给某商场一批商品，则该商场到期偿还欠款时，货币执行（　　　）职能。

A.支付手段　　　B.流通手段　　　C.购买手段　　　D.贮藏手段

10.以下属于信用活动的是（　　　）。

A.财政拨款　　　B.商品买卖　　　C.救济　　　　D.赊销

四、多项选择题（20分）

1.货币制度的构成要素有（　　　）。

A.货币材料　　　　　　　　　　B.货币单位

C.货币的铸造、发行、流通程序　　D.金准备制度

2.信用是有条件的借贷行为，其条件有（　　　）。

A.到期偿还　　　B.支付利息　　　C.出具担保

D.信用委托　　　E.本金与利息一次性支付

3.货币发挥支付手段的职能表现在（　　　）上。

A.税款缴纳　　　B.贷款发放　　　C.工资发放

D.商品赊销　　　E.赔款支付

4.政策性银行一般具有的基本特征包括（　　　）。

A.行为目标的非营利性　　　　　B.业务领域的专业性

C.信用创造的差别性　　　　　　D.组织方式上的政府控制性

5.下列属于银行监管预防性管理的有（　　　）。

A.市场准入管理　　　　　　　　B.资本充足性管理

C.流动性管理　　　　　　　　　D.业务范围管理

E.自律性管理

6.决定与影响利率水平的因素有（　　　）。

A.利润的平均水平　　　　　　　B.资金的供求状况

C.物价变动的幅度　　　　　　　D.国际利率水平

E.政策性因素

7.下列关于信用合作社的表述，正确的有（　　　）。

A.由个人集资联合组成，以互助为主要宗旨的合作金融组织

B.成员之间一般具有共同联系的基础，如同属于某一社会团体、同为某一公司雇员、居住在同一地区

C.入社与退社自愿

D.属于银行金融机构

8.保险的职能包括（　　　）。

A.经济补偿职能　　　　　　　　　B.防灾减损职能

C.资金运用职能　　　　　　　　　D.最大诚信职能

9.按交易标的物可以把金融市场划分为（　　　）。

A.衍生工具市场　　　　　　　　　B.票据市场

C.证券市场　　　　　　　　　　　D.黄金市场

E.外汇市场

10.基础货币包括（　　　）。

A.通货　　　　　　B.存款货币　　　　　　C.存款准备金　　　　　　D.原始存款

五、判断题（5分）

1.银行支票是指银行的存款人签发的要求银行从其活期存款账户上支取一定金额给指定人或持票人的凭证。　　　　　　　　　　　　　　　　　　　　　　　　　　　　　　（　　　）

2.现代商业银行产生的途径之一即是由货币兑换业转化而来。　　　　　　（　　　）

3.稳定物价是指将物价指数控制在1%。　　　　　　　　　　　　　　　　（　　　）

4.政策性银行的经营以利润最大化为目的。　　　　　　　　　　　　　　（　　　）

5.金融监管是一个现代金融概念和现代法治概念，它是与银行业同时产生的。

（　　　）

六、简答题（23分）

1.如何认识货币的本质？（7分）

2.为什么说中央银行是银行的银行？（7分）

3.简述金融监管的目标和原则。（9分）

七、计算题（6分）

现有一笔为期5年，年利率为6%的5万元贷款，请分别以单利法和复利法计算其利息总额及本利和。

主要参考文献

[1] 戴国强，柳永明. 货币金融学 [M]. 5版.上海：上海财经大学出版社，2023.

[2] 艾永芳，孔涛. 金融学基础 [M]. 北京：清华大学出版社，2020.

[3] 周建松. 金融学基础 [M]. 3版. 北京：中国人民大学出版社，2021.

[4] 王云云，李剑，洪燕. 金融基础知识 [M]. 3版. 北京：中国财政经济出版社，2022.

[5] 钱晔. 货币银行学 [M]. 6版. 大连：东北财经大学出版社，2019.

[6] 张晓晖，吕鹰飞. 金融学基础 [M]. 3版. 北京：中国财政经济出版社，2021.

[7] 王晓光. 货币银行学 [M]. 5版. 北京：清华大学出版社，2019.

[8] 刘园. 金融市场学 [M]. 3版. 北京：中国人民大学出版社，2018.

[9] 何翔. 金融学（货币银行学）[M]. 2版. 北京：清华大学出版社，2023.

[10] 孙黎. 金融学基础 [M]. 2版. 北京：中国人民大学出版社，2022.

[11] 郭田勇. 金融监管学 [M]. 4版. 北京：中国金融出版社，2020.

[12] 王德英. 商业银行网点经营管理 [M]. 北京：中国金融出版社，2020.

[13] 吴庆念. 互联网金融基础 [M]. 北京：机械工业出版社，2019.

[14] 李芳，李金萍. 金融法规 [M]. 北京：经济管理出版社，2023.

[15] 朱明. 金融法规与案例 [M]. 北京：机械工业出版社，2017.

[16] 蒋先玲. 国际金融 [M]. 3版. 北京：中国人民大学出版社，2024.

[17] 朱新蓉. 金融学 [M]. 5版. 北京：中国金融出版社，2021.

[18] 李敏. 国际金融实务 [M]. 3版. 北京：中国金融出版社，2019.

[19] 蔡鸣龙. 商业银行业务经营与管理 [M]. 3版. 厦门：厦门大学出版社，2021.

[20] 庄毓敏. 商业银行业务与经营 [M]. 6版. 北京：中国人民大学出版社，2020.

[21] 刘园. 国际金融 [M]. 4版. 北京：北京大学出版社，2023.